大学生
职业生涯发展与就业指导

修订版

DAXUESHENG

ZHIYE SHENGYA FAZHAN YU JIUYE ZHIDAO

黄学兵　边宇璇 /主　编
樊翠英　王海燕　刘增奇 /副主编

北京师范大学出版集团
BEIJING NORMAL UNIVERSITY PUBLISHING GROUP
北京师范大学出版社

图书在版编目(CIP)数据

大学生职业生涯发展与就业指导/ 黄学兵，边宇璇主编. —修订本. —北京：北京师范大学出版社，2023.8(2024.11 重印)
ISBN 978-7-303-29330-8

Ⅰ.①大… Ⅱ.①黄… ②边… Ⅲ.①大学生－职业选择－高等学校－教材 Ⅳ.①G647.38

中国国家版本馆 CIP 数据核字(2023)第 130745 号

图 书 意 见 反 馈	gaozhifk@bnupg.com 010-58805079
营 销 中 心 电 话	010-58802755 58800035
编 辑 部 电 话	010-58807068

DAXUESHENG ZHIYE SHENGYA FAZHAN YU JIUYE ZHIDAO

出版发行：北京师范大学出版社 www.bnup.com
　　　　　北京市西城区新街口外大街 12-3 号
　　　　　邮政编码：100088

| 印　　刷：北京同文印刷有限责任公司 |
| 经　　销：全国新华书店 |
| 开　　本：730 mm×980 mm 1/16 |
| 印　　张：19.5 |
| 字　　数：320 千字 |
| 版　　次：2023 年 8 月第 1 版 |
| 印　　次：2024 年 11 月第 4 次印刷 |
| 定　　价：46.00 元 |

策划编辑：王建虹	责任编辑：王建虹
美术编辑：李向昕	装帧设计：金基渊
责任校对：陈　民	责任印制：马　洁

前　言

　　就业是最基本的民生，是最大的民生工程、民心工程、根基工程。党中央、国务院高度重视高校毕业生就业工作，习近平总书记勉励大学生"保持平实之心，客观看待个人条件和社会需求，从实际出发选择职业和工作岗位"。那么，朋友，你要用一种什么样的状态去迎接未来那个属于你的职业呢？

　　事实上，探寻职业是大学生生涯发展的重要内容，不仅是毕业阶段的任务，也是整个学业阶段都应思考的命题。如何确定自己的职业？不同年级应该做哪些准备？另外，不同学生的兴趣、性格、能力不同，职业发展方向也有差异，如何得到学校个性化的就业指导服务，以便找准职业定位，实现人生理想。这些都需要学校建立分阶段、全覆盖的大学生生涯发展与就业指导体系。

　　本书依托课题：2021年河北省人文社科项目《"新高考"时代普通高校生涯辅导课程的应变与改革》（SQ2021004）；2023年教改立项《课程思政融入〈大学生生涯发展与就业指导〉课程体系的探索与实践》（2022XJJG063）项目修订，意在鼓励和引导更多的学生，用职业生涯发展的理念充实自己，让自己学会"志存高远、脚踏实地"，树立正确的择业观、就业观，不断适应时代的变化，迎接时代的挑战。这不只是一本帮你规划职业的科学教材，还是一本让你行动、陪你成长的记录手册；它不仅给你提供各种专业的测评，还能让你在大学里找到行动方向进而修炼自己。

本书在体系构建和内容安排上，重点突出对学生在大学阶段积极行动力的培养，因此，它的实用性和可操作性非常强。本书重视对大学生生涯行动方案的设计，关注大学生潜能开发、职业能力和生涯管理能力的提升，注重对大学生全面发展和终身发展的培养。在编写体例上，为了便于读者学习、理解和应用，每章都给出了学习目标，并根据目标要求设计了生涯故事、理论链接、案例及评析、延伸阅读、拓展训练、行动方案等模块；在内容的选择与安排上，本书力求贴近当代大学生的实际，反映职业生涯规划研究的最新成果，遵循大学生职业生涯发展的基本过程。为了加强对行动过程的记录，本书特别在附录部分设计了独立的"生涯发展成长档案"，对于大学生来说，这部分是对其自我认知和自我修炼的有益评价和独特纪念。

全书共分为十一章，以职业生涯发展系统理论为依托，依次安排了生涯唤醒、职业认知、自我认知、生涯决策、自我管理、就业指导六大模块。其中，第一章旨在唤醒大学生生涯发展的意识，但并不倡导所谓最匹配、最适合的职业目标，而是强调短期目标和重视当下。本章帮助大学生树立面对未来的乐观、主动、开放和坚持的信念，引导大学生认识到摆脱迷茫与焦虑的最好方式不是匹配而是行动。第二章则将大学生活与未来的职业联系起来，指出未来的职业图景正隐藏在今天的生活中。通过一系列拓展训练帮助大学生探索学科专业、课外活动、替代经验与职业发展的关系，增强自我效能感，激发大学生努力行动。第三章带领大学生理解职业和社会的快速变迁，引导大学生在人们的需求结构中寻找自我认同。第四、五、六章，以拓展训练为主线，从职业价值观、职业兴趣、职业性格、职业能力四个方面帮助大学生认识自己，使之从过往的成就事件、真实的榜样和社会（亲友）的鼓励以及自己从事某些活动的内在感受方面发现自己可能的职业方向。第七、八、九章，重点学习职业生涯决策常用的方法和技术，推动学生形成新的工具式学习经验，用积极主动的心态和眼光，发现现实中的资源和机遇，寻找适合自己的努力目标，并制订当下的行动计划。第十、十一章，介绍了大学生在简历编写、求职面试方面的准备方法和应对方案。本书各章节的顺序是按照职业生涯发展的基本流程编排的。通常只有打好前一步的基础，才能顺畅地完成下一步的行动。因此，我们建议大学生按照章节顺序完成，并配套填写好附录部分的"生涯发展成长档案"，在懂得基础理论的同时主动去行动体验才是本书所倡导的最重要的理念。记住："你若盛开，清风自来。"

本书编写者主要是来自河北师范大学的长期从事大学生职业指导研究与教学的一线教师。由黄学兵、边宇璇担任主编，樊翠英、王海燕、刘增奇担任副主编，黄学兵、边宇璇参与全书审定工作。具体执笔人是：第一章王海燕，第二章王蕊，第三章赵红杰，第四章刘媛，第五章至第六章边宇璇，第七章于淼，第八章刘增奇，第九章孙颖，第十章康亚璇，第十一章陈思。本书凝聚了河北师范大学就业指导教研室全体一线教师的集体智慧，得到北京师范大学出版社的鼎力支持，在此表示谢意。

希望广大师生在使用过程中，对教材的疏漏提出宝贵意见，以促进教材的充实和完善。

编　者
2023 年 5 月

目 录

1

第一模块

迈出行动第一步

第一章　唤醒生涯理念，聚焦美好未来

【学习目标】

1. 了解生涯发展的相关概念，为系统学习做好准备；

2. 树立职业发展的理念，培养规划意识，理解生涯规划与发展对自己未来事业发展与生活的重要性；

3. 认识大学生进行生涯规划的重要性，树立面对未来的乐观、主动、开放和坚持的信念，勇担新时代大学生的历史使命和时代责任。

【生涯故事】

故事1：经过一个学期的努力，夏林已经适应了大学的生活，每天忙忙碌碌的，上课、听讲座、参加社团活动、帮辅导员组织学生活动、课余勤工助学……有时候觉得很累，可是听师兄师姐说毕业时找工作时这些活动和经历都是用人单位特别看重的，于是就咬咬牙坚持下去。但更多的时候是茫然，毫无头绪，不知道自己所做的这些对未来的发展到底有多大的作用。

故事2：若男已经大三了，她从大一的时候就下决心要考研，因为父母一直跟她说："大学生现在这么多，不上研究生怎么找到好工作?"若男开始还挺认同的，可是随着大学生活的深入，生性活泼开朗的她参加了很多社会活动，还成立了一个有关公益的社团，并做得小有成绩，她越来越觉得自己不喜欢读研，而喜欢与人打交道的工作。可是现在大学生找工作这么难，家人和老师又都支持她考研，同宿舍的姐妹也都决定考研，所以在大势所趋下，虽然很痛苦，若男还是开始了复习考研的日子。

故事3：王伟是汉语言文学专业的毕业生，已经毕业两年了，毕业时他非常幸运地进了天津市一所事业单位，从事行政工作，工作稳定薪酬高，这令不少同学羡慕不已。但王伟并不十分快乐，他从上学时就非常喜欢现代诗，是学院里小有名气的"校园诗人"，而枯燥紧张、程序化的行政工作让他感觉压抑，他也不喜欢写各种行政公文材料，因此萌生了辞职的想法，并跟西宁市的一家杂志社达成了意向。可杂志社的薪酬要低于现在的工资，而且离家太远；而如果想在天津市从事文字编辑工作，门槛太高很难实现；继续在单位工作吧，王伟又实在不开心。该如何抉择？王伟陷入了两难的境地。

听了这些故事，你是否能理解他们在面对未来时那种茫然无助的心情？类似的故事是否也曾发生在你和你身边人的身上？如果你也遇到类似的情况你要做出怎样的选择？盖房子要提前绘制蓝图，做工作要提前订计划，人生也是可以像画蓝图、定计划一样提前规划吗？人生到底需不需要规划呢？如果需要，该怎么进行规划呢？

第一节　你是否迷茫
——什么是生涯规划

回想备战高考的日子，是不是虽然辛苦但每天都充满了力量和希望。那个时候你的内心是不是反复盘旋着这样一句话："加油，再加把劲，等考上大学，就不用这么辛苦了。"当你收到大学的录取通知书时，是不是对未来四年的生活充满的无限的憧憬，那个时候大学在你心里是什么样子的？大学生活又是什么样子的？如今，你置身于大学校园之中，还像当初一般踌躇满志吗？还是跟大多数同学一样，在最初的新鲜感慢慢散去后，开始感受到越来越强烈的迷茫了呢？

你的迷茫是真的，因为大学对于个体的生涯发展有着非常重要的意义。我们需要在这四年确定自己未来发展的大致方向，以及需要掌握的能力、几种可能的路线，以及与谁同行。从这个意义上说，大学绝对不轻松，因为它是你职业生涯的起点与预备站。习近平总书记在北京大学师生座谈会上曾深情寄语广大青年学子："大学是立德树人、培养人才的地方，是青年人学习知识、增长才干、放飞梦想的地方……广大青年应该在奋斗中释放青春激情、追逐青春理想，以青春之我、奋斗之我，为民族复兴铺路架桥，为祖国建设添砖加瓦。"[①]如何度过充实而富有意义的大学生涯，如何为职业生涯打下坚实的基础，如何

---

① 习近平：《在北京大学师生座谈会上的讲话》，5 页，北京，人民出版社，2018。

在未来的新征程上开启自己的职业理想，"大学生生涯发展与就业指导"这门课程将给你答案。

一、生涯

生涯（career）一词源自罗马字 viacarraria 及拉丁文字 carrus，二者皆指古代的战车。在希腊，career 最早常用作动词，如驾驭战马、疯狂竞赛之意，隐含着未知、冒险、克服困难的精神。

广义的生涯，是指个体在其整个生命活动时空中所经历的以接受教育（培训）与职业转换为主轴的一切活动的总和。狭义的生涯，既可以指个体在其某一段生命活动的时空里所经历的以教育（培训）与职业转换为主轴的一切活动的总和，也可以指个体在其某一生命活动的时空里所经历的以非教育（培训）与职业转换为主轴的一切活动的总和。

简言之，生涯就是人的一生中所扮演的各种角色的总和。一个人要扮演什么角色、选择何种职业、想过什么样的生活，都是生涯的一部分。因此，生涯不仅限于工作或职业，它包含更丰富和更广泛的内容，包含个人的一生及其所从事的所有活动，是从个体发展和整体生活的高度来考察个人与职业、个人与社会的关系。

生涯是有方向的，它不是一个固定的点，人从出生到死去，是沿着成长—成熟—衰退的人生方向发展的，不可能像玄幻小说描写的那样"穿越"回某个时间节点重活一次。因此，生涯如同一次漫长的自助游，每个人都要做好自己的最佳导游，在成长的路途中，需要不断设定和调整目标，以明确自己前进的方向。另外，生涯的发展是一个动态的过程，而且是处在不断的发展和变化中的，尤其在当今这个快速发展变化的时代，更要求每一个身处其中的个体要能发掘自身优势，拥抱变化与偶然，主动行动，去创造自己的人生。

二、职业生涯

（一）职业生涯的基本概念

直观来讲，职业生涯是一个人一生所从事的工作、职业活动，即个体职业发展的历程，一般是指一个人一生经历的所有职业发展的整个历程。它包括就业的形态、工作的经历以及与职业相关的活动等，是一个人从职业学习开始到职业劳动最后结束的过程。因此，对职业生涯的规划，就是为自己的未来人生绘制理想的蓝图，是根据自己的职业倾向，确定最佳的职业奋斗目标，并为实现这一目标做出行之有效的安排的过程。

职业生涯是贯穿一生职业历程的漫长过程。科学地将其划分为不同的阶段、明确每个阶段的特征和任务、做好规划，对更好地从事自己的职业、实现所确立的人生目标来说非常重要。职业生涯是一个人终生的工作经历，它开始于任职前的职业学习和培训，终止于退休。因此，选择什么职业作为自己的工作，对于每个人的重要性都是不言而喻的。

职业没有高低贵贱之分，同样，职业生涯也不会因为职业的不同而有高低差异。2019 年 9 月 29 日，国家勋章和国家荣誉称号颁授仪式在北京人民大会堂隆重举行，大会表彰了为新中国建设和发展做出杰出贡献的功勋模范人物，他们来自各行各业，但都在平凡的岗位上坚守理想信念、顽强拼搏、无私奉献，为党和人民事业做出杰出贡献。伟大出自平凡，平凡造就伟大。只要有坚定的理想信念、不懈的奋斗精神，脚踏实地把每件平凡的事做好，平凡的人可以获得不平凡的人生，平凡的工作可以创造不平凡的成就。

（二）外职业生涯和内职业生涯

有的同学认为所谓职业就是找一份好工作，职业生涯就是得到职位提升，或者增加薪酬福利，但这只是职业生涯发展的一部分。身为新时代青年，如果每个人都这样看待自己的职业生涯，视野就太狭窄了。为了更好地理解职业生涯，我们认识一下外职业生涯和内职业生涯及其二者的关系。

1. 外职业生涯

外职业生涯是指从事职业时的工作单位、工作地点、工作内容、工作职务与职称、工作环境和工资待遇等因素的组合及其变化过程。简言之，即个体在某个行业或者某一机构中取得发展所必须经历的实际过程。比如，如果要在大学院校内成为一名教授，可能需要经历助教、讲师、副教授，然后经过评审后，才能成为一名教授。再如，如果要在一个企业内最终获得一个制造工程经理的职位，很典型的职业路径可能就是技术员、助理工程师、工程师、技术主管、项目经理，直至最后的制造工程经理。

绝大多数"外职业生涯"都需要包括一段时期的培训和见习，在此期间个人不仅要学习新知还要接受考验，以检验是否具备胜任这一工作所必需的技能与特质。外职业生涯着重强调外部环境和外部条件。其构成因素通常会随着外在条件的变化而变化，外职业生涯的稳定以内职业生涯的发展为前提。外职业生涯具有其不可控性和不等偿性，即外职业生涯构成要素往往是他人给予的，也容易被别人收回和否定；在个体的职业初期，外职业生涯构成要素往往与自己的付出不符。

2. 内职业生涯

内职业生涯是指从事一项职业时所需具备的知识、观念、心理素质、经验、能力、身体健康、内心感受等因素的组合及其变化过程。

确切地说，内职业生涯，是一个人对自我的认识、了解、目标设计、愿望如何达成的全部心理过程。即我是谁，我的兴趣，我能做什么，我要怎么做，我需要什么资源，我要成为什么角色。内职业生涯各项因素的获得，需要个人通过学习、研究等方式不断完善。内职业生涯各因素是真正的人力资本所在，是一个人生涯发展的原动力。《论语》中说："吾日三省吾身：为人谋而不忠乎？与朋友交而不信乎？传不习乎？""三"不代表三次，而是从精神、健康及人生态度上的不断反思的过程，这应是内职业生涯最初也是最基本的模式。

3. 内外职业生涯的关系

内外职业生涯是个体职业生涯的不同体现，二者相互依存，相互促进，不可割裂。

首先，内职业生涯的发展是外职业生涯发展的基础，内职业生涯发展促进外职业生涯的发展。内职业生涯的状况（包括内职业生涯的性质、水平和发展要求）决定外职业生涯的状况、性质和形式。比如一个人如果想获得职位上的晋升，必定要通过积累经验、提升技能、丰富人脉等方式，同时加强自我素质和修养，不断促进内职业生涯的发展，才能向更高层次的外职业生涯迈进。同时，内职业生涯发展的要求决定外职业生涯的变革。当一个人的内职业生涯获得了突破的时候，外职业生涯的突破就指日可待了。

其次，外职业生涯对内职业生涯能动的反作用。当外职业生涯同内职业生涯的发展要求相适合时，个体的价值通过外职业生涯得到了有力的实现，会推动内职业生涯的发展。同理，当外职业生涯不适合内职业生涯发展的要求时，它就严重地阻碍了内职业生涯的发展。如一个人被安插到不适合自己的岗位上，或者这个岗位和自己的能力不匹配，他技能的提高是很难的。

最后，外职业生涯一定要适应内职业生涯的性质，这是职业发展的普遍规律。评判一种外职业生涯先进与否，必须以内职业生涯的标准来判断，研究外职业生涯归根结底是为内职业生涯服务的，脱离内职业生涯来研究外职业生涯，这种研究就会失去意义。

如果用一棵树来比喻内外职业生涯，树干、树冠、树叶、果实等就像外职业生涯，一般显而易见，谁都希望自己的职业生涯之树苗壮挺拔、枝繁叶茂、郁郁葱葱、硕果累累，但这样一棵参天大树不是凭空长成的，地下的庞大根系给了它强有力的支撑，汲取并输送着大树所需的营养。大树需要先有支持和营养系统，才能形成树干、树冠；而树干树冠的成长又促使树根向更广泛和纵深处发展，以汲取更多的水分和营养，树冠和树根交替发展，相互成全。正如内、外职业生涯的关系，相互促进、相互发展、也相互折射。

关于内外职业生涯的理论很好地解释了现在职场上存在的种种问题，比如为什么有的人迟迟不能升职？为什么有的博士找不到工作？为什么有的名牌大学的毕业生收入还不如某些普通院校的学生？为什么有人考研后并没有为就业增加太多的砝码？其实，了解了内外职业生涯的辩证逻辑关系，我们今后的职业决策就变得简单了不少，那就是你的所作所为是否能够促进内职业生涯的发展，通过内职业生涯的修炼从而不断促进外职业生涯的发展。

党的二十大报告为我们绘就了建设社会主义现代化国家的宏伟蓝图，当代青年是同新时代共同前进的一代，正是生逢其时。高校学子在未来的职业生涯发展中，既拥有广阔的发展空间，也承载着伟大时代使命，因此，更需要广大同学在修德勤学的基础上，处理好内外职业生涯的关系，把个人的职业理想融入国家和民族的事业中，才能不辱时代使命，不负人民期望。

【案例及评析】

计算机博士的职业生涯晋升

一位计算机博士，揣着一摞证件到电脑公司求职，但由于种种原因没有被录取。他在三思后决定采取新的应聘策略，以一名普通打工者的面貌出现，很快被一家公司录用。作为一名电脑程序员，由于成绩突出被老板提升为部门经理，这时他亮出了学位证书。经过一段时间，由于研发能力突出，老板又指定他为系统软件开发的负责人。这时他亮出了硕士证书，老板吸纳他进入公司决策层。后来老板又根据他的潜力，再次提拔他为公司副总经理并割让部分股权让他技术参股，他成为这里的老板之一。这时他才亮出了自己的博士证书。

分析：这位计算机博士的经历告诉我们，现代职场并不相信绚丽的光环，内职业生涯因素往往对职业生涯的成功，对外职业生涯目标的实现起到至关重要的作用。

三、职业生涯规划

职业生涯规划（career planning）简称"生涯规划"，又叫"职业生涯设计"，是指个人结合自身情况以及目前的机遇和制约因素，为自己确立职业目标，选择职业道路，确定教育、培训和发展计划等，并为自己实现职业生涯目标而确定行动方向、行动时间和行动方案。

（一）职业生涯规划的意义

每个人都是自己人生和事业的耕耘者、规划者和设计师。我们都希望能充分施展自己的才能，成就一番事业，体现自己的人生价值。然而，现实的不断发展变化往往令我们手忙脚乱、不知所措，从而造成内心的惶恐、紧张，不知何去何从。从这个意义上说，生涯规划不仅帮助个体获得一份工作，更重要的是帮助我们真正了解自己，发掘自身潜能，在客观分析内部因素和外部因素的基础上科学地规划人生，实现自我价值，获得幸福人生。

同时，生涯规划对于个体所在的组织来说，也具有重要意义，可以更好地了解组织成员，做到人尽其才，可以将个人生涯目标与组织发展目标有效地联系起来，引导组织成员在实现组织目标的同时，实现个人目标，更好地激发潜能，增强组织凝聚力。

1. 生涯规划对于个人的意义

√ 以既有的成就为基础，确立人生的方向，提供奋斗的策略；

√ 突破并塑造清晰充实的自我；

√ 准确评价个人特点和强项；

√ 评估个人目标和现状的差距；

√ 准确定位职业方向；

√ 重新认识自身的价值并使其增值；

√ 发现新的职业机遇；

√ 增强职业竞争力；

√ 将个人、事业与家庭联系起来。

2. 生涯规划对组织的意义

√ 可以更深入地了解组织成员的兴趣、愿望、理想，以使他能够感觉到自己是受到重视的人；

√ 由于管理者与组织成员有时间接触，使得组织成员产生积极的上进心，从而为工作做出更大的贡献；

√ 由于了解组织成员希望达到的目标，管理者可以根据具体情况来安排对员工的培训；

√ 可以适时地用各种方法引导员工进入工作领域，从而使个人目标和组织目标更好地统一起来，降低组织成员的失落感和挫折感；

√ 能够使组织成员看到自己在组织中的希望、目标，从而达到稳定队伍的目的。

(二)生涯规划对大学生的意义

大学生的职业生涯规划实际上在高考前就已经开始，报考的大学及专业已经体现出职业的意向。职业生涯规划的目的绝不仅仅是帮助个人按照自己的资历条件找到一份合适的工作，更重要的是帮助个人真正了解自己，筹划未来，根据主客观条件设计出合理且可行的职业发展方向。换言之，职业生涯规划的目的是把传统被动的"无意识找工作"转变为主动利用主客观资源的"有意识找工作"或"有意识创工作"。

大学是人生的黄金期，也是最容易错过的时期。因此，大学生必须在大学生活阶段通过对自身和外部环境的了解，确定学习计划和发展计划，选择职业道路，为实现职业生涯目标而确定行动时间和行动方案。最终在大学的几年努力奋斗中，能拥有一个与自己的兴趣、爱好、能力等相匹配的职业岗位，实现初次就业成功。

道虽迩，不行不至；事虽小，不为不成。不论学习还是工作，都要面向实际、深入实践，实践出真知；都要严谨务实，一分耕耘一分收获，苦干实干。从这个意义上来说，生涯规划是专业学习与职业发展的连接器，是从大学生到职业人的转换机，是个人理想与现实奋斗的桥梁，是最实用、最有效的实践（见表1-1）。通过生涯规划，我们可以：

√ 适应大学生活，学会自我管理和规划，更有效、更幸福地度过大学生活；

√ 认识自我的性格、兴趣、价值观、能力，科学合理地进行自我定位；

√ 认识外部世界，特别是职业世界，科学有效地获取信息；

√ 树立生涯发展目标，规划自己的生涯发展路线图；

√ 面对生涯发展中的种种选择，学会科学决策；

√ 适时调整和管理自己的职业生涯，应对外在和内在的变化；

√ 终极目标：获得幸福、快乐，成就人生。

表 1-1　大学生面临的生涯发展的阶段与任务

职业生涯发展阶段	生涯角色	职业生涯发展主要任务	个体主要任务
职业准备期	大学低年级	发展个人的价值兴趣和能力，为从事某一职业打下知识储备的基础	适应大学生活，有意识地培养、积累职业素养
职业探索期	大学中、高年级	分析自己在环境中的优势、劣势，对自己的发展方向进行定位和规划，并为未来的发展做好知识与实践的准备	理性地进行个人分析，把握自己的发展方向
职业选择期	面临毕业的学生	在充分做好自我分析和环境分析的基础上，选择适合的职业，设定人生目标	承担个人选择的责任
职业进入期	初涉职场的新人	在新的环境中调节自己，建立初步的人际关系，掌握工作方法与工作流程，积累工作经验	学会独立，面对组织和现实真相所带来的震撼，克服不安全感
职业适应期	工作前 8 年	学会做事，成为岗位中的行家；学会共事，学会与人相处，树立个人形象，创造良好的工作氛围；学会求知；学会生存；学会如何被同事、环境所接受	根据新的知识和组织所需要的能力，根据自己的发展潜能，重新评估自己的职业生涯规划
职业稳定期	职业生涯中时间最长，发展和成就事业的关键时期	根据形势的变化和自身条件不断修订事业的目标，攀登新的高度	培养下一代，关切组织的利益，平衡工作与家庭的关系
职业衰退期	作为退休人员，享受事业的收获与人生	适应生活标准与节奏的变化，找出表现个人天赋与兴趣的新途径	对个人发展的新途径保持开放状态

【拓展训练】

为什么读大学

经历了高考的日子，现在想想，给出你读大学的五个理由：

理由 1：＿＿＿＿＿＿＿＿＿；现在看来，有改变吗？＿＿＿＿＿＿＿＿

理由 2：_____；现在看来，有改变吗？ _____

理由 3：_____；现在看来，有改变吗？ _____

理由 4：_____；现在看来，有改变吗？ _____

理由 5：_____；现在看来，有改变吗？ _____

【理论链接】

舒伯的职业生涯发展阶段理论

美国著名生涯研究专家舒伯(Donald E. Super)从人的终身发展这一角度出发，提出了依据年龄将个体生涯发展分为成长、探索、决定、维持、衰退等五个阶段的划分方案。(见表1-2)。1976—1979年，舒伯在英国进行了为期4年的跨文化研究，为了综合阐述生涯发展阶段与角色彼此间的相互影响，舒伯创造性地提出了一个更为广阔的新观念，生活广度、生活空间的生涯发展观——"生涯彩虹图"，形象地展现了生涯发展的时空关系，更好地诠释了生涯的定义。

表1-2　生涯各阶段与主要任务

发展阶段	主要任务
成长阶段	出生至14岁。该阶段孩童开始发展自我概念，开始以各种不同的方式来表达自己的需要，且在现实世界中不断地尝试，修饰他自己的角色。这个阶段发展的任务是：发展自我形象，发展对工作世界的正确态度并了解工作的意义。
探索阶段	15岁至24岁。该阶段的青少年，通过学校的活动、社团休闲活动、打零工等机会，对自我能力及角色、职业作了一番探索，因此选择职业时有较大弹性。这个阶段发展的任务是：使职业偏好逐渐具体化、特定化并实现职业偏好。
建立阶段	25岁至44岁。由于经过上一阶段的尝试，该阶段较能确定在整个事业生涯中属于自己的"位子"，并在31岁至40岁，开始考虑如何保住这个"位子"，并固定下来。这个阶段发展的任务是统整、稳固并求上进。
维持阶段	45岁至65岁。个体仍希望继续维持属于他的工作"位子"，同时会面对新的人员的挑战。这一阶段发展的任务是维持既有成就与地位。
衰退阶段	65岁以上。由于生理及心理机能日渐衰退，个体不得不面对现实从积极参与到隐退。这一阶段往往注重发展新的角色，寻求不同方式以替代和满足需求。

在上述舒伯的生涯发展阶段中，每一阶段都有一些特定的发展任务需要完成，每一阶段需达到一定的发展水准或成就水准，而且前一阶段发展任务的达成与否关系到后一阶段的发展。在以后的研究岁月中，舒伯对发展任务的看法

又向前跨了一步。他认为在人一生的生涯发展中，各个阶段同样要面对成长、探索、建立、维持和衰退的问题，因而形成"成长—探索—建立—维持—衰退"的循环（见图 1-2）。

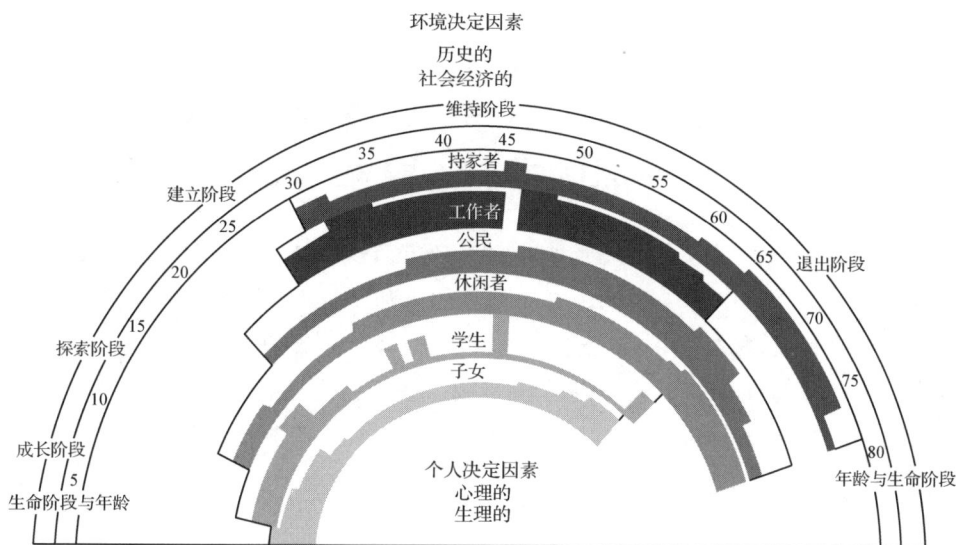

图 1-1 舒伯的生涯彩虹图

在生涯彩虹图中，纵向层面代表的是纵观上下的生活空间，是由一组职位和角色所组成。分成子女、学生、休闲者、公民、工作者、持家者六个不同的角色，他们交互影响交织出个人独特的生涯类型。舒伯认为在个人发展历程中，随年龄的增长而扮演不同的角色，图的外圈为主要发展阶段，内圈阴暗部分的范围，长短不一，表示在该年龄阶段各种角色的分量；在同一年龄阶段可能同时扮演数种角色，因此彼此会有所重叠，但其所占比例分量则有所不同。各种角色之间是相互作用的，一个角色的成功，特别是早期角色的成功，将会为其他角色提供良好的基础；反之，某一个角色的失败，也可能导致另一个角色的失败。舒伯进一步指出，为了某一角色的成功付出太大的代价，也有可能导致其他角色的失败。

彩虹图中的阴影部分表示角色的相互替换、盛衰消长。它除了受到年龄增长和社会对个人发展、任务期待的影响外，往往跟个人在各个角色上所花的时间和感情投入的程度有关。从这个彩虹图的阴影比例中可以看出，成长阶段（0～14 岁）最显著的角色是子女；探索阶段（15～20 岁）是学生；建立阶段

（30岁左右）是家长和工作者；维持阶段（45岁左右）工作者的角色突然中断，又恢复了学生角色，同时公民与休闲者的角色逐渐增加，这正如一般所说的"中年危机"的出现，同时暗示这时必须再学习、再调适才有可能处理好职业与家庭生活中所面临的问题。

第二节　你是不是不知道从哪开始
——拥抱生命的更多可能

随着高等教育进入普及化阶段，每年有近千万高校毕业生踏入社会求职，而社会评价人才趋向学历淡化，更加关注能力和质量，毕业生们能否意识到这一点对自身发展至关重要。在客观的社会结构性就业难的宏观压力下，我国大学毕业生还普遍存在着不能正确认识自我、缺乏指导、社会经验不足等问题，这就更加凸显出从主客观条件出发，科学、合理制定职业生涯规划的必要性。

【案例及评析】

刘勇的困惑

刘勇是计算机专业学生，毕业前开始找工作时，开始他想做一个软件工程师，因为这和他的专业更贴近。但是他从报纸上看到，说软件工程师是一个青春职业，和年龄有很大关系，35岁以后软件工程师就面临着被淘汰的可能性，工作会不太稳定。考虑到稳定，他突发奇想去卖包子，因为他家楼下卖包子的生意很稳定。后来因为家里的反对，放弃了这个想法。于是刘勇又决定去公司去应聘，首先想到的是去做销售，因为他看到很多公司高层领导都从销售开始做的。但是求职销售没有成功，他又回到IT业，想做IT培训老师，但是还是没有成功。毕业一年多，他找了很多工作，做了很多选择，但都没有成功，变得非常失望、焦虑，他觉得自己的能力不被社会所接受。人碰到焦虑的时候会去排解这种情绪，于是他去上网、玩游戏，这样可以暂时降低焦虑的情绪。最后他决定考研，可是近几年研究生报考人数增加，考试和录取的难度也越来越大，这让刘勇更加迷茫。

刘勇的故事在目前的年轻人身上并不少见。一项对北京人文经济类综合性重点大学大学生的调查显示，对自己将来的职业发展没有规划设计的占

67.2%；有设计的占 32.8%，而其中有明确设计的仅占 4.9%。在大学期间，大学生对自己的发展规划不明确，不能运用职业生涯规划理论规划未来的工作与人生发展方向，严重影响了学生的就业定位和职业准备，是造成当前大学生就业难的重要原因之一，大学生进行有效的职业生涯规划势在必行。

完全没有规划、传统的职业生涯规划和有效的职业生涯规划之间到底有什么差别？这其实是三种不同的人生策略，带给我们的自然也是不同的人生轨迹与结果。

一、三种人生策略

（一）随遇而安

没有规划的人生如同一场没有目的地的旅行，走走停停，随遇而安。这样的生活总是充满"看上去很美"的吸引力：你不知道未来会发生什么事情，也不知道会遇见什么人，看到怎样的风景，一切都是未知的。诚然，你也许会见到叹为观止的奇景，但那一定不会随时随地布满你的旅途；你也许会遇见各种各样不同的人和事，但很难说哪一个会对你的旅行有实在的意义，因为你自己也不知道你到底要去哪里。因此，这种随遇而安的方式是有着一定的风险性的，结果很可能就是，你走了很久，看了很多，但内心却并不丰盈；或者你走得很累，但却发现没有一个地方可以让你停下歇歇脚。

但这种随遇而安的方式并非没有一点可取之处，就如同每个优秀的人都有一段"沉默"的时光一样，人总要经历过才能有所选择，哪怕是错的，成长本身就是一个不断试错的过程。每一个年轻人在确定自己的生涯发展目标之前，必然要有一段"试错"的经历，这个时候，随遇而安的方式会帮助个体不断开阔眼界，不断尝试，直至离心中的目标越来越近。

这在初期是好使的，但我们的整个生涯，不能总期待在漫无目的的随心所欲中遇见我们的人生，那样的几率如同买彩票，甚至比买彩票更低。而且，伴随"随遇而安"人生策略的还有两个风险：一是"遇不见"，不停的试错，但一直没有找到自己真正喜欢的事情，人生能允许我们试错多久，现实是，当人到了35 岁以后，很难有一个行业愿意接受一个新人了，那时候怎么办？继续试下去，还是找一个不喜欢的事做做算了，不论是何种选择，都一定不是我们希望的结果；另一个风险是"搞不定"，因为现实总比理想更残酷，现实中的竞争更激烈，如同扫荡娱乐圈十多年的"选秀"大潮，当初有多少人怀抱着"歌手"、

"演员"或者"明星"的梦想，可是现实中真的圆梦舞台、被广大观众和粉丝熟知、站在金字塔顶端的人寥寥无几，更多的人变成了组成金字塔的巨大底座，当你把人生寄托在随遇而安的"撞大运"上，一般只有这样两个结果，要么遇不见梦想，一生寻寻觅觅；要么遇见了无力把握，继续悲悲戚戚。

(二)匹配定位

传统的职业生涯规划随着特质因素论，主题是给自己的未来做一份详细的计划：大学做什么，毕业后干什么，毕业五年后干什么，十年后干什么，二十年后干什么……直到退休。什么样的性格、什么职业兴趣，就直瞄着那个最适合自己的职业和工作去，按照设计好的路线来，一次不行再来一次，直到成功为止。这种匹配定位的方法看上去好像是完全遵循了个体的特点，但是这种策略忽视了一点，那就是这个不断变化发展的时代和环境。

首先，时代变化发展太快了，还记得2000年的时候，寻呼机刚刚流行"汉显"的，手机还叫"大哥大"，上网只能去网吧；而现如今的"5G"时代，智能手机随时随地就能上网，呼机早已不知去向，曾经的CD、VCD、DVD都成为了历史名词……而这些变化的发生都是在近20年，其间伴随着每个人，特别是每位同学的成长。大学四年，又能发生多少变化，有多少入学时的冷门专业，到毕业时变热了；又有多少当时的热门专业，经过四年扩招后变得一职难求。

其次，这个时代除了变化之外，越来越关注个体的力量。以前看到"改变世界"这四个字，只以为是国家元首、英雄和电影里的超人才能做的事，而现在，这四个字却成了"90后"的口头禅，尤其在互联网时代，人们越来越开始关注自我，倡导平等思维，即使是平凡人，也能改变世界。华裔女孩Jane Chen与她的团队一起，用专业医院里昂贵保温箱价格的百分之一做成的保温袋，在医疗条件恶劣的贫穷国家和地区也能使用，拯救了超过15万个早产儿的生命。2020年初新型冠状病毒流行的时候，线上课堂、网络教学等契合当时的需要而得到了迅速发展，技术不断迭代升级，方法服务不断更新，"翻转课堂""云端共学""智慧校园"，教育也步入了数字化、智能化时代。这些都是时代发展、技术进步和普通人的努力创造的奇迹。

(三)努力创造

创造的人生策略接纳随遇而安的不断尝试，也肯定匹配定位中对自我的认识，与此同时，更加关注个体的主动性与创造性，也对外部世界变化更能理性对待。选择创造的人生策略，你需要经常问自己这样的问题：

√ 如何修炼自己在现实中活好的能力？

√ 如何在现实中发展自己的兴趣？

√ 如何成为某一方面的高手？

√ 如何找到自己想要的东西？

√ 如何找到人生方向？

√ 如何创造属于自己的生命可能？

√ 如何连接现实与理想？

√ 如何面对实现理想过程中的自身困难、他人障碍或现实困境？

√ 如何面对生命里的苦难、贫穷、不完美或者不公正？

　　如果说传统的职业生涯规划用的是匹配定位的方法，那么如今的生涯发展理念更多主张创造自己的人生；如果说传统的职业生涯规划像一支狙击枪一样，预先设定好目标的靶心，然后瞄准，扣动扳机，那么如今的生涯发展理念就如同导弹，先尽快发射出去，让自己适应变化的环境，让自己飞得又快又稳，然后每秒都用激光重新定位目标，调整弹道，最后发现目标，一击必中。

　　党的十八大以来，我国全面贯彻新发展理念，主动构建新发展格局，蹄疾步稳推进改革，敢于突进深水区，敢于面对新矛盾新挑战，这是党和国家坚持守正创新、自信自立的表现。习近平总书记对青年一代寄予厚望："实践充分证明，中国青年是有远大理想抱负的青年！中国青年是有深厚家国情怀的青年！中国青年是有伟大创造力的青年！无论过去、现在还是未来，中国青年始终是实现中华民族伟大复兴的先锋力量！"身在新时代，面对新征程，更需要青年一代抓住历史机遇，努力创造，在实干中建功立业，不负自己的青春韶华，也不负这个伟大时代。

【案例及评析】

给未来一个长远的投资

　　大二那年夏天，吕柯患了一场大病，几乎摧垮了他的意志。因为专业的特殊性，吕柯已经无法在本专业就业，就算去应聘，人家肯定也不要他。毕业以后吕柯能做些什么呢？他一度对自己的前途失去了信心，甚至产生了退学的念头。面对事实，吕柯在学校职业指导中心老师的帮助下对自己的职业生涯发展进行了认真的规划设计。根据自身的条件，他选择了写作这条路，积极为报刊撰稿，废寝忘食地投入到文学创作中去。临近毕业，他已经是四家报纸的特邀通讯员和特邀记者，发表了不少轰动社会的稿件。

在毕业双选会上，他揣着五本厚厚的署有自己名字的作品集，胸有成竹地递到面试工作人员的手中。第二天中午，招聘单位给他打来电话："吕先生，你被录用了。恭喜你，在这次招聘中，你是唯一一个非新闻专业的学生，小伙子，好好干吧！"

分析：给未来一个长远的投资，这是每一个人都应该牢记的至理名言。无论任何时候，我们都不应该抱怨成功离我们太遥远，而是应该好好问一问自己：自己平时是不是给自己的未来做过长远的投资？做好并认真执行自我职业生涯发展规划，是每一位大学生实现人生价值的绝好选择。

【拓展训练】

殡仪馆之旅——我想成为什么样的人

假设以下情景：

下课后，你突然接到一位朋友的电话，说你们一个共同的好朋友不幸因病去世。

第二天九点钟，你准时来到殡仪馆，好友们也都赶到。这时，你大吃一惊，你的照片竟然挂在告别厅的正中央。这时，好友走过来对你说："对不起，实在抱歉，我们跟你开了一个这么大的玩笑。假如你真的有这么一天，你希望我们怎么怀念你？"

回家后，你仍然在思考朋友们的问题：是啊，假如我真的去世了，我希望别人怀念我什么呢？我希望留给后人什么值得纪念的东西呢？希望别人给我写出什么样的悼词和评价呢？或者我应该给自己写一篇什么样的祭文或墓志铭呢？

当我们平静安详地躺在水晶棺里，外边的世界已经离我们很远了，不管什么评价对我们已经不再重要，但在离开这个世界的最后时刻，为了生命那最后的尊严与责任，我们是否从现在开始就该做点什么呢？

我的墓志铭

二、你的生命有更多可能

　　长久以来，我们习惯了听从别人的意见，妈妈说，女孩子从小学跳舞，长大了会更有气质，那就练吧；爸爸说，报个奥数班，高考能加分，那就学吧；班主任说，学理科比学文科出路多，那就学理；老师说，研究生比本科生起点高，那就考研；舍友说，考公务员多稳定，那就考公务员；闺蜜说，28 岁前必须结婚生宝宝，否则会影响职业发展……在这一连串的建议中，我们慢慢地适应了别人为我们设计的生活，最终长成了别人期待的样子。

　　而这些，是你想要的吗？这是你本来的样子吗？这是你希望的生活吗？

　　跳舞很好，奥数很棒，公务员很稳定，考研很赞……但是这些，并不适合每一个人。每个人都是一个独一无二的自己，我们来到这个世界上，不是一心一意去把上天赋予自己的才华和价值发挥到最大，而是要把自己层层包裹，变成千千万万的"别人的样子"吗？

　　在这个世界上，还有很多的人，在努力成长为自己的样子，他们在自己热爱的领域努力地玩，就是为了发现生命中更多的可能。

【生涯故事】

中国大学生的故事①

　　史晓刚，北京理工大学集成电路与电子学院 2019 级博士研究生，正高级工程师，全国青联委员、北京 2022 年冬奥会火炬手，曾获第四届中国"互联网＋"

---

　　① 故事来源：史晓刚——大学生年度人物候选人，中国大学生在线，2023-06-30，https：//dxs.moe.gov.cn/。

大学生创新创业大赛金奖、团中央"中国青年创业奖"、全国向上向善好青年等荣誉称号。

2009 年，史晓刚考入北京理工大学电子科学与技术专业。在学校浓厚的学习和创新氛围下，刚入大学，他就开始利用学校的各种学习资源，提前自学嵌入式软硬件方面的知识。四年大学时光，他倾心投入科技创新项目，大二时就凭借自己主导研发的一架可以垂直起降的固定翼无人机，获得了第六届"挑战杯"首都大学生课外学术科技作品竞赛一等奖。毕业后，他开展了系列创新创业实践，于 2015 年创立枭龙科技有限公司，现任董事长和技术总负责人。2019 年，他继续攻读博士学位。

他在攻克 AR 核心技术中贡献突出。他组建了一支在 AR 领域攻坚克难的技术团队，突破多项核心技术，个人授权 AR 核心专利 52 项，其中授权发明专利 18 项；作为项目负责人，他主持国家重点研发计划 1 项，省部级重点研发专项 7 项；攻克了大视场角纳米光栅波导仿真设计、硅基纳米压印模板制备、纳米压印批量制备工艺等的关键技术，成功研发纳米光栅波导显示光学器件，视场角达 55°以上，厚度小于 2 毫米，视场角、eyebox、亮度等光学技术指标与显示效果已达到国际领先水平，在国内率先实现该技术攻克与批量制备，打破国外技术垄断，为我国光学透视型近眼显示技术的应用发展奠定了基础。

他致力核心技术和产品研发成果斐然。他带领枭龙科技技术团队专注于增强现实（AR）核心技术研发及产业化，攻克多项 AR 核心技术，成功研发多款行业领先的重量级 AR 产品，广泛应用于消费、工业、安防、军工等领域，加速传统行业转型升级。他主导将 AR 技术应用拓展至融媒体领域，获评首批"北京市智慧广电重点实验室"，所研发的 AR 融媒体智能眼镜系统已在《北京日报》记者队伍中批量装备，并成功应用于全国和北京两会；与北京市公安局建立战略合作，将 AR 技术拓展至智慧安防领域，所研发的 AR 智慧安防系统已成功在机场、高铁站、街道社区等场景部署，有效提高警务人员工作效率；与中科院、清华大学、北京理工大学、国家纳米科学中心等国内知名院所建立长期产学研合作关系。

他履行社会责任尽展青年担当。在新型冠状病毒防控关键时期，他积极开展科技抗疫工作，投入团队核心研发力量，将 AR 技术与红外测温技术融合，成功研发"穿戴式 AR 智能眼镜测温系统"，实现了移动巡逻和布控场景下的安全高效、无接触式体温检测。他还主动为定点扶贫县提供多套头戴式 AR 智能测温设备，多次为定点扶贫县捐赠扶持资金，为夺取疫情防控和脱贫攻坚的双胜利贡献一份科技力量。在 2021"支援协作工作社会帮扶资金"募捐活动中，他积极捐赠善款，并主动参与内蒙古宁城县精准扶贫工作，为定点扶贫县提供 AR 技术支持，捐赠 AR 智能眼镜，提高当地多领域科技应用水平。2022 年北京冬奥会期间，他带领枭龙科技积极参与服务保障工作，其研发的 AR 智能安保系统已成功应用于冬奥会开、闭幕式，为"科技冬奥"贡献"枭龙力量"。同时，作为科技创新创业领域代表，史晓刚被遴选为"北京 2022 年冬奥会火炬手"，参与冬奥火炬接力，传播奥林匹克精神。

"蚰"梦就去追，自"竹"亦助人①
在逆境中成长

赵蚰竹 4 岁时被确诊为先天性神经性耳聋，左耳和右耳的听阈值分别在 110 分贝和 90 分贝左右，这在医学上已经被判定为"聋人"，随着年龄的增长，任何一次感冒、咳嗽和剧烈运动都有可能夺去她那原本就微弱的听力，她就在这微弱的声响中默默前行，凭着顽强的毅力一路成长为厦门大学的一名在读博士研究生，在无声的世界里奏响了人生的全新乐章。

在成长中追梦

从小学到大学，赵蚰竹从未上过特殊教育学校，一直都是在公立学校通过读唇语听课。为了抢时间学习，赵蚰竹提前一年上了小学。在上小学之前，通过千百遍的重复练习，她已经学会了汉语拼音、千以内的珠算法和上百个生字。对于教材内容，她通过提前预习加上课后复习加以巩固，课堂上她习惯性地坐在第一排，观察老师的口型，判断老师的授课内容，为了学好英语，她每晚站在镜子前练习发音，一站就是几个小时，十遍、百遍、千遍直至发音准确为止，作为一个几近失聪、年龄又小的孩子，凭借自己独特的"听课"方式努力学习很快适应了校园生活，而且成绩一直名列前茅。先后以优异的成绩考入辽阳市省级重点高中——辽阳市第一高级中学、东北农业大学和厦门大学。

研究生期间，赵蚰竹逐步确立了自己的方向，掌握了系统动力学的研究视

---

① 故事来源：赵蚰竹——大学生年度人物候选人，中国大学生在线，2023-06-30，https://dxs.moe.gov.cn/。

角和方法，并在硕士期间发表 6 篇学术论文，其中 2 篇被收录至核心期刊，2 篇被收录至 EI，2 篇被收录至 SCI。2019 年，赵蚰竹考取了厦门大学博士研究生，在环境与生态学院攻读海洋事务专业，目前有 1 篇一区 SCI 文章发表在 *Resources Conservation and Recycling* 期刊（影响因子 13.716），并有多篇高质量文章在投。

在追梦中助人

在厦门大学学习期间，在学校和师生的关心帮助下，赵蚰竹愈加从容自信，科研能力也得到大幅提升。三都澳一直以来都是福建省宁德市重要海湾资源，习近平总书记在宁德工作时就提出"山海田一起抓"，念好"山海经"，赵蚰竹同学作为骨干成员参与福建宁德"三都澳海域生态环境保护规划（2021—2025年）"的研究工作，通过实地调查海水养殖支撑乡村振兴的具体措施，掌握了海水养殖生态环境保护一手情况，同时从乡村旅游业、乡村垃圾处理、乡村污水等产业和生态问题入手，助力"水清滩净、岸绿湾美、鱼鸥翔集、人海和谐"的美丽海湾规划理念和全民共享共治方案，为念好闽东"山海经"、保护三都澳海域生态环境和可持续利用海洋资源提供规划依据实践样本；同时她也参与翻译国际前沿科学报告《海洋综合管理蓝皮书》等工作，并参与撰写多篇生态环境类政策建议报告，为乡村海洋渔业和海水养殖业管理提供科学理论依据；发表了关于中国海洋渔业和海水养殖业的高质量科研成果，助力国家生态文明建设和乡村渔业可持续发展。做好科研学习之余，赵蚰竹也热心参加志愿服务，报名参加迎新志愿者、学长学姐辅助计划等活动，帮助指导低年级同学快速适应研究生科研学习，在关爱中传递温暖。

赵蚰竹以自强不息的精神冲破命运的樊笼，自助助人，活出精彩的青春华章，她的事迹先后被辽宁日报、厦门日报、中国青年杂志和新华社等多家媒体报道，并荣获 2022 年"全国向上向善好青年"和 2021 年"感动厦门"十大人物。其励志故事感动了许多人，激励广大学子勇敢面对人生曲折，"蚰"梦就去追，自"竹"亦助人。

这两个故事真实发生在我们生活的时代里，故事的主人公都是跟大家一样的中国大学生，他们都在用自己的方式阐释着生命独一无二的价值，并且用自己的力量改变着自己与周围人的世界。其实改变世界不仅是英雄的专属任务，每一个人都可以做到，只是在那之前，你要先改变自己。

做最好的自己。每个人的生命只有一次，我们不甘心在别人设计好的剧本里当群众演员，而要努力做好自己故事里的男女一号，并且要自己编剧、自己制片，自己做自己的观众。每个人生而不同，所以生命的剧本本来也不应该有太多雷同的巧合。生涯之道，就是致力于让你发现自己内心最真实的需求，发掘自己潜藏的能力，让未来的目标逐渐清晰，尝试生命中出现的更多可能，主动出击，拥抱偶然，去做一个更好的自己。

成长为自己喜欢的样子，你一样可以！

【拓展阅读】

每天读一遍这些话，让它们为你的前进加油助威！

- √ 一个年轻人，如果在 3 年的时间内没有任何想法，那么他这一生就基本这样。
- √ 如果，你真的爱你的爸妈，爱你的另一半，就努力去奋斗去拼搏吧，这样你才有能力、有经济条件、有自由时间，去陪他们，去好好爱他们。
- √ 今天很残酷，明天更残酷，后天很美好，但绝大部分人在明天晚上选择放弃，看不到后天的朝阳。
- √ 如果，我只能送你一句忠告，那就是，世界上没有免费的午餐，永远不要走捷径。
- √ 每个人应该寻找适合自己的东西，做自己喜欢做的事情，做自己擅长做的事情。
- √ 认准了，就去做，不跟风，不动摇。
- √ 为什么你不能自傲和自卑？你可以说自己是最好的，但不能说自己是全校最好的、全市最好的、全国最好的、全世界最好的，所以你不必自傲；你可以说自己是班级最差的，但你能证明自己是全校最差的吗？能证明自己是全国最差的吗？所以不必自卑。
- √ 世界上有很多天才，天才是用来欣赏的，不是用来攀比的。
- √ 要每天多努力一些，比别人多努力一个小时。
- √ 名次和荣誉，就像天上的云，其实是道美丽的风景，只能欣赏。
- √ 要想进步，就只有吸取教训，成功的经验都是歪曲的，成功了，想怎么说都可以，失败者没有发言权，可是，你可以通过他的事反思、总结。教训，不仅要从自己身上吸取，还要从别人身上吸取。

√ 我们不仅要自己有梦想，还应该用自己的梦想去感染和影响别人，因为成功者一定是用自己的梦想去点燃别人的梦想，是时刻播种梦想的人。

纸上得来终觉浅，绝知此事要躬行。对于各位大学生朋友来说，职业生涯规划只是一门课程，或者一种方法，可以帮助你更全面地认识自己，更高效地认识职场，更有针对性地设计属于你自己的未来，但这其中最关键的，不是如何做出一份完美的生涯规划，而是你如何开始为了你的未来展开行动。

生活，其实就是你开始行动或不行动的结果。

【思考与讨论】

　　1. 我对大学生职业生涯规划的理解是：_____

_____。

　　2. 通过该课程的学习，我期待得到的是：_____

_____。

第二章　发掘大学价值，激活行动状态

【学习目标】

1. 理解大学生涯规划的阶段性及各阶段生涯规划的重点；
2. 激发行动意识，具备勇敢迈出行动第一步的勇气；
3. 掌握并熟练运用确立大学中短期生涯行动目标的方法。

【生涯故事】

一位新闻专业大二学生的大学生涯规划

古人云："良好的开端是成功的一半。"大一一年我基本上没有干过几件像样的事情，完成应该完成的任务就更是差远了，按逻辑推理，我已经失败了一半。可是我又不甘心，因为严格说来，我的大学生活还剩下四分之三，失败一半对我来说也太不公平。世界上没有后悔药，选秀节目中被淘汰的选手也许有"复活"的机会，但是我的大学生活一定没有重来的可能。

因此，我从三个方面对接下来三年的大学生涯进行了规划。"有梦想就有希望"，我不敢保证我的职业规划完完全全的切实可行，但至少它代表了我现阶段最大的理想，也是近期最应该付诸实践的，它的实施与否主宰着我后半生的成功与失败。

1. 学业方面

学习不仅是为了今后的工作，最重要的是它能让你终身受益，所谓的"活到老学到老"大概就是这样一个意思吧。无论怎样，学生最首要的任务就是学习，抛开了学习一切都无从谈起。作为新闻专业的学子，社会对我们的期望值普遍要偏高，我们不仅要有扎实的专业知识，还要上知天文下知地理。而且我的目标是成为一名记者，因为自己对体育比较感兴趣，尤其对篮球一往情深，所以最渴望的就是能到 NBA 赛场上去见见我的偶像——篮球健将们，去饱览他们飒爽的英姿，然后用我手中的神笔为他们记录下经典的特写。总之，我的目标就是成为一名优秀的记者。这就意味着我必须博览群书，为今后步入社会能独当一面做好充分的准备。此外，英语四级虽然和学位证无关，但是和我有意向的职业挂钩，为了做一名称职的记者，尽职敬业地做好采访前的准备，我必须提前买票以便增加一些筹码。还有，在这个数字化、信息化的时代，对计算机基础知识的掌握尤为必要。所以，我对自己的大学生涯做出了简短的设计。

（1）大学二年级

①认真学好专业知识和其他基础学科，坚信基础的东西一定是最重要的。大一的时候英语考砸了，影响了整体成绩，跟奖学金还有一点距离，要加倍努力，争取获得奖学金。不要再像大一那般贪玩，整天没课就无所事事，多看一本书，可以多学一个道理。

②一定要把英语四级过了，争取一次性通过。这学期实在过不了，下学期最多再给一次机会。

③尝试着考计算机二级。一级证书有了，但那是将来大学生都会有的证书。"物以稀为贵"，考计算机二级是形势所迫、势在必行，即使过不了也要考。没考和没过并不能画等号，没报名参加考试就有了不去学习的借口，让自己变得懒惰、无所事事，而参加了考试没过是不一样的，虽然不能把梦想中的证书握在手中，但在用心去学习的过程中自己的能力已经得到了很大的提高。证书和能力如果我不能兼得，那么我认为自己会选择后者，因为它具有长远的利益。考计算机二级，我的原则是重在参与。

④认真负责地做好在院报、系报等报社的工作，不断地锻炼和提高自己，寒暑期间到一些媒体去参加社会实践，巩固所学的专业知识。教授们常跟我们说，"学新闻的如果不结合实践，那么课堂上学得再好，你也只学到了一半甚至还没有"，所以，必须要求自己学以致用。

（2）大学三年级

①参与英语六级考试。自己的基础不够扎实，为了让现实和理想之间不要有太大的落差，对六级，我的宗旨是要勇于尝试，或许六级并没有我想象中的那么难。

②证书大攻破。到那个时候已经没有太多课程了，可以准备考一些相关的证书，但是一定要杜绝盲目考证，要积极咨询就业方面较有经验的专家、老师，获取对自己最有效的信息，然后对症下药。当然与新闻专业息息相关的普

通话等级证书、公关员证和记者证为最优先考虑。教师资格证也该备用，以便不时之需，也许那些山区的校园在我最无助的时候会收留我。

（3）大学四年级

①前期进入实习阶段，选择自己意向的媒体参加社会实践。认真做好媒体交给我的每一项任务，把最优秀的自己展示给媒体，最好让媒体感受到自己的重要性，最终接纳自己。这样我的努力就算达到了目的。

②后期，准备毕业论文，参加毕业论文答辩，最终能顺利毕业。

③参加工作后月薪不能太低，至少要能养活自己。毕业三年内不考虑结婚、转行和换单位，因为毕业后，一切重担都得自己来扛。还有国家在这几年里供自己完成学业的助学贷款是要坚决一分不少地按时偿还的。

2. 为人处世方面

（1）改掉自己偶尔性情急躁的坏毛病，不和同学发生冲突。

（2）尊重身边的每一个人，不管他（她）有着什么样的性格，学习优秀的人，感化恶搞的人，用一颗真诚的心去对待他们，不争名利，不计较利益。

（3）抓住每一个锻炼自己的机会，这样的机会不是每个人都有的。全力以赴地完成在班级和学院的本职工作，为集体做一些力所能及的事，为劳累了多年的老师们哪怕减轻一点点负担也好。干出一点成绩，不一定非要得到他人的肯定，重要的是给自己找一个相信自己的理由。

3. 生活方面

大学是真正属于自己的天地，在人的一生中这种日子不会长久，要好好生活。所以除了学习和工作之外，我必须给自己一个快乐的生活方式，珍惜现在拥有的。无论如何也不逼自己，做值得自己做的事。

（1）篮球是我的好伙伴，那些和我一起打篮球的同学更是我的好伙伴，我喜欢他们的大气，喜欢和他们待在一起的感觉。所以，每周至少打一次篮球，这是必需的，劳逸结合，和篮球好友们联络感情，调节身心健康。

（2）力求打破没上过大学的舞台的记录。说出来不怕丢人，当一名歌手那是我孩提时最强烈的愿望，曾几何时，自己也在校园的小舞台上扮演着主角，所以我相信有一个舞台是属于自己的。

（3）多和家人、同学联络，告诉他们我的快乐和不安，一路走来是他们支撑着我克服了重重困难。尤其是上了年纪的父母，他们操劳一辈子也许最想要的只是我的一个消息、一个平安而已，所以我绝对不能让他们失望，只有他们幸福了我才能真正心安理得。

最后，祝愿自己能把曾经失去的补回来，最终如愿以偿！

本章开篇的生涯故事，不知引起了多少大学生的共鸣，感觉自己像这位新闻专业大二的学长一样，在大一的第一个学期没干几件像样的事，刚入大学时的雄心壮志、豪言壮语早已抛诸脑后，使得大学"已经失败了一半"，但痛定思痛、心有不甘，满怀期待在未来的日子完美逆袭。那么，从何做起？故事中的学长制订了一份大学生涯规划，每个人都可以拿来自用吗？仔细看看，才发现这样的一份规划"复制容易粘贴难"，看似所有的计划都可以借鉴，实则哪条放在自己身上都不合适，原因很简单，每个人都有自己独特的成长轨迹和目标理想，小到兴趣爱好，大到职业理想，当然，大学生涯的规划也会截然不同。

党的二十大报告指出"当代中国青年生逢其时，施展才干的舞台无比广阔，实现梦想的前景无比光明"。刚迈入校园的大学生，想要在新时代奋发有为，实现人生梦想，就要做好大学生涯规划。做好大学生涯规划之前，要弄明白一个问题：为什么要上大学？这个问题的答案很多，但大多数学生会提到，想通过上大学提升学历找个好工作，过上更好的生活。过好自己的大学四年，的确可以为今后的职业和生活做好准备，但如果你还不能明确未来的职业目标，笃定想要过什么样的生活，那么就梳理一下未来的各种可能，全力把眼前的事做好，努力让自己不断适应和成长，不断成为更好的自己，等到未来遇到合适的机会，便能够收获理想的职业和满意的生活。这样说来，好的规划，就是做好当下的自己。

第一节 大学，到底意味着什么
——大学对职业生涯的影响

在人生的旅途中，大学生活不过只有四年的时间，但这四年却是人生旅途中最为重要的转折阶段，值得很好地珍惜。习近平总书记曾说过，人生一年之春、一日之晨就是我们的大学时代，这是一个黄金的时期，……一定要利用好大学时期，很好地打下这个基础。然而，许多人以为，大学不过是相对高级的教育阶段，是进入社会职场之前最后的轻松时光。于是，一些在高中阶段勤奋学习、终于通过了高考独木桥的年轻人，在进入大学校门之后，就开始"马放南山，刀枪入库"了。这些学生每天或是沉湎电脑游戏、与那些网络上的虚拟人物杀个昏天黑地；或是仰仗家里较好的经济条件，整天游手好闲，肆意旷课；或是陶醉于儿女情长，追逐着空泛的爱情而不能自拔。更多的是仍简单延续着原有学习习惯，听命于老师、习惯于围着考试的指挥棒转，每天学习的目的就是为了应付考试，为了取得所谓的好成绩，进而顺利地在毕业时拿到大学文凭。至于自己学习的目的是什么，毕业后如何开始自己的职业生涯，这些似乎是别人的事情，与自己无关。就如某毕业生在网上所写"我记得上大学的四年，是这样过的，第一年好奇，终于可以玩个痛快了。第二年边玩边学，谈了个男友。第三年感觉到学习的重要性了，开始认真学习了。第四年要实习了，来不及学了。出来社会后，我不知道自己能做什么。现在想想，归根结底，是自己没有把握好自己的规划。"

习近平总书记曾说过，人生一年之春、一日之晨就是我们的大学时代，这是一个黄金的时期，……一定要利用好大学时期，很好地打下这个基础。所以再次反思自己正在度过的大学时光，是不是让我们深思，大学到底应该怎样度过？大学生活对于人生的意义是什么？大学对于人的职业生涯有着怎样的影响？

一、为成为"社会人"做准备

大学本科阶段一共只有四年的时间，要使这个准备很充分，就必须富于计划性。如果没有计划，或是执行计划的力度不够，缺乏具体明确的行动要求，那么这个准备可能就会严重不到位。而准备工作的偷工减料肯定会使你在进入社会职场之后屡屡受挫，因为你打的是无准备之仗，所以大概率会接受失败的惩罚。为了提高这种准备的针对性，就要先弄清楚社会职场对人才的真实需求是怎样的，通过与现实需求的对照，知道自己究竟在哪些方面存在着差距和不足，以便在大学的几年中，在进行基本理论、基本技能的课堂和书本学习的同时，也能够有目的地按照社会实践的要求，通过积极参与社会实践，来有效地缩短自己与现实需求之间的差距。

二、增强个体适应性

在谈到大学生面对社会需要的选择时，我们常说的一句话就是："要具备一定的职业竞争力。"客观地说，对一个尚无工作经验、刚出校门的学生，一味地要求其具备多么强的职业竞争力，是不大现实的，用人单位也并非都那么苛刻和不切实际。但一个已经毕业的大学生，应该能够很好地适应自己即将开始的职业生涯和工作环境，从而可以经过较短的时间，便可以很好地应对工作岗位要求，较快进入良好的职业状态。

三、学会学习

如果说，中小学阶段的价值是进行基础知识的全面学习和积累，那么大学阶段则是人们根据自身的条件有选择地进行专业学习和未来职业准备的阶段。在这个阶段里，强调的是主动地学习、有选择的学习、理论与实践相结合的学习。在大学的特定环境中，有着太多的学习机会可供你选择。如果你今后的职业目标不够明确，仅凭一时的兴趣或被动地随大流，那么那些富有丰富价值的图书馆、校园网、选修课、讲座、沙龙、座谈会、报告会等学习机会，都会大为贬值。大学阶段的学习与以往学习阶段最大的不同应该是它的实践性，如果你未来的职业选择不是当老师或搞专业研究，而是进入企业之中寻求自身的人生价值，那你的努力目标就不应当是单纯考高分、全面实现教学大纲的要求，而应该从社会实践的需要出发，有针对性地弥补和提升自己的技能，以便符合职场要求。

四、积累人脉

大学是个人才聚集、知识密集、精神营养丰富的地方，这个阶段是每个大学生人生中承前启后的重要转折阶段，是人生获取能量、积累资源最重要的时期。因此大学生在校期间应该兼收并蓄，广泛寻求与老师、同学、校友之间的互动交流机会，从而既可获得一面面立体的镜子，清晰地认清自己，又能获得各类精神营养的滋润，更能为自己今后的人生奠定一个极富价值的关系网络基础。有些大学生的大学四年，连本班的同学的名字都叫不全，更不要说与本年级、本校其他专业同学之间的相识与相知了，这种状况不能不说是个很大的遗憾。

如果你是一个志向远大、目标明确、未来职业选择坚定的学生，在大学的四年中，一定会非常珍惜学校各方面的宝贵资源。即便是毕业之后，也必然会很积极地通过参与校友会、学校周年校庆等活动，盘活这个宝贵的社会资源，为自己今后的职业人生积蓄能量、储备机会。由于大学生之间没有根本的利益冲突，彼此又均已成年，因此此刻结下的友情纯洁而又成熟，比中小学生的感情牢固，又比社会上的关系简单淳朴。所以，要珍惜大学的同窗情谊，并在坦诚、互信的基础上拓展自己的人际关系网。

五、为内职业发展奠定基础

大学生活对人生的价值，还非常鲜明地体现在它为我们赋予了可以终身受用的再学习能力。这是我们在生涯规划中拓展内职业生涯方面非常重要的一环。本专科并非教育的最高阶段，硕士不是，博士也不是。世界是在不断变化着的，因此学习是没有止境的，学习将贯穿人整个生命的始终。大学生活是人在进入社会职场前的最后一个准备阶段，学习靠自我把握，没有人看着你、强迫你。尤其是当你将今天的学习与明天的社会实践紧密联系在一起的时候，这样的学习更体现为一种自觉的学习，一种对学习方法、学习方式、学习规律的掌握与感悟。

第二节　你的大学怎么过

2014 年 9 月 9 日，习近平总书记同北京师范大学师生代表座谈时说："学生时代是人一生最美好的时光，长身体、长知识、长才干，每天都有新收获，每天都有新期待。我希望在座的同学们，也希望全国 2.6 亿在校学生，珍惜学习时光，多学知识，多学道理，多学本领，热爱劳动，身心健康，茁壮成长。"①对专业知识的学习和专业技能的培养，主要集中在高校，一个人是否能够很好地应用其所学的专业知识，是体现人生价值的最直接的方法。学业成绩不仅体现了一个求职者在大学中所掌握的专业知识是否过硬，更体现出这个求职者的学习力、上进心、责任心和竞争力等因素，因此，大学生学好专业知识，理解和掌握好专业知识至关重要。社会对人才的质量要求越来越高，市场真正需要的是以专业知识及技能为主，其他知识为辅的通才。面对这样的社会需求，新一代的大学生一定要从现在开始，努力学好专业知识，拥有一身过硬的本领，以应对毕业季求职时的千万人竞争。

一、大学学业规划与行动

（一）学习专业知识与技能

大学教育是专业性教育，大学培养的人才是具有专业性的专门人才，习近平

---

① 习近平：《习近平同北京师范大学师生代表座谈时的讲话》，人民网，2014-09-10。

总书记曾说过，青年人正处于学习的黄金时期，应该把学习作为首要任务，作为一种责任、一种精神追求、一种生活方式。

学好专业课程是学好本专业最基本的要求，同时还应注重自身综合能力和意识的培养。要把握和完善与专业相关的知识结构，要对外延的知识有一定的了解，并善于把握与自己专业发展方向相关的专业实践的机会，积极参加与自己专业发展方向相关的具有专业性的竞赛与竞技活动。

1. 公共课和基础课的学习

基础知识包括数学、英语、计算机、互联网。很多同学都认为上大学都是来学习专业课知识的，而对公共课和基础课不够重视，这是错误的想法。一方面，公共课和基础课是学习专业课的基础，学不好这些课程，会对专业课的学习产生影响；另一方面，公共课和专业课的知识是比较稳定的知识，其中一些内容是经常用的原理和常识，更新的速度要比专业知识慢，而这些正是受用终身的知识，如果没有打下好的基础，大学生们也很难真正理解高深的应用技术。同学们要做到融会贯通，构建以基础知识为内核的知识结构。

2. 专业课的学习

大学期间专业课的划分越来越细，要求学生能够有专业化的素养，专业课选择的原则不是基于学分获得的难易程度，而应基于个人未来生涯发展的需要。要认真对待每一门专业课，利用有教师讲解的机会，汲取知识的营养；要重视专业实践课的学习，主动开展理论联系实践的行动，提高学习效果。

【拓展训练】

绘制你的专业树

想办法找到你的专业教学计划，看一看你大学四年所要学习的专业课程都有哪些，根据学院的课程安排及你所了解的本学院毕业生的发展去向，尝试梳理出几条可能的专业成长路径，将其绘制成一棵专业成长树，并结合自己的兴趣选择一两条发展路径来作为今后的努力方向。

3. 考证的取舍

大学的时光里，许多同学都在为考取各种证书而忙碌，有的甚至盲目跟风。我们提倡考取基于自我职业方向所必要的证书，既不能为考证热所误导，也不可太轻视考证。有的职业岗位需要资格证书，没有就不能入职。与特定职业相连的证书，确实能增强获取就业机会的可能性。但用人单位都明白，证书并不代表能力，在市场竞争中最终依仗的还是真才实学。作为大学生必须明白，考证不是目的，通过考证练就必备的专业技能比考证本身更重要。考证的取舍要依据个人学业规划和职业生涯规划。

【延伸阅读】

大学生就业十大最有价值的证书

NO.1：英语证书

大学英语四、六级证书（CET－4，CET－6）：极其重要。

专业八级：只有英语专业才有资格考，但很多职位要求，如翻译或者外籍主管的助理。

大学英语四、六级口语证书：证书不重要，能力重要，面试的表达重要。

英语中高级口译：含金量很高。

托福（TOFEL）：只有少数企业会问到是否考过托福，但同时会担心你工作不久后，可能会出国。

雅思（IELTS）：少数英联邦国家企业会注意到你考过雅思，但绝不是必要条件。

剑桥商务英语（BEC）：证书说明了你的英语能力，还有你在大学里很好学，懒惰的同学不会去学，或者学了考不过，这是企业关注的。

托业考试（TOEIC）：有比没有好，没有培训，只是考试，企业不在意。

小结：四、六级证书最重要，其他有比无好；至于口语，关键看面试时的表现。

NO.2：计算机证书

Office软件操作是基本技能，不需要证书。

全国计算机二级证书：有些大城市申请户口时用，必要条件，如上海。

此外还有三级和四级证书。

其他如ACCP、MCSA、CCNA，以及名目繁多的专项技能计算机证书，则与未来具体的工作选择相关，不是每个企业都会看重。

我们统计了约5万条招聘信息，18.6％的招聘信息中提到了计算机，但提及具体证书的不到0.1％。更多的描述是模糊的，例如，从事Java编程两年经验，熟练电脑操作。对很多同学来说，如果从大二开始学习Java，到大四时可以算作三年经验了。

关于计算机技能的各种培训很多，但被企业认同的证书却不多，关键看实际操作技能。

NO.3：学校证书

包括：奖学金证书、三好学生、优秀毕业生、优秀学生干部等。

奖学金证书非常重要，有的 HR 看不懂大家给出的各种复杂算法的 GPA，但一看是否有奖学金，就有一个大概印象了。奖学金证书被很多企业列为筛选简历的必要条件，没有奖学金，就没有面试机会。

学生干部经历非常重要，如果再有一个"优秀学生干部"的证书，就更能起到证明作用了。

三好学生、优秀毕业生等，在申请户口时可以加分(上海)，非常重要。

NO.4：专业资格证书

要看专业和行业情况，例如：

律师资格证书：适用于未来立志于当律师的同学；

教师资格证：适用于将来想从事教师职业的同学，师范类一般都要求报考，非师范类也可以报考；

CAD 工程师认证证书：多用于机械、室内装饰、建筑行业；国家司法考试证书；

驾驶证：不是应聘司机才需要。

NO.5：兼职实习证明

因为没有经验，所以才叫"应届生"，所以工作才难找。

但是，具有了相关的兼职实习经验，就成了应届生中的"有工作经验"的，具有优势，脱颖而出。

参加一些知名企业的实习生计划，更有可能直接留在公司工作，如宝洁 80% 的实习生会留下来成为正式员工，GE 的 50% 会留下，IBM 的 50% 会留下等。

有相关企业兼职实习经历及证明，求职时极具优势。

NO.6：发表论文、专利证书

对于研究生来说，做过相关项目，撰写过有质量的相关论文，被 EI/SCI 收录，这些发表论文的证明，在寻求相关工作的时候会有极大的帮助。

另外，本科生或研究生在申请出国的时候，如果发表过高质量的论文，就更容易获得国外教授的青睐。

还有专利证书，在申请户口时起加分作用。专利申请分为发明、实用新型和外观设计三种类型，发明专利较难，但实用新型和外观设计专利还是非常容易申请的。拥有专利和申请专利都可以获得户口加分，而且企业对专利证书也很重视。

NO.7：竞赛获奖证书

大学里或者社会上的各种竞赛获奖证书也非常受青睐。

通过参加竞赛锻炼能力，获得证书，找到工作的例子遍地都是。

NO.8：毕业证、学位证、第二学位

这是最重要的证书，存在三点区别：一是名牌院校和普通院校的区别；二是热门专业和冷门专业的区别；三是专科、本科、研究生的区别。

专业背景是企业最看重的，很多职位只给限定专业毕业同学面试机会。

具有第二学位，跨学科辅修某些专业，使自己成为复合型人才，也是很多企业所看重的。

虽然说企业看重能力，而不是学历，但名牌大学、热门专业，就是一块有分量的敲门砖，进得了门里才有机会展现能力。

总结：

证书代表了大家的能力；

证书代表了大家在大学期间没偷懒；

证书代表了一种追求上进、不甘平凡的生活态度。

资料来源：《大学生就业十大最有价值的证书》，中国教育在线，https：//www. eol. cn/html/c/zhengshu/，2016-12-28。

（二）广泛涉猎，开阔视野

在大学期间不仅要掌握扎实的本专业的知识与技能，更需要广泛涉猎各个领域的知识，多阅读些课程经典参考书目，也要广泛阅读经济学、心理学、哲学、社会学以及历史、地理等方面的书籍，或者选修一些自己感兴趣的课程、聆听名师名家的讲座、在网上观看国际国内一流大学的公开课等。古人常说"开卷有益"，博览群书可以开阔视野，可以使人明智，陶冶情操，提高人格道德修养，开阔视野，丰富大学生活，增加学习生活的乐趣。

大学老师只会充当引路人的角色，学生必须自主地学习、探索和实践。自学能力必须在大学期间开始培养。许多同学总是抱怨老师教得不好，懂得不多，学校的课程安排也不合理。但"与其诅咒黑暗，不如点亮蜡烛"。大学生不应该只会跟在老师的身后亦步亦趋，而应当主动走在老师的前面。例如，大学老师在一个课时里通常要涵盖课本中几十页的信息内容，仅仅通过课堂听讲是无法把所有知识学通、学透的。最好的学习方法是在老师讲课之前就把课本中的相关问题琢磨清楚，然后在课堂上对照老师的讲解弥补自己在理解和认识上的不足之处。

中学生在学习知识时更多的是追求"记住"知识，而大学生就应当要求自己"理解"知识并善于提出问题。对每一个知识点，都应当多问几个"为什么"。一旦真正理解了理论或方法的来龙去脉，大家就能举一反三地学习其他知识，解决其他问题，甚至达到无师自通的境界。

自修之道，不意味着自己闷头思考，要善于从各种渠道吸收知识和方法，如充分利用学校里的人才资源，主动请教、大胆发问、互帮互学、共同进步。还应该充分利用图书馆和互联网，培养独立学习和研究的本领，为适应今后的工作或进一步的深造做准备。

二、大学生活规划与行动

大学生活丰富多彩，不仅包括学习生活、实践活动，还包括校园文化生活及社会生活等，作为走向社会的最后一站，大学生活的质量将直接影响职业生涯的发展。实施大学生活规划方案，将美好的憧憬变成现实，同样需要智慧和努力。

(一)培养良好的生活习惯

大学生常见的不良生活习惯主要有以下几种：不吃早餐、无节制的夜生活、学习紧张时"开夜车"、吸烟、喝酒、大吃大喝、寝室及大学生自身的不卫生生活习惯、缺乏体育锻炼或体育锻炼无计划、泡网吧。不良生活习惯已成为影响大学生活规划实施的首要因素，改正不良生活习惯，不仅有益于大学生身心健康发展，也能使大学生保持旺盛的精力投入紧张的学习生活中去。

1. 养成良好的饮食习惯

早餐一定要吃好，大学生一般上午是功课最多的时候，如果不吃早餐，大脑需要的能量得不到供应，长期下去，会影响功课及大脑的发育。另外，也要注意营养的全面搭配，还要保证饮食规律，不要暴饮暴食。

2. 合理安排作息时间，保证充足的睡眠

睡眠是大脑休息和调整的阶段，睡眠能保持大脑皮层细胞免于衰竭，使消耗的能量得到补充，大脑皮层的兴奋和抑制过程达到新的平衡。良好的睡眠有增进记忆力的作用。大学生每天应保证 8 小时的睡眠时间。

3. 养成锻炼身体的好习惯

有规律的有氧运动，能够有效地调动肌体活力，增强身体的免疫功能。所谓有氧运动指的是快步走、骑车、跳绳、爬山、游泳、瑜伽等，每周运动 3 次，每次运动达到每分钟心跳 110～130 次，并持续 30 分钟，即可起到健身的作用。同时，也可以多参加一些文娱活动，不仅能放松心情、增加生活的乐趣，还有助于增强免疫力，提高学习效率。

4. 养成良好的理财习惯

大学生要懂得生活，学会生活，从学会如何管理好自己的钱开始，增强自己的理财意识和观念，在大学时代就养成很好的理财习惯，为自己的现在和将来精打细算，这样对于以后走向社会受益巨大。大学生理财，既要适当"开源"，比如争取奖学金、协助老师搞研究做课题，从事家教、促销等兼职以及创业，又要尽量"节流"，学会精打细算，时常记录财务情况，有意识地控制自己的消费，养成节俭的好习惯。

（二）培养健康的兴趣和良好的心态

1. 培养健康的兴趣

在大学期间至少培养一项兴趣，这样心灵才不会寂寞。最好的寻找兴趣点的方法是开阔自己的视野，接触众多的领域，而大学正是这样一个可以让你接触并尝试众多领域的独一无二的场所。大学生可以充分利用学校的资源，通过使用图书馆资源、旁听课程、搜索网络、听讲座、打工、参加社团活动、与朋友交流、使用电子邮件和电子论坛等不同方式接触更多的领域、更多的工作类型和更多的专家学者。

人生的路很长，每个人都可以有很多不同的兴趣爱好。在追寻兴趣之外，更重要的是要坚持自己的兴趣爱好。有一本书的作者曾访问了几百个成功者，问他们有哪件事是他们今天已经懂得，但在年轻时却留下了遗憾的事情。在受访者的问答中，最多的一种是"希望在年轻时就有前辈告诉我、鼓励我去追寻自己的理想和兴趣"。相比之下，兴趣固然关键，但坚持它更为重要。因此，大家不必把某种兴趣当成是自己最后的目标，也不必把任何一种兴趣的发展道路完全切断。在理想的指引下，不同的兴趣完全可以平行发展，实在必要时再做出最佳的抉择。

2. 培养良好的心态

大学生的年龄一般在 18～24 岁，他们的整体心理机能尚未完全成熟，自我控制和自我调节能力还不强，面临现实困境诸如大学生活适应、角色转换、学习、考试、交友、爱情、择业等问题时，往往会茫然不知所从，情绪波动很大，心理失调。这不仅会影响正常的大学生活，严重的还会形成心理疾病，影响学业和职业生涯的发展。保持良好的心态，维护心理健康，是大学生实施大学生活规划、迈向成功人生的关键。

大学生要有意识地培养感恩之心，感恩父母、老师、同学和大学校园；要有平常心，遇见任何事情都能坦然处之，尽力而为，顺其自然；要有积极的心态，面对挑战和挫折时，从正面去想、从积极的一面去想、从可能成功的一面去想，并积极参与行动；还要有自尊自信的心态，对自己的前途充满信心，对待前行中的困难、挫折有较强的心理承受能力，不会轻言放弃。

(三)树立健康的交往观

处于青年期的大学生，思想活跃，精力充沛，兴趣广泛，人际交往的需求极为强烈，他们力图通过人际交往去认识世界，获得优异的条件，满足自己物质上和精神上的各种需要。因此，大学生希望被人接受、理解的心情尤为迫切。然而对于大学生而言，他们对人际关系的追求往往带有较多的理想化色彩，无论是对同龄朋友，还是对师长，往往是以理想色彩看待交往，希望交往不带任何杂质，同时他们也常常以理想的标准要求对方，一旦发现对方某些不好的品质就会深感失望。从个人讲，大学生必须学会调节自己，树立健康的交往观。

学会与人交往，这也是大学中的一门"必修课"。在大学期间提高人际交往能力，保证人际环境质量，需要做到以下几点。

1. 以诚待人

对别人要抱着诚挚、宽容的胸襟，对自己要怀着自我批评、有过必改的态度。与人交往时，你怎样对待别人，别人也会怎样对待你，因此，当你想修正别人时，你应该先修正自己。你想别人怎么对你，你就应该怎么对人。你想他人理解你，你就要首先理解他人。

2. 培养真正的友情

如果能做到第一点，很多大学时的朋友就会成为你一辈子的知己。在一起求学和寻求自身发展的道路上，这样的友谊弥足珍贵。交朋友时，不要只去找与你性情相近或只会附和你的人做朋友。好朋友有很多种：乐观的朋友、智慧的朋友、脚踏实地的朋友、幽默风趣的朋友、激励你上进的朋友、提升你能力的朋友、帮你了解自己的朋友、对你说实话的朋友等。

3. 学习团队精神和沟通能力

社团是微观的社会，参与社团是步入社会前最好的磨炼。在社团中，可以培养团队合作的能力和领导才能，也可以发挥你的专业特长。但更重要的是，你要做一个诚心诚意的服务者和志愿者，或在担任学生工作时主动扮演同学和老师之间沟通桥梁的角色，并以此锻炼自己的沟通能力，为同学和老师服务。

4. 从周围的人身上学习

在班级里、社团中，多观察周围的同学，特别是那些你觉得交往能力和沟通能力特别强的同学，看他们是如何与人相处的。通过观察和模仿，你渐渐地会发现，自己的人际交往能力会有意想不到的改进。在学校里，每一个朋友都可以成为你的良师，他们的热心、幽默、机智、博学、正直、沟通、礼貌等品德都值得你学习。同时那些你不喜欢的人和事也可以为你敲响警钟，警告你千万不要做那样的人和事。当然，你也应当慷慨地帮助每一个朋友，试着做他们的良师和模范。

5. 提高自身修养和人格魅力

如果觉得没有特长可能会成为自己人际交往能力提高的一个障碍，那么，你可以有意识地通过培养一些兴趣爱好、多阅读和多思考，时常内省、关爱他人等方式来提升个人修养。还可以有意识地提升自己的人格魅力。一个人的人格魅力主要体现在他良好的个性品质上。在人际关系中，最受欢迎的 10 项人格特质依次是：诚恳、诚实、了解、忠心、可信、可依赖、聪明、关心、体谅、热忱。有强大人格魅力的人，会自然而然地吸引他人，讨人喜欢、受人信赖。

（四）树立正确的恋爱观

爱情是一个古老而常新的话题，大学生对爱情的憧憬和向往是很自然的，爱情观是一个人世界观、人生观、价值观在恋爱感情问题上的具体体现。一个正确的爱情观会引导人走向健康、幸福和美好的生活。

大学生恋爱中常见的问题有恋爱的盲目性和冲动性较强、恋爱容易受周围朋友和环境的影响、恋爱缺少责任与承诺等，不成熟的恋爱心理也会给大学生带来一些负面影响，甚至因失恋等原因而做出极端行为。因此要树立正确的爱情观刻不容缓。作为当代大学生，在恋爱中应该注意以下几个问题：

（1）摆正爱情的位置，是树立正确爱情观的首要问题。大学生应该正确处理爱情与学业、事业、人生的关系，用爱情中的积极因素来鞭策学习，奠基事业。

（2）加强责任感和义务感，是树立正确爱情观的重要保障。大学生在恋爱中具有强烈的爱的欲求，情感需求大于理智成分，不重视恋爱的前景和结局，只重视过程中的欢悦，这是缺乏责任感的表现，因此要培养自己的责任意识，使爱情不断深化和升华。

（3）培养自制力和意志力，是树立正确爱情观的重要内容。一些大学生在恋爱中很容易为感情挫折所打倒，或因不良外部诱惑而误入歧途，因此要注重培养自己的道德情操和意志力，依靠自身的内部力量去克服挫折和抵制外部不良诱因的影响。

（4）促进大学生正常交往，是树立正确爱情观的基本途径。大学生应广泛参加各种形式的健康、有益的社会实践活动，既丰富社会阅历，又使生活充实。同时通过活动促进异性之间的交往，在交往中加深了解，逐步发展感情。

大学生要怀着健康的恋爱心态，使自己的情感更加美好和文明，即使遭受被拒绝、失恋的挫折，也能从失败中获得成长，最终收获更加甜蜜、幸福的爱情。

三、大学社会活动规划与行动

大学生未来职业生涯发展需要具备各方面的素质和能力，特别是实践操作的动手能力。实践操作能力强的大学生无疑增加了找工作时的砝码。大学生的动手操作能力来自在校期间多方面的实践锻炼，尤其是社会活动实践。因此，大学生应该制订大学期间的社会活动规划，提升自己的动手操作能力。大学生参加社会活动的形式主要是社团活动、社会实践、实习和兼职。

(一)社团活动

每年新生入学后，各大高校的社团都会如火如荼地进行"招新人会"，而加入各种各样的社团组织也成为大一新生生活的第一课。大学生社团是大学生为了满足心理、文化、生活、社会需要而自发筹备并经学校有关部门批准成立的具有一定目标和活动规范的非社团性质的群众性业余团体组织。大学生社团是大学生培养能力、增长知识、提高素质的一条重要途径。大学社团的基本类型主要有以下几种：

（1）思想政治型社团，以思想政治理论的研究和宣传为主要活动内容，包括邓小平理论研究会、毛泽东思想研究会、社会主义研究会等。

（2）学术科技型社团，以学术研究、科技发明与科技制作为主要内容，范围涉及高校的主干专业和学科，如各种学生专业学会、科技兴趣协会、研究会、科研俱乐部、发明小组等。

（3）文体娱乐型社团，以陶冶情操、锻炼体魄、发展爱好为主要目的，形式广泛，内容多样，也较受学生欢迎，涵盖了体育、艺术、文学、摄影、书法等多门学科。

（4）志愿服务型社团，是大学生组织起来服务社会、奉献爱心、锻炼自我的社团组织，包括爱心社、服务社、环境保护协会、动物保护俱乐部等。

（5）创业型社团，是市场经济模式下涌现出来的新型社团组织，是科技类社团和服务类社团的深化和延伸，是大学生利用自身专业所长，开发科研成果，依托校园，以勤工助学和创业为主要目的的自我开发的实体。

大学社团种类繁多，学生在选择社团时要先考虑自己擅长什么和是否感兴趣，若参加自己不感兴趣或者不能发挥个人专长的社团，会感到失落、焦虑及厌倦，白白浪费了时间。有的同学还抱着功利性的想法去参加社团，希望通过社团活动在综合测评或品德考评时加分，或者希望能够在社团中混个"一官半职"，以此来提高自己的知名度，这些动机是非常不可取的。

此外还需注重的是，要合理分配自己参加社团的时间和精力，把专业学习和素质培养有机地结合起来，正确处理第一课堂和第二课堂的关系。有的人觉得社团活动丰富多彩，很有意思，就一连参加好几个社团，整天不是到这个社团开会，就是去那个社团值班，如此忙碌，难免顾此失彼，更有甚者严重影响学业，得不偿失。

【案例及评析】

张明的社团活动

张明是一名新生，刚开学不久，学校的各类学生社团开始纳新，兴趣广泛、性格开朗的张明被五花八门的社团组织深深吸引，一口气报名参加了街舞社、英语角、演讲社、支教组织等社团，此后的生活里，他整天不是到这个社团开会，就是去那个社团值班，忙得团团转，虽然一开始充满了新鲜感，感觉很充实，但越来越力不从心，有的时候因为社团活动不得不逃课，在第一个学期末，他有两门专业课考试不及格。

评析：学生在选择社团时，应对社团有一定的了解，加入社团时不要盲目跟风，不要急于选择，要根据自己的实际情况进行选择。要清楚的是，社团并不是我们生活的全部，适当地参加社团活动或社会实践能够使学生获取工作和为人处世的经验，但我们大学生活的重心还是学习，切不可本末倒置。大学生不可单凭一时的冲动或好奇等心理，草草报名，或者一味地参与社团活动，分散太多的精力和时间，影响正常的学习和生活，这样的结果多是得不偿失，使自己的学习和社团活动都没有能达到最好的效果。

（二）社会实践

大学生社会实践是在校大学生利用课余时间，步入社会进行社会接触，提高个人能力，触发创作灵感，完成课题研究，发挥自己的聪明才智以求和社会有更大的接触，对社会做出贡献的活动。用在大学学习到的理论知识进行社会实践活动是每个大学生必须要上的一门课程。大学生社会实践内容丰富、形式多样，总体上可将其分为研究型、养成型、服务型三类。

研究型社会实践，是指大学生从学校和社会选择和确定研究课题，主动地获取知识、解决问题的学习过程。研究型社会实践强调学生的研究能力，强调社会实践与学校的发展定位、专业特色相结合，与课程教学环节相结合，与学生兴趣爱好相结合，在"考察""探究""创作"等一系列活动中发现和解决问题，提高实践能力和创新能力。研究型社会实践一般包括教学实践、专业学习、科技服务（创新创业）等。

养成型社会实践，是指有利于培育大学生整体素质，发挥教化功能的一类社会实践。养成型社会实践在内容上强调与思想政治教育相结合，与大学生基础文明教育相结合，与学生自立自强意识培养相结合，与提高学生整体能力素质相结合，旨在提高学生的政治理论素养、提高学生的基础文明水平和自立自强的意识。这类社会实践的形式主要有军政训练、勤工助学、生产劳动等。

服务型社会实践，是指高校学生立足于地方经济建设和社会发展，以服务求支持，以贡献求发展，为区域发展贡献力量的一类实践活动。它主要包括暑期"三下乡""四进社区"、志愿服务和社会调查等形式。

社会实践对大学生的成长有着很大的促进作用，既能拓展大学生的综合素质，又能使大学生增加社会阅历、积累工作经验，还能帮助大学生树立正确的立业观和择业观，以及帮助大学生树立市场意识，端正就业态度。因此，在校大学生应积极参与学校、社团组织的各项社会实践活动，在活动中成长。

(三) 实习

专业实习就是学生把学到的理论知识拿到实际工作中去应用和检验，以锻炼工作能力。专业实习是学生在即将工作前的一个培训阶段，是大学生接触社会、检验所学知识、提高专业技能和综合素质的重要途径，也是大学生迈向职业生涯的第一步。专业实习一般由学校统一安排，学生的实习活动规划主要集中在专业实习的内在价值实现上，也有大学生根据自我职业生涯发展的需要，在学校安排专业实习之外寻求自主实习活动。

专业实习对于个人而言，能够帮助大学生验证自己的职业抉择，了解目标工作内容，学习工作及企业标准，找到自身职业的差距。然而对于多数学生而言，还存在着对专业实习活动的认识误区，消除这些认识误区依然是实施专业实习活动的重要任务。

误区一：实习等于找工作。一些大学生认为实习就是为了能留在这个单位。在实习过程中，学生一旦发现没有留下的可能，便开始敷衍塞责，不愿花时间、精力做好工作，客观上造成了不少用人单位对实习生评价降低，不愿再接收实习生。实习是专业教育的一个教学环节，目的是检验学习效果，培养理论联系实际的动手能力，为未来的职业发展打基础。专业实习一般分为两个阶段，第一个阶段是专业见习，第二个阶段才是上岗实习。参加专业实习的学生尚不具备上岗入职的条件，作为学生也很难达到岗位技能要求，只有通过参加专业实习向工作在第一线的中学教师或公司员工学习，拜师学艺提高专业技能，然后带着实践中发现的问题返回学校继续学习提高，才能通过毕业设计、撰写毕业论文完成大学学业。实习是学习的过程，选择什么样的单位，实习哪方面的工作，对专业技能的提高及将来求职择业都会产生较大的影响。

误区二：只瞄准重点中学、大公司、大企业实习。同就业一样，很多大学生都把实习单位瞄准在中心城市的重点中学，或规模大、效益好、影响大的公司。认为在重点中学或大公司实习，条件好、薪酬多、有面子、不受苦。而对于基层中学、规模小的单位则不屑一顾。哪怕竞争再激烈，宁可挤得头破血流，也不愿意下基层。殊不知基层更能提供有价值的实习岗位，更有机会施展才华得到锻炼。

误区三：目光短浅。有的大学生只关注眼前利益，比如挣钱多少、工作环境好不好，没能从长远利益考虑。他们除了瞄准重点中学和大公司外，对实习工作也挑挑拣拣。给的任务重了，抱怨单位把自己当廉价劳动力；给的任务少了，又觉得自己大材小用。有的学生因为给的薪酬少而愤愤不平，甚至放弃实习。忘记了自己还是学生，忘记了实习的目的是学习。

【案例及评析】

王靖的实习选择

王靖是即将走出校门的应届毕业生，为了增加自身的竞争力，她早早地便通过各种方式寻求实习的机会。跑了小半个月，投了不少的简历，也托了许多的关系，终于有两家单位向王靖伸出了橄榄枝。到××传媒公司，每天有200元钱的日薪，还有一个是××报社，没有任何工资只是每天中午提供一顿午餐。相比二者的规模和实力，小王果断放弃了待遇优厚的传媒公司，到××报社实习。

评析：对于实习生来说，选择实习单位的最主要的一个原因，就是想要学习经验，将书本上的理论知识和实际相结合。因此，在钱和地的选择上，就应该倾向于名声大、权威的机构。也许可能暂时会失去一些金钱，但这相比于以后的正式工资来说，是微不足道的。

实习大军中的"跑跑族"

7月刚开始，小天参加了某银行的"暑期实习生项目"，经过网申和面试等层层选拔，终于在40人中脱颖而出，进入该银行实习，可两天后就不干了。"感觉实习工作与银行业务没有太大关系，都是在做档案整理等超级无聊的工作。"小天抱怨这样的实习太"水"了。小天口中没有任何含金量的实习，就是每天从九点一直工作到下午五点半，中午休息两小时，手工整理近五年高校大学生的贷款合同和资料，并将资料装入有编号的档案袋中，同时核对档案编号和学生姓名。"只要是个人能识字就可以做这份工作，根本不需要任何专业背景，太掉价了。"小天认为，"如果实习生一进公司，根本没人管你，或者把所有琐碎的工作都扔给你做，这样的公司我是坚决不去的"。小天希望实习能为将来的就业铺路，而不是做一些没有发展机会和技术含量的"保姆"工作。

评析：实习生不管进什么公司，都没有人会把核心工作、关键工作交给你。大学生应把眼光放长远，要懂得在普通的岗位上发挥特长和潜质。实习是一个循序渐进的过程，大学生要慢慢适应，最初从事的工作可能枯燥，但这是了解企业环境的第一步，也是把自己进阶为一个企业关键人才的第一步，要有坚持到底的毅力。因工作的烦琐、枯燥而轻言放弃，对自己将来的职业选择反而会产生负面影响。

（四）校外兼职

大学校园里，很多学生为了缓解经济压力，增加金钱收益，纷纷选择走向社会进行勤工助学或者兼职。目前高校兼职的形式很多，如家教、问卷发放、派送、促销、翻译、会场布置、饭店服务员等。校外兼职在一定程度上能够缓解经济压力、提高实践能力、增长社会见识，但是大学生在选择校外兼职时一定要权衡清楚，慎重考虑，避免掉入兼职的陷阱。

骗局一：非法中介。此类"黑中介"引诱学生前来报名，收取中介费。一旦交完费，"信息"则遥遥无期，或者找几个做"托"的单位让学生前去联系。

骗局二：收取抵押金。一些用人单位在招聘时，往往收取不同金额的抵押金或收取身份证、学生证作为抵押物。到指定地点体检，到别的地方面试，交档案保管费、服装费、登记费、上岗费、押金、手续费、存档费、报名费、保密费、预留职位费、保证金……名堂多、花样新，其实都是为了骗钱。

骗局三：拖欠、克扣工资。找到兼职的同学大都是以口头的形式与用人单位达成协议，而没有签订正式的书面合同，而无良用人单位最常用的手段就是拖欠、克扣学生工资，或者以各种理由让求职者无偿为他们加班。由于没有合同的有力保障，一旦出现问题或纠纷时用人单位往往会推卸责任，造成求职者的合法权益受到侵害。

骗局四：娱乐场所高薪招工。有的娱乐场所以高薪来吸引求职者。工种有代客泊车、服务员、收银员等，但年轻学生到这些场所打工，往往容易误入歧途，有的因交友不慎而破财失身，有的因抵抗不了诱惑而丧命。

骗局五：以虚假信息为诱饵骗财骗色。有些不良用心的人，故意发布一些诱人的虚假招聘信息，如家教、淘宝模特等，专门针对女大学生实施犯罪，骗财骗色。

很多大学生由于缺乏社会经验而掉入兼职的陷阱，导致个人利益不同程度的受损，而有些学生却热衷于从事形形色色的兼职，忽略了学习对自己的重要意义，他们牺牲了学习的时间，导致专业课成绩的下降，甚至成绩不及格，非常得不偿失。在尚有余力的情况下，大学生可接触兼职，但要分清主次，坚持"适合、适时、适量"的原则，让兼职真正地为自己的学业成长、专业发展而服务。

【案例及评析】

交了中介费却找不到兼职

大学生小马在期中考试后就开始联系寒假兼职了，可是直到期末考试时她还没有找到合适的工作。小马先后去了三四家中介公司，都让她先交押金，然后等消息。小马几经考虑后，参加完期中考试的她就和同学一起来到了街道口的某大厦里的一家中介公司，每人交了120元的"信息费"。当时工作人员表示，她们一年内都可以享受公司提供的招聘信息，可两个星期过去了，中介公司并没有主动给她们提供信息，她打电话询问时，中介找了几个公司让她们去面试，面试后，她们才发现这些公司都在报纸上登了招聘广告，并没有委托中介来招聘。由于他们没有那么多的时间和精力与中介交涉，拖了一段时间后就只好放弃了。

评析：大学生由于自身的生活需要，有时候不得不寻求一些兼职机会来维持或改善自己的生活，并期望从中获得工作经验，而学校提供的兼职机会毕竟有限，有时难以满足广大有兼职需求的学生。和绝大部分同学一样，小马选择了中介公司来帮忙解决自己的兼职问题，但是在选择兼职公司时却放松了警惕，想当然地认为公司都是正当合法的，这往往导致我们盲目跟从，以致被骗取钱财，最后又由于自身没有精力去和中介公司进行交涉而不得不放弃，这的确给了长期生活在大学象牙塔内的同学们一个警戒。社会上总有一些不法的"黑中介"，有名无实，打着中介的幌子，骗取钱财，完全没有履行任何中介的职能，这就要求我们在寻找中介公司的过程中，要对中介公司的基本情况有所了解，实地考察它的信誉情况及在大学生中的口碑，再做进一步的选择，这样才能有效地防止上当受骗现象的发生。

【延伸阅读】

习近平讲给大学生的54句话

"年轻人很重要的一条，就是要学做有原则的人"

"我们每个人都要终身学习"

"学问学问，要学就先要问"

"上了岁数，回过头真诚地告诉你们，现在你们要好好学习，心无旁骛"

"所有的成绩都是背后夜以继日的努力沉淀出来的"

"多读书、读好书"

"学生要好好干，好好学，好好干就是好好学！"

"能够在这里上学，最后成长成才，是你们抓住了机遇，机遇也选择了你们"

"既要读'有字之书'，又要读'无字之书'"

"人的潜力是无限的，只有在不断学习、不断实践中才能充分发掘出来"

"青年处于人生积累阶段，需要像海绵汲水一样汲取知识"

"特别是要克服浮躁之气，静下来多读经典，多知其所以然"

"素质包括德、智、体等，智商、情商都需要"

"青年人要锻炼好身体，为革命事业健康工作50年"

"勇于创新，敢闯新路，敢创新业"

"人生一年之春、一日之晨就是我们的大学时代"

"现在，青春是用来奋斗的；
将来，青春是用来回忆的"

"虽然人生道路很长，但关键之处往往只有几步"

"专业要学得宽一些，基础要打得厚一些"

"认真做自己，专心做好自己"

"不要妄自菲薄，同时要自强不息"

"用实际行动报答亲人的养育之恩"

"成才之路就在脚下，要靠我们自己走"

"既要目光高远，也要脚踏实地，不要走捷径"

"在什么时间就要做什么事情，做什么事情都要脚踏实地"

"做人做事，最怕的就是只说不做，眼高手低"

"事情是一件一件做起来的，本事是一点儿一点儿长起来的"

"我在长期工作中最深切的体会就是：社会主义是干出来的"

"智叟何智只顾眼前捞一把，愚公不愚哪管艰苦移二山"

"广大青年人人都是一块玉，要时常用真善美来雕琢自己"

"人生的扣子从一开始就要扣好"

"立志要高，但起步要低"

"要立志做大事，不要立志做大官"

"希望同学们都能有与时俱进的就业观"

"一定要脚踏实地，在基层摸爬滚打后，终会脱颖而出"

"学成文武艺，报答我们 13 亿人民，我们的中华民族和我们的国家"

"大学生是祖国美好的未来，光明的未来"

"一代人要做一代人的事情，做一代人的历史贡献"

"用青春铺路，让理想延伸"

"追梦需要激情和理想，圆梦需要奋斗和奉献"

"希望同学们一定不负年华，把握青春"

"有信念、有梦想、有奋斗、有奉献的人生，才是有意义的人生"

"人是要有一点精神的，这种精神就是'四股气'：志气、勇气、正气和才气"

"大学生的理想信念和人生航向，从一定意义上就代表了我们这个民族、这个国家未来的走向"

"爱国，是人世间最深层、最持久的情感"

"个人再完美，也就是一滴水，而一个民族的理想就是大海"

"坚定不移听党话、跟党走，努力成长为堪当民族复兴重任的时代新人"

"用脚步丈量祖国大地，用眼睛发现中国精神。用耳朵倾听人民呼声，用内心感应时代脉搏"

"不断增强做中国人的志气、骨气、底气"

"以聪明才智贡献国家，以开拓进取服务社会"

"我衷心希望每一个青年都成为社会主义建设者和接班人，不辱时代使命，不负人民期望"

"每个青年都应该珍惜这个伟大时代，做新时代的奋斗者"

"中国梦是历史的、现实的，也是未来的；是我们这一代的，更是青年一代的"

"生逢其时。为之奋斗吧！看你们的了！"

资料来源：中华人民共和国司法部：《习近平讲给大学生的 54 句话》，http：//www. moj. gov. cn，2022-05-06。

第三节　改变从行动开始

不知有多少同学还记得，收到大学录取通知书的那一刻，对于大学生活的美好憧憬：你抱着成摞的专业书籍，奔走在绿树成荫的校园里，课上你飞速地记着笔记，课下与同学热烈地讨论，课余时间参与丰富多彩的校园活动，那一刻，你热血沸腾、激情澎湃。而现在的你，或者机械地游走在三点一线，没课的时候窝在宿舍，网购、打游戏、看小说，或者忙乱于各种社团活动中。最初的信誓旦旦，确立的大目标、小目标，不知何时已抛诸脑后，几个月过去，一无所获。你开始心慌，想要改变，却不知从何开始，无力感油然而生。

习近平总书记勉励同学们"做有理想、有追求的大学生，做有担当、有作为的大学生，做有品质、有修养的大学生"。为了不辜负习总书记的殷切期望，大学生应结合个人实际情况，尽快树立目标，付诸行动。"做"就是行动，唯有行动才能让你的梦想和目标成为现实，行动是终止现实无力感的一剂良药。大学生制订好生涯目标规划之后，关键是根据规划制订与之配套的实施方案，也就是具体的行动措施。现实生活中，我们经常确立了目标，但完成不理想，半途而废。究其原因，有很多是因为目标难度过大，觉得成功离自己很远，没有对目标进行阶段性分解并制订科学、可行的实施方案。我们制订大学生涯目标实施方案时，应该把大学四年的终极目标，分解成一个个阶段性目标，相应地制订出一个个阶段性实施方案，逐级实现分目标，最终实现大学四年的生涯总目标。

一、年度规划平衡轮

为了实现大学四年的愿景，你会如何规划从现在开始一年内的学习和生活？年度规划平衡轮是一个把短期目标转化成具体行动的科学工具。下面，请根据以下步骤，完成你的年度规划平衡轮。

步骤 1

确定年度目标领域，并将其填写在平衡轮外圈的圆弧上，目标领域可以选择你在学习生活中最看重的方面。或者你想在一年的时间里加强的方面。你可以参考以下几个角度来确立自己的目标：专业学习(外语)、科研竞赛、社会实践、学生工作、志愿服务、家庭朋友、身体健康、休闲娱乐等，不同年级，侧重点也会有所不同(见图 2-1)。

步骤 2

对每一个目标领域现状的满意程度进行评价,量化打分(1～10 分),并将对应的分数写下来(见图 2-2)。

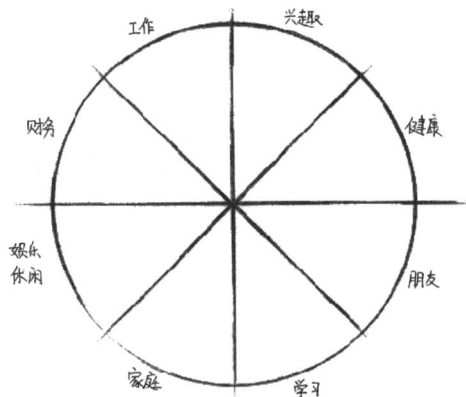

图 2-1　确定年度目标领域

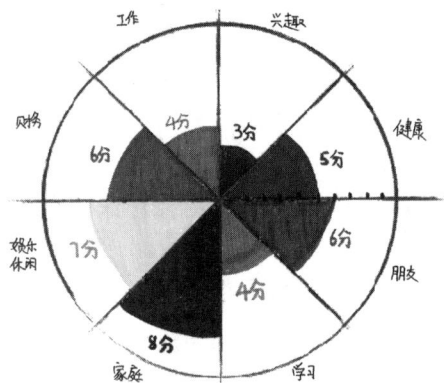

图 2-2　针对不同领域打分

步骤 3

针对不同的领域,你期待一年后的满意程度是多少分(1～10 分)?把对应的分数用弧线标识出来,两条弧线之间的差距用另一种颜色的笔涂上阴影(阴影要用向上的箭头标识,见图 2-3),可以看到自己将要去哪里,成长的空间一目了然。

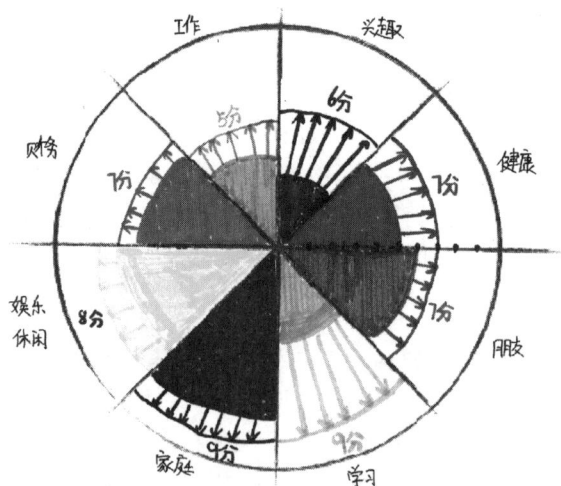

图 2-3　设定一年后的满意分值

步骤 4

针对每个领域，制订支撑目标。运用 SMART 原则（Specific 具体，Measurable 可衡量，Atainable 能达到，Realistic、Relevant 现实并与总目标相关，Time－based 有时间限制）将制定好的分目标填写在对应的方框内（见图 2-4）。

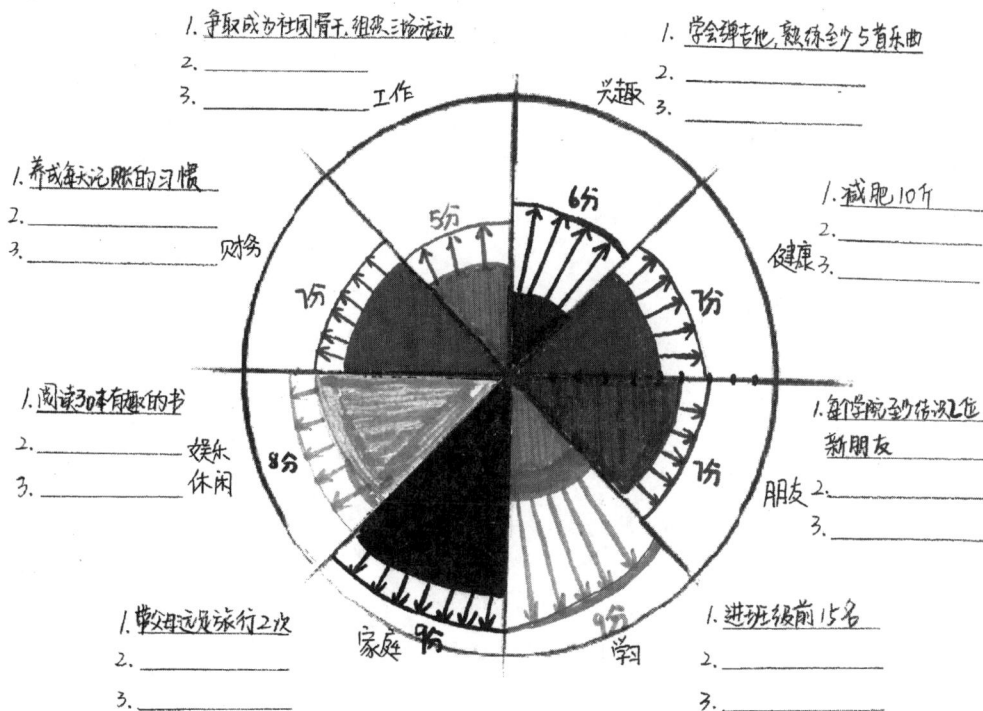

图 2-4　圆、方规划示意图

步骤 5

找出关键领域及关键领域的分目标，并用彩笔标识出来。

注意使用正向陈述的语言，且目标是自己可控的，需要整体平衡，即与个人整个生活相匹配。

二、月目标——生命之花

世上无难事，只要够细分。当我们通过"年度规划平衡轮"盘点出我们本年度的短期愿景后，制作每月"生命之花"则是把目标转化为进一步行动的科学工具。"生命之花"其实是对年度目标的进一步分解，通常我们会分四步来完成月度"生命之花"。

步骤 1

在每个月的平衡轮外圈填写月目标领域，你也可以用自己喜欢的小图标代表八个领域（见图 2-5）。

图 2-5　填写月目标领域

步骤 2

扇面内填写该领域本月内的行动计划，重要的行动可以用彩笔标识出来（见图 2-6）。

1. 向社团各部门干部请教 _____
2. _____
3. _____

工作

1. 报名吉他社，购买吉他和相关书籍
2. _____
3. _____

兴趣

1. 购买记账本，开始记录
2. _____ 财务
3. _____

1. 每天坚持晨跑5圈
2. _____
3. _____

健康

1. 列书籍书单，并 完成其中3本书 的阅读
2. _____
3. _____

娱乐 休闲

1. 参加校园活动，在没认识 5位新朋友
2. _____
3. _____

朋友

1. 确定旅行目的地与时间
2. _____
3. _____

家庭

学习

1. 坚持每天上晚自习两小时
2. _____
3. _____

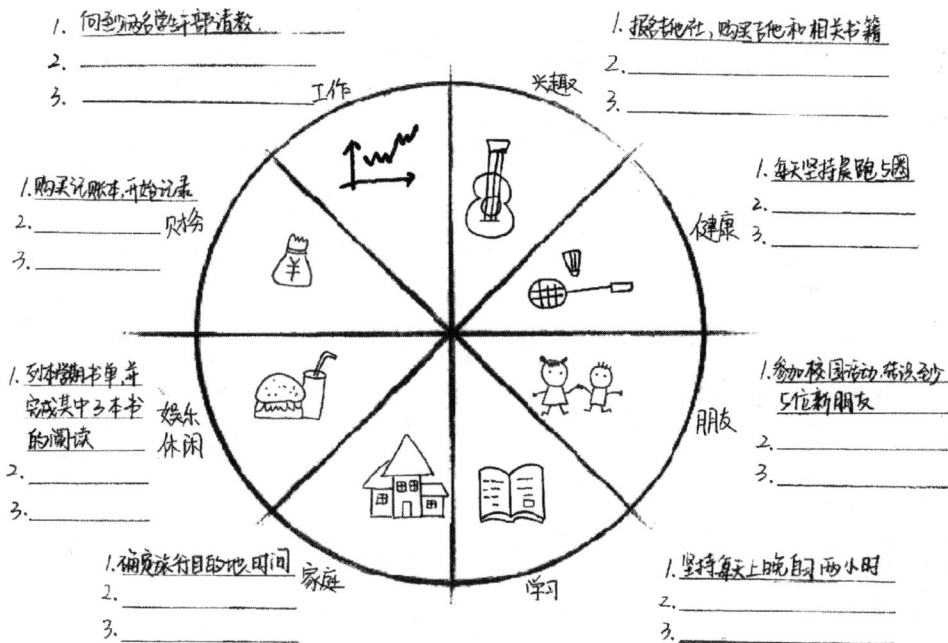

图 2-6 填写行动计划

步骤 3

把写好的事件放到日历里面去（图 2-7）。最好能找出本月最关键的领域，并将保证关键领域目标实现的三个行动计划写一个"关键领域的三个行动"计划。

关键领域的三个行动：

1. _____
2. _____
3. _____

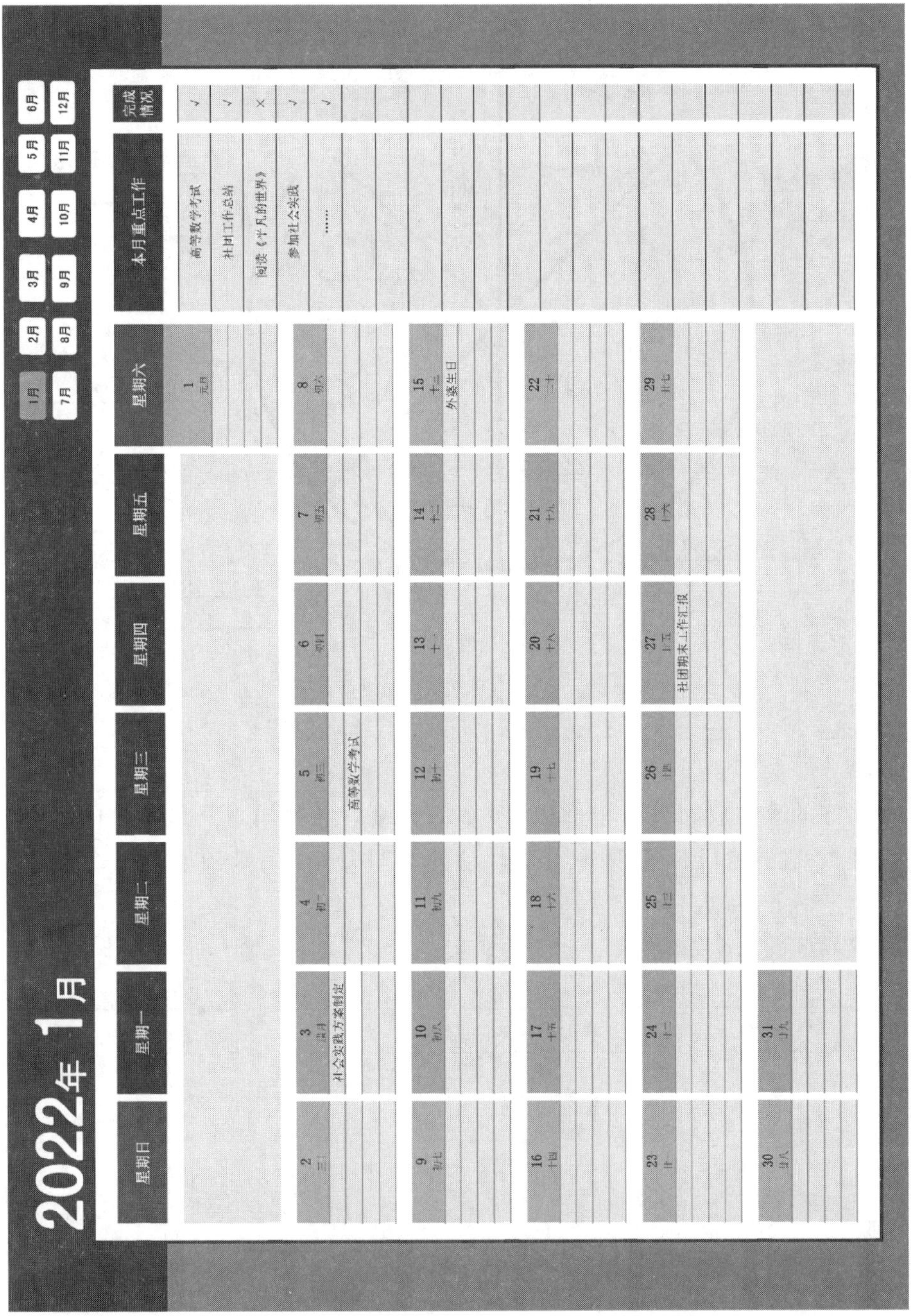

2022年 1月						
星期日	星期一	星期二	星期三	星期四	星期五	星期六
						1 元旦
2 三十	3 初一 社会实践方案制定	4 初二	5 初三 高等数学考试	6 初四	7 初五	8 初六
9 初七	10 初八	11 初九	12 初十	13 十一	14 十二	15 十三 外婆生日
16 十四	17 十五	18 十六	19 十七	20 十八	21 十九	22 二十
23 廿一	24 廿二	25 廿三	26 廿四	27 廿五 社团期末工作汇报	28 廿六	29 廿七
30 廿八	31 廿九					

本月重点工作	完成情况
高等数学考试	√
社团工作总结	√
阅读《平凡的世界》	×
参加社会实践	√
……	√

月份：1月 2月 3月 4月 5月 6月 7月 8月 9月 10月 11月 12月

图 2-7 将事件放入日历

步骤 4

需要每天用固定时间去做并长时间坚持的行动是什么？找出来。填写在右下方的"本月习惯养成训练"栏内。

本月习惯养成训练：_____。

养成什么习惯：_____。

给自己一个承诺：_____。

保证条件：_____。

三、周、日计划表

年度有愿景，月月有计划，那么，让每月的"生命之花"绽放的最好办法，就是有效管理时间，让你的每一天都过得充实有意义。管理每日计划的工具叫作"每日三件事"。下面是周计划表的示意图（见图 2-8），这张表的功能非常强大，它可以帮助你实现"周周有计划，天天有行动，时时有觉察，每周一教练"。

月　日～　月　日

本周要事	Monday 星期一	Tuesday 星期二
	小确幸：	小确幸：
Wednesday 星期三	Thursday 星期四	Friday 星期五
小确幸：	小确幸：	小确幸：
Saturday 星期六	Sunday 星期日	本周小结
小确幸：	小确幸：	

图 2-8　周计划表

周计划是对月目标的进一步落实，分五步完成。

步骤 1

周周有计划：在新的一周开始前，把"月目标"中的行动进一步分解，并结合实际，找出最重要的三项行动目标，填入周计划表的"本周要事"栏。

步骤 2

找出本周重要的合作伙伴，要学习关注共同利益，培养合作共赢的理念，发挥一加一大于二的作用。

步骤 3

天天有行动，时时有觉察：每天早上或者前一天晚上确定当天的三件要事，牢记要事第一原则。行动！行动！

步骤 4

早上设计或者晚上总结一天中的"小确幸"——小而确实存在的幸福。关注拥有，心存感恩，提升感受幸福的能力。

步骤 5

每周一教练：周末复盘，检视一周计划完成情况，填写"本周总体满意度、成长与收获、改进与提高"部分，回顾一周心情，进行自我鼓励。提高自我觉察、自我激励能力，并透过情绪了解深层的自我。

有行动，才能有成果。

让自己能够坚持行动的方法有很多，比如：

确立目标，找出目标背后的价值和意义，看到目标实现对自己、他人、社会的影响，可以激发内在动机。

将目标可视化，进入目标实现时的情景中，调动感官全方位参与，体会自己看到、听到和感受到的内容，会提升行动的意愿度。

将目标写下来，并在一定范围内公开承诺，为此采取持续行动的可能性就会大大提高。

分解目标，每天进步一点点，重视量的积累，小变化引发大改变。

建立 SEA 系统(Support 支持，Encourage 鼓励，Acountability 问责)，创建让自己坚持行动的环境，也是极其有效的方法。找到 3～12 个人，把自己的目标、计划和行动告诉他们，请求他们的支持。

相同目标的人们组成共修小组，大家相互监督、鼓励，还可以通过社交媒体的分享，促使自己坚持行动等。

　　享受过程，感受一个个小成果给自己带来的成长和益处，会让自己更愿意坚持。

　　在自己热爱的领域拼命地玩儿吧！

第三章　考察职业环境，认知岗位属性

【学习目标】

1. 了解现代社会职场，了解高等教育发展与大学生就业；

2. 了解职业的概念，了解正确有效的职业定位方式；

3. 掌握职业社会认知的方法和途径，认知自己感兴趣职业的各项因素并进行职业生涯访谈；

4. 认识到职业认知的重要性，学会进行职业环境分析，能够主动将职业的社会环境分析与自我认知相结合并运用到职业生涯规划中去。

【生涯故事】

故事1：我该选择什么专业？

萧腾高考赶上了大学实行大类招生，报考时觉得大类入学，将来专业还有可选择性，可是大一第一学期就分专业了，不知道该怎么选才好。自己将来挺想当老师的，可是父母又说男孩子还是尽量从事别的职业，可以选择其他专业，自学考教师资格证，将来有教师资格证，当老师可以作为最后的选择。萧腾对其他专业将来可从事的职业一无所知，对自己将来到底要从事什么职业也没有考虑过，到底该如何选择呢？

故事2：到底要不要考研？

杜飞是物理科学专业三年级的学生，最近因为考研还是本科毕业就找工作和父母有了意见分歧。父母认为，本科毕业生已经不是香饽饽，必须获得更高的学历才能有好的发展。杜飞虽然觉得父母说的有一定道理，但自己实在不愿意再读书了，一想到考研要复习和准备的内容就头疼，难道用人单位真的对学历要求越来越高？

故事3：该怎么为就业做准备？

上大三的刘刚面对未来很迷茫，对所学的管理科学专业没有太多感觉，别人都说这个专业一方面是万金油，另一方面是没有什么竞争优势，所以他想利用业余时间再学习一些其他专业的知识或技能。但究竟社会上都有哪些工作岗位，这些工作岗位的用人要求是什么，刘刚一点也不知道，况且他自己喜欢哪种工作也谈不上。这让刘刚怎么准备呢？

故事4：我的理想工作在哪儿？

小红大四了，马上要面临毕业了，很多同学都陆续签约了工作，她心里很是着急。自己原本很坚决地准备将来做个重点中学的老师，可以离家近一些，工作稳定也不会太累，还有假期。可是最近跟已经在重点中学工作的学长们了解到，朝五晚十一的日子，还有没有准点下班的教师工作忽然让她心生畏惧。其他的行业领域都没有了解过，这都快毕业了，"我的理想工作在哪儿呢？"

故事5：对社会需求一无所知，怎么办？

小静在跨出大学校门之前对自己的未来就已经有了比较清晰的想法：做一个办公室白领，优雅、干练，办公环境整洁、漂亮。她毕业后如愿以偿地进入一家企业做办公室职员，但是工作不久，她的幸福感就被繁复、琐碎的日常事务淹没了。小静没有想到做一个办公室白领如此没有成就感。

对于20世纪90年代之前的大学生，就业只是大学毕业时才考虑的问题，随着我国高等教育的普及化，大学毕业生人数迅猛增加，就业结构性矛盾，使得大学生就业成为社会关注的重点和难点问题。大学生就业已经是每个一入学的大学生就要迫在眉睫进行规划的事情，甚至前延到高考报志愿的时候，这种职业生涯的规划已经存在，而且非常重要。

在学校读了十几年的书，对职业社会一无所知，突然要面对社会、面对工作，这份陌生感对大学生而言是正常的。他们对工作世界的不了解，通常表现出两种极端状态：一无所知和想当然。这两种状态通常会令他们在进行职业规划或求职时产生困惑，在生涯规划中难以决策，陷入被动。就像大学生常说的那样：稀里糊涂地就把自己给"卖"了。所以了解职业社会和工作世界可以帮助大学生更为主动地把握个人大学生涯和职业生涯的发展。

第一节　社会发展与经济转型带来的就业挑战

一、科技进步、经济发展和社会生活需求正在重塑就业局面

你正在用微信吧？你用支付宝在网上购物吧？你上网时是用免费杀毒软件、免费邮箱吧？大数据、云计算、"互联网＋"、人工智能、注意力经济……新的科技进步成果正在改变我们的生活方式、消费理念、商业模式和产品策略。

我们发现，时代正在快速变化，许多颠覆性的竞争都来自"边缘"，而不是"中心"。微信免费，让舒舒服服地收了十几年的通信和短信费的几大垄断运营商们大惊失色。移动说，搞了这么多年，今年才发现，原来腾讯才是我们的竞争对手。

我们正在悄悄享受跨界竞争的成果。你认为收费的主营业务，一个跨界的进来，免费，因为人家根本不靠这个赚钱。典型的案例如瑞星杀毒收费，360杀毒进来全部免费，让整个杀毒市场翻天覆地。

创新者以前所未有的发展速度，从一个领域进入另一个领域。门缝正在裂开，边界正在打开，传统的零售业、媒体业、广告业、金融业、运输业、服务业等，都可能被逐一击破。

最彻底的竞争是跨界竞争。你不敢跨界，就有人跨过来"打劫"。未来十年，是一个"海盗"嘉年华，各种横空而出的"马云""马化腾"会遍布各个领域，接下来的故事是数据重构商业，流量改写未来。

教育如果囿于自拉自唱，旧瓶装新酒，发展空间会越来越窄。只有顺应和转型，突破定式，加入科技、经济、文化和服务"大合唱"，聚焦重点，压缩"低谷"，打造"高峰"，集中建设好优势特色学科专业群，才有出路。有着哈佛、康奈尔和犹他三所大学教育背景、《大趋势》和《未来的冲击》的作者奈斯比特在中国教育三十人论坛中提出，随着国家产业转型升级进程的加快，人才市场的供需关系正由高校为主导的供给驱动变为产业行业为主导的需求驱动。这就要求高校必须树立起市场竞争的意识和优胜劣汰的危机感，主动对接行业需求，通过学科交叉与融合、产学研紧密合作等途径，推动人才培养机制改革，

以高水平科学研究支撑高质量人才培养。

二、就业之路就在脚下

大学是"为生活做准备的教育"，助力每一个学生实现自己的理想，当然要回应学生、学生家长对于上大学的现实期待。一方面，我们说上大学不是简单地为了日后得到一份工作，目标应该更远大；另一方面，大多数学生上大学就是为了找到好工作，这件事情本身没有什么不对。幸福生活和职业岗位是直接关联的、相辅相成的，在大学四年有哪些收获和进步，增长了哪些本领，走出校门能胜任哪些职业，对于生命成长、生活幸福和事业发展就有哪些促进作用。就业是教育过程的一个重要节点，就业质量评价是人才培养目标达成度的试金石。

教育的使命是立德树人，健全人格，博学广才，促进人的成长发展，促使个人有能力快乐并且有意义地生活。习近平总书记强调："高校教育要突出培养一流人才、服务国家战略需求、争创世界一流的导向，深化体制机制改革，统筹推进、分类建设一流大学和一流学科。"高校要把发挥主观能动性与按规律办事有机结合起来，充分认识一流大学建设的长期性、复杂性和艰巨性，从纷繁复杂的教育实践、教育现象中洞察把握教育发展规律。适应社会生产变革、教与学关系变革等新的发展趋势，不断推进教育教学管理优化和改革创新。

大学固然要追求真理，传承精神，创新知识，厚德载物，始终保持自身独立性和批判精神，不被功利主义、工具主义等思想严重侵蚀，成为人类文明进步的精神殿堂；也要顺应时代发展的脉搏，推进教育的人文化和生活化，与经济、科技、社会同步互动，围绕青少年成长的实际需要，而不仅仅是学科知识来组织教学，促进人的自由、充分和全面的发展，促使个体生命过程美好且有价值，服务社会发展，引领社会进步。正如华中科技大学刘献君教授所说："前者实现的是教育的价值理性，让学生从自然人到社会人，而后者实现的是教育的工具理性，让人成为人才。"物理学家、香港科技大学创校校长吴家玮认为教育具有这两个功能，即一方面培养学生道德意识、公民意识、批判思维、逻辑思维、独立思考能力和创造性精神；另一方面教给他们能够直接运用的知识和技能。通才和专才教育相互促进，并不对立，关键是如何把握好平衡点。华中科技大学前校长丁烈云说："学生的就业与一个学校的办学定位有很大的关系，就业一定要将学生当前利益和长远发展相结合。这表现在办学理念上，就是学校要培养通才还是专才。通识教育能够让学生今后的适应能力强，专才培养则能够让学生很快进入工作角色。华中科技大学培养的是复合型人才，要在通才和专才的培养上找到平衡点。"

北京大学钱理群教授认为，大学不仅使你成为一个有知识、有技能的人，更重要的是成为一个健全发展的、有担当的现代公民。应该具备三大能力：一个是终身学习的能力，这里包括中外语言的听说读写能力，还有利用文献、工具书等能力；第二是研究能力，发现问题、提出问题、解决问题的能力，实验、计算的基本方法和能力；第三是思维能力，具有开阔性、广泛性、创造性、批判性和想象力的思维能力。

据统计，中国中小企业的平均寿命是 2.97 年，世界 500 强是 40 年。专业、行业、职业的变化在加速，一辈子在一个公司会变得越来越难，需要具有生涯应变能力和创造力，极强的跨界整合能力，共情能力，保持好奇，拥抱变化。高等教育的终极目标不仅是"学会"，而是"会学"，让学生为此后的一生做准备，给他们广阔的视野和从事他们选择的任何职业的能力。

总有人说"就业不容易"，归根结底是"结构性就业难"。职业竞争靠实力，拼的是真才实学。促进就业，关键是找准服务方向，明确培养目标，坚持内涵发展、特色发展、创新发展，把提高综合素质和加强实践能力作为生命线。

三、抢抓互联网时代发展机遇

教育学理论强调学生在触类旁通、拓展思维、解决问题等方面扮演的重要角色。哈佛大学物理和应用物理学教授埃里克·梅热说，在纸质书刚出现时，传递信息至关重要。但在今天，信息无处不在且能够轻易获得，学生能够在任意时间、地点获取想要的信息。现在的教育已不再是一对多的信息传递，教育是与学生一同学习，课堂也应该把焦点放在知识的吸收和在新环境中的应用上。陈述已有资料不再是课堂教学的关键问题。学生可通过网络获取课程内容，教师的职责是教这些学生如何筛选重要信息，如何用这些信息去解决问题。

互联网不仅是一种技术，而且是一种文化。我们要汲取互联网所体现的自主性、开放性、互动性、去中心化、去权威化、服务至上、公众参与、信息公开、资源共享等价值，将它们融入现行教育，从而产生革命性的反应。

奈斯比特认为，传统的教育方式永远会有自己存在的价值，但是到了非常重要的科技和创新边界的时候，仅仅有传统教育方式已经不够了。基于网络的非正式学习、自主交互的社会化学习、打破时空限制的移动学习正在成为现实。教育正在由单一的、线性的体制向多元化的、个性定制的、以学习者为中心、以培养创造力为中心的模式迁移。

高等教育改革正在进入深水区，高校生存、发展的竞争会更激烈。不能用21世纪的技术去强化19世纪的教学，只有走出惯性思维、路径依赖的状态，顺势而动，乘势而上，主动转型，主动创新，以改革促发展，以创新求卓越，才有辉煌灿烂的明天。

互联网正在逐步瓦解传统的教育体系。作为教育网络中的结点，学校特别是大学和民间培训机构面临巨大的不确定性。学生从无法选择老师到近乎可以从全世界找到自己喜欢的老师，"互联网＋"教育将会"消灭"大多数平庸的老师。

当然，互联网可以"教之以事"，却不能"喻诸德也"，遑论培养高尚的情操和完整的人格。特别是对于义务教育阶段的中小学生，老师面对面情感交流的意义尤为重要，其作用"身教重于言传"，这显然是单凭互联网无法做到的，线上线下相结合是未来教育的必然。

库克是苹果公司的首席执行官，在他看来，任何革命性举措起初都不在预料之中，都不以为然、不以为意，只有回顾过去人们才会看到它们的价值。

任何一次机遇的到来，都会经历四个阶段："看不见""看不懂""瞧不起""来不及"。

机会是什么？机会就是：别人不知道你知道了，别人不明白你明白了，别人明白的时候你行动了，别人行动的时候你成功了。

阿里巴巴集团创始人马云说："六年前我刚推出淘宝网的时候，我告诉一位做皮具的老板，把你的生意放到网上来做吧。"他说："我先看看。"四年前我再次告诉他同样的话，他说："有时间再说吧。"两年前他找我说："我的生意都让网上那些小孩抢走了。"

不要轻易否定那些看似不可能的想法。以前有人想把电脑芯片植入门锁，我们觉得这主意太荒唐。可如今，酒店的门卡就是这样。《连线》(Wired)杂志创始主编凯文·凯利(Kevin Kely，人们经常亲昵地称他为 KK)在二十年前所著的《失控》一书提及的"搜索引擎将主导网络时代，网络商务平台的崛起"等预言被一一实现。

先知先觉的人是机会者，后知后觉的人是行业者，不知不觉的人是消费者。

趋势，无法阻挡；抉择，体现智慧！

人生比努力更重要的是选择。2000年，时任麻省理工学院院长的查尔斯·威斯特决心推动"免费开放式课程计划"之初，没人看好这项计划，校内反对声音不绝于耳，甚至连竞争对手也出言相劝。斯坦福大学远程教育负责人就委婉地表示："像麻省理工这样的名校，应该更为谨慎才对。"对此，查尔斯·威斯特借用诗人艾略特的话予以回应："我是否敢……搅动这个宇宙？当然！"

2001年，命名为"开放式课程网页"的计划正式实施，预计在十年内耗资1亿美元，将麻省理工学院的所有课程公布于网络，免费供这个世界上任何地方的任何人获取。目前已囊括了33个学科的近千门课程。

据统计，在自愿且无偿的前提下，该校已有80%的教师公布了课件。每月平均140万人次的浏览量，涵盖各大洲居民。不仅是美国高校，包括古巴哈瓦那农业大学、委内瑞拉中央大学等全球120所院校也参加了开放式课程计划。

2010年10月，负责QQ邮箱业务的张小龙写信给腾讯公司董事会主席兼首席执行官马化腾，提出要做手机即时通讯的设想。一个负责邮箱业务的负责人提出要做一个跟当时手机QQ冲突的社交软件，马化腾居然同意了。后来的故事大家都知道了，微信从此崛起了，逐步成为中国移动社交软件里的领头羊。马化腾在2013年11月9日说："微信如果不是出在腾讯，对腾讯将是灭顶之灾，我们根本顶不住。"微信的崛起是一个企业"自杀式创新"的传奇。企业的"自杀式创新"不仅是指对现有产品的更新换代，更是指主动开发出新产品来取代正在盈利的现有产品。

走不出去，眼前就是你的世界；走出去了，世界就在你的眼前。如果你不花时间去创造你想要的生活，你将被迫花很多时间去应付你不想要的生活。

网络上有一段话，值得思考：邮局不努力，顺丰就愿意帮他努力；银行不努力，支付宝就愿意帮他努力；通讯不努力，微信就愿意帮他努力；商场不努力，淘宝天猫就愿意帮他努力！今天，如果你还在抱怨不愿意努力，就一定会有人愿意替代你！你不做，别人会来帮你做，不管你愿不愿意！你不成长，别人一定会成长，没人会等你！

第二节　如何进行职业信息定位

"三百六十行，行行出状元。"事业的成功与职业选择息息相关。职业选择与兴趣契合，我们便能对工作怀有更多的激情和投入，更加积极思考、探索和追求，也能有更大的发展空间。欲潇洒纵横职场，就要选对跑道。那么，如何判断行业发展趋势和岗位市场前景？国企、民企、外企、创业，我们又该去哪里？想要了解一个职业信息，通常情况下，我们须遵循这样一个职业认知的公式：

职业＝行业＋企业＋职位

一、行业认知

（一）行业的含义

行业是指其按生产同类产品或具有相同工艺过程或提供同类劳动服务划分的企业或组织群体的集合，如饮食行业、服装行业、机械行业等。所以，行业是根据生产（工作）单位所生产的物品或提供的服务的不同而划分的，是依附于人民大众社会生活的具体需要内容而言的。如房地产行业是满足人们遮风避雨居住需求的；传媒行业是满足人们信息获取需求的；金融行业是满足人们对资金的流转、升值等需求的；教育培训行业是满足人们知识的传递需求的；旅游行业是满足人们一种感受体验活动需求的等。这些都是实实在在的需求内容，是可触摸或可感受感知的产品或服务。

（二）行业的分类

通俗地讲，行业分类就是有规则地按照一定的科学依据，对从事国民经济生产和经营的单位或者个体的组织结构体系的详细划分，如林业、汽车业、银行业等。行业是根据人类经济活动的技术特点划分的，即按反映生产力三要素（劳动者、劳动对象、劳动资料）不同排列组合的各类经济活动的特点划分的。不同行业的劳动对象、劳动资料有明显区别，从而得出他们各自的技术特征，例如，铁匠与木工，律师与医生。行业划分主要着眼于生产力的技术特点，经常采用两种划分方式。一种是依据从业人口本人所从事的工作性质的统一性进行分类，将行业划分为不同产业类型，如铁匠、木工、律师、医生四个行业按他们在生产力发展总链条中所发挥的不同作用归类，铁匠与木工同属于加工制造业，律师与医生都属于服务业。加工制造业与服务业又分别被称为第二产业和第三产业。另一种划分，主要按企事业单位和机关团体以及个体从业人员所从事的生产或其他社会经济活动的性质来确定，即按所属行业分类。除此之外，还可以按照行业的发展前景、采用技术的先进程度及资本、劳动等要素的集约度等进行行业分类。

为适应当前经济发展和行业结构调整的需要，国家统计局 2017 年第四次修改实施了《国民经济行业分类》(GB/T4754－2017)，依据我国近年来经济发展状况和趋势，对门类、大类、中类、小类做了调整和修改，将我国国民经济行业细分为 20 个行业门类、97 个大类、473 个中类、1 382 个小类，成为我国最权威的行业分类标准。

【延伸阅读】

国民经济 20 个行业门类

《国民经济行业分类》(GB/T4754－2017)划分的 20 个行业门类及代码为：A 农、林、牧、渔业；B 采矿业；C 制造业；D 电力、热力、燃气及水生产和供应业；E 建筑业；F 批发和零售业；G 交通运输、仓储和邮政业；H 住宿和餐饮业；I 信息传输、软件和信息技术服务业；J 金融业；K 房地产业；L 租赁和商务服务业；M 科学研究和技术服务业；N 水利、环境和公共设施管理业；O 居民服务、修理和其他服务业；P 教育；Q 卫生和社会工作；R 文化、体育和娱乐业；S 公共管理、社会保障和社会组织；T 国际组织。

(三)行业的发展规律与特点

行业的发展必然遵循由低级的自然资源掠夺性开采利用和低级的人工劳务输出，逐步转向规模经济、科技密集型、金融密集型、人才密集型、知识经济型；从输出自然资源，逐步转向输出工业产品、知识产权、高科技人才等。整体来看，行业的发展具有以下特点。

1. 行业分布具有明显的积聚特征

起源通常是一家企业，后续很多在这家企业里工作的人出去逐步创建类似的企业，这是改革开放初期企业发展的普遍规律。某一地区相对集中了一些企业后，便形成了行业初期。虽然可能只有五六家企业，但是起初全国可能一共只有十家企业，考虑到选择和效率，客户往往会到这个地方进行采购。于是新建的企业都往这个地方聚集，以前较为偏远的企业也会迁到这个地方来，马太效应开始充分发挥其作用，行业聚集开始形成。随着类似的企业越来越多，竞争开始加剧，很多小的企业开始陆续倒闭，一些有实力的企业要么去不断收购其他企业来壮大自己，要么被更加有实力的企业收购。一些大的企业已经开始走企业合并的路线。整体来看，我国的行业聚集还是集中在沿海地区，尤其改革开放起步较早的区域，企业发展的基础打得好。如江苏、上海、山东、浙江占据了全国起重机械行业的 65％左右，机床行业的 40％左右；广东地区的电子产业、包装机械行业集中了市场的 20％；纸箱包装发达的省市有广东、江苏、浙江、上海等。

2. 传统与新兴行业不断兴衰更替

纵观行业发展历程，一般会经历起始、发展、成熟和衰亡四个阶段。受科学技术、社会进步和经济发展等因素的影响，行业兴衰更替在不断上演。究其原因，行业兴衰的实质是行业在整个产业体系中的地位变迁，也就是行业经历"幼稚产业—先导产业—主导产业—支柱产业—夕阳产业"的过程，是资本在某一行业领域"形成—集中—大规模聚集—分散"的过程，是新技术的"产生—推广—应用—转移—落后"的过程。一个行业的兴衰会受到技术进步、产业政策、产业组织创新、社会习惯改变和经济全球化等因素的影响而发生变化，例如随着中国加入 WTO，国际竞争和国际分工的作用，导致国内某些行业的生命周期在原来的轨迹上发生一定的变化。除此之外，还有一些国家制度改革带来系列行业的兴衰；社会经济发展带来的技术更新和大众需求的变化致使行业改变，如人们对绿色、环保、健康产品的青睐；利用技术更新和产品迭代来不断向朝阳行业发展促使行业提升等。

3. 互联网加速行业创新

互联网最有价值之处不在自己生产了很多新东西，而是对已有行业的潜力再次挖掘，用互联网的思维去重新提升传统行业。因此，互联网技术的发展，将在打破传统行业信息的不对称性格局、整合利用行业发展产生的大数据等方面发挥推动作用，促使传统行业不断植入新的发展基因，甚至实现颠覆式创新，进而开辟出新的发展空间。对于很多行业来说，互联网已成为其发展的基本要素和重要支撑，对行业的演进产生了全方位的影响，触动引发了行业结构、行业组织、行业内资源配置和布局等方面的深刻变革，因此，互联网在很大程度上，具有重新改写行业发展规律的可能性。

【延伸阅读】

与消费结构变迁共舞，理解行业成长规律

中国消费结构变迁九大方向：

1. 收入水平提高推动消费结构升级，新兴消费成为亮点。收入水平的持续提高将驱动中国居民消费结构的升级。食品、衣着、家庭设备用品、居住等在消费支出中占比下降，交通通信、医疗保健、教育文化娱乐占比有望上升。

2. 少儿和老年人消费或成为"蓝海"。计划生育政策调整，实施"普遍二孩"政策，这样将大大增加中国的少儿人口，与此相关的衣、食、住、行、娱、药等方面的消费需求将大大提高。人口老龄化日趋严重不可逆转，将拉动医疗、保健、养老等产业的快速增长。

3. 旅游休闲成为时下消费热点。2011年以来，中国经济增速下滑，但是中国旅游业总收入一直保持13%以上的增速。随着中国居民收入水平的进一步提高，旅游业总收入增速将超过全社会消费品零售总额的增速，迎来黄金发展期。

4."文教娱体"将迎来快速增长期。文化产业高速增长，占GDP比重逐渐上升；教育培训市场将迎来万亿规模；娱乐业风头正劲，将持续高速增长；体育产业迎来黄金发展期。

5. 医疗保健行业具有巨大发展潜力。2007年以来，随着医疗保险制度在全国的普及，医药制造和医疗仪器设备及器械制造业一直维持着10%～20%的高速增长。在工业企业利润负增长的2015年，这两个行业的利润也一直维持着10%左右的稳定增长。

6. 奢侈品消费会持续"红火"。居民收入水平提高到一定程度后，大家会开始追求一些奢侈品的消费。2004—2014年中国人的奢侈品消费复合增长率高达32.3%，而世界奢侈品行业销售额的复合增长率只有5.1%，中国的增速远远高于世界平均水平。

7. 农村和中西部地区消费有望后来居上。农村和中西部地区消费在逐渐追赶城镇和东部地区，较高的增速有望带来更多的消费品需求和产业发展机会。

8. 技术进步正在改变我们的生活。科技的进步对于需求的创造力量是巨

大的，有必要密切关注科学技术的进步、关注新的消费需求及关联产业的出现，成长股往往出现在这些行业里面。

9. "大环境、大健康、大休闲"生活理念深入人心。随着中国居民收入水平的提高，大家越来越关注生活的品质和健康问题。"大环境、大健康、大休闲"相关产业有望得到高速增长。

资料来源：199IT互联网数据中心。

二、企业认知

(一)企业的含义

现代经济学理论认为，企业本质上是"一种资源配置的机制"，其能够实现整个社会经济资源的优化配置，以降低整个社会的"交易成本"。在商品经济范畴内，作为组织单元的多种模式之一，按照一定的组织规律，有机构成的经济实体，一般以盈利为目的，以实现投资人、客户、员工、社会大众的利益最大化为使命，通过提供产品或服务来换取收入。

综合来看，企业可以定义为：直接组合和运用各种生产要素(如土地和自然资源、劳动者、非人力形态的资本、技术、管理、信息等)，从事商品生产、流通或服务等经营活动，为社会提供产品或服务，以盈利为目的，实行自主经营、自负盈亏、独立核算的法人或其他社会经济组织。因此，对企业概念的基本理解是：(1)企业是在社会化大生产条件下存在的，是商品生产与商品交换的产物；(2)企业是从事生产、流通与服务等基本经济活动的经济组织；(3)就企业的本质而言，它属于营利性组织。

(二)企业(组织)的类型分析

企业是市场经济活动的主要参与者，在社会主义经济体制下，各种企业并存共同构成了社会主义市场经济的微观基础。企业存在三类基本组织形式：独资企业、合伙企业和公司。公司制企业是现代企业中最主要、最典型的组织形式。按照不同的分类方式还可具体细分为不同的企业类型，主要的企业类型有：

(1)按投资人的出资方式和责任形式可分为：个人独资企业、合伙企业、公司制企业。公司制企业又分为有限责任公司和股份有限公司。

(2)按投资者的地区不同可分为：内资企业、外资企业和中国港、澳、台商投资企业。

（3）按所有制结构可分为：全民所有制企业、集体所有制、私营企业和外资企业。

（4）按股东对公司所负责任不同可分为：无限责任公司、有限责任公司、股份有限公司。

（5）按信用等级可分为：人合公司、资合公司、人合兼资合公司。

（6）按公司地位类型可分为：母公司、子公司。

（7）按规模可分为：特大型企业、大型企业、中型企业、小型企业和微型企业。

（8）按经济部门可分为：农业企业、工业企业和服务企业等。

（三）企业（组织）的环境分析

关于职业发展西方有句名言"你选择了一个组织，就是选择了一种生活"。通过对企业（组织）环境的分析，可以了解企业（组织）在本行业中的地位和发展前景，这也是"知彼"的核心，因为这个企业（组织）将与你的生涯发展息息相关。企业环境分析，属于微观层面的职业环境探索。在社会环境、行业环境的基础上进一步深化，目的是让大学生学会分析自己所要从事职业的组织环境，使职业的选择建立在对企业的充分了解之上。企业环境分析的基本内容如下。

1. 企业实力

企业实力并不单单是指企业的规模大小。在激烈的市场竞争中不一定是最大、最强的企业就能生存，只有适应环境、顺应发展趋势的企业才能生存，才有发展空间。在考察一个目标企业的实力时，我们可以带着以下疑问去看：

企业在社会中的地位和声望如何？

发展前景如何？

企业的发展领域在哪些方面？

技术力量和设施是否先进？

在本行业中是否具备很强的竞争力？

是发展扩张，还是倒退紧缩，是否处于一个很快就会被吞并的地位？谁是竞争对手？

……

关注目标企业的生存，可以从企业产品在市场上的发展前景来分析，有些产品红极一时，像某些明星一样，一两年后便销声匿迹，这类产品是没有生命力的。能够影响、改变人们的生活方式的产品和服务才是最具有生命力的。

2. 企业领导人

企业领导人的抱负及能力是企业发展的决定因素。很多成功的大企业都有一位出色的企业家作为掌舵领航人。另外，领导人有没有考虑员工的发展也是我们在分析目标企业时要考虑的重要因素。企业领导人的领导风格同样也是我们要考虑的因素。在分析企业领导人的时候可以看：

企业主要领导人是真心要干一番事业，还是想捞取名利？

管理是否先进开明？

他有足够的能力带领员工开创新天地吗？

他有没有战略眼光和措施？

他奖惩分明吗？

他尊重员工吗？

他重视员工的发展吗？

……

3. 组织文化

组织文化是处于一定社会经济文化背景下的组织在长期发展的过程中，逐步形成和发展起来的日趋稳定的独特的价值观，以及以此为核心而形成的行为规范、道德准则、群体意识、风俗习惯等。组织文化构成了组织的软环境，对促进人力资源的协调具有至关重要的作用。

除了很好的福利、吸引人的薪酬、舒适的工作环境和出色的管理之外，优秀的企业还会创造积极的企业文化，让员工感到快乐和受尊重，从而使员工工作更有创造性，也就是说，积极的企业文化可以提高员工的幸福感。员工与企业相互配合是否良好的关键在于企业文化。因此，在选择目标企业时，选择什么样的企业文化氛围让你觉得舒服，也是至关重要的。如果个人的价值观与企业文化相冲突，难以适应企业文化的话，在组织中就难以发展。

关于组织文化的分析一般可以分为四个层次：表层的物质文化、浅层的行为文化、中层的制度文化、深层的精神文化。

4. 企业发展规划

企业发展规划是企业的战略发展目标，不仅涉及企业的宏观环境、产业技术、消费需求等诸多因素，还必须考虑企业的人力资源因素，一方面是企业发展对员工的要求，另一方面是员工对企业发展的适应力。对组织发展规划的考察是对组织未来发展趋势的把握，对自身将来的发展具有重要意义。在考察一

71

个目标企业的发展规划时，我们可以带着以下疑问去看：

企业未来发展的目标是什么？

阶段性发展目标是什么？

目前企业所处的发展阶段是什么？

企业发展规划对员工的要求是什么？

你是否能达到这些要求？

或者这些要求是否符合你自身的发展？

······

5. 企业人力资源状况

人力资源主要包括人事管理方案、薪资报酬、福利措施、员工关系以及组织人才需求预测、升迁政策、培训方法、招募方式等。现在大型企业一般都会制订人力资源规划，通过人力资源规划，可预测组织未来的人力资源需求总量和人力资源供给总量，这包括企业未来需要什么类型的人才和各种类型的人才需要多少。如果我们在进行职业生涯规划的时候，了解了目标企业未来对人力资源的需求，就会知道自己是否有机会进入该企业及进入该企业之后具有什么样的发展机会，进而可以把企业的人力资源需求与自己的职业发展目标相结合，从而制订出更加恰当的职业发展计划。在考察一个目标企业的人力资源状况时，我们可以带着以下疑问去看：

企业目前的人员年龄、专业、学历结构是什么样的？

企业中的人力资源发展政策是怎样的？

企业是否具有员工培训计划？

企业是否具备良好的内部晋升机制？

企业的用人标准，看重能力还是看重资历？

企业是否注重起用新人？

······

三、职位认知

(一)职位认知及其主要内容

职位认知是指对某一具体工作职位的理解和认识，包括职位职责、工作技能要求、职位价值、地位、待遇等，是对具体工作的总体的、全面的、真实的体验和总结。职位认知属于微观范畴，是对企业内部某个具体职位进行探索和分析，了解该职位的基本职责及能力要求，为职业进行具体准备。一个职位价值的高低，主要取决于三个大的要素：职位需要的知识和技能（需要的越多，价值越高）、解决问题的能力（职位对此能力的要求越高，价值越高）和职位需要承担的职务责任（承担的责任越大，价值越高）。

因此，对职位的认知一般包括以下具体内容：

（1）职位描述：这个职位是什么？做什么？这个职位要具备什么素质？谁做过和谁在做着这个职位？

（2）职位晋升通路：和这个职位相关的职位是什么？这个职位的职业发展通路是什么？

（3）职位要求：不同行业对这个职位的理解是什么？不同类型企业及企业所处发展阶段对这个职位的理解是什么？不同领导和上司对这个职位的理解和要求是什么？

（4）个人与职位的差距：当你综合了解了职位要求后，就可以进行差距量化和差距补充了。

（二）不同职位对人才素质的需求分析

职位分析是对企业各类职位的性质、任务、职责、劳动条件和环境以及员工承担本职位任务应具备的资格条件所进行的系统分析与研究，并由此制订职位规范、工作说明书等人力资源管理文件的过程。其中，职位规范、职位说明书都是企业进行规范化管理的基础性文件。在企业中，每一个劳动职位都有它的名称、工作地点、劳动对象和劳动资料。

1. 职位分析的基本问题

职位分析主要是为了解决以下六个重要问题：

工作的内容是什么（what）？

由谁来完成（who）？

什么时候完成工作（when）？

在哪里完成（where）？

怎样完成此项工作（how）？

为什么要完成此项工作（why）？

2. 职位分析的作用

通过职位分析，企业各个职位的工作职责、工作环境及所需的任职资格都被明确了，这就使职位分析具有了基础性作用。

(1)制订企业人力资源规划。人力资源规划也可称为人力资源计划，是指根据企业的发展规划及内外环境的变化，预测企业未来的人力资源的需要和供给状况，并通过相应的计划制订和实施使供求关系协调平衡的过程。工作分析的结果，可以为有效的人事预测和计划提供可靠的依据。

(2)招聘、甄选和配置合格的人员。职位分析的结果是工作所需的经历、能力、技能、学历等条件被一一确定，这就为人员的选择提供了依据，从而避免了选人用人的盲目性。企业只有招聘到所需的人员，拥有合理的员工队伍，才能保证企业的稳定及长期的发展。

(3)制定绩效考核标准。绩效考核是人力资源管理中非常重要的一环，绩效考核能否达到预期的目标，很关键一点在于考核的指标和标准是否具有客观性和公正性，而要做到这一点，职位分析是关键。只有明确了职位的信息，才能设计出科学的绩效考核标准。

(4)进行职位评价，设计合理的薪酬制度。职位评价就是用定量与定性相结合的科学方法确定职位能级层次的过程，也就是在职位分析的基础上，依据职位分析所收集的资料信息，对职位的相对价值进行分等排序的过程。通过职位分析和职位评价，为实现公平报酬打下了基础，也使薪酬管理工作能做到客观、公正。

(5)明确工作职责，提高工作绩效。通过职位分析，能够明确工作职责和工作任务，建立规范化、合理化的工作程序和结构。同时，由于工作的关键技术和关键要领都明确了，所以员工能更合理地运用技能和经验，合理地安排工作、完成任务，少走远路弯路，提高工作绩效。

(6)为员工培训和发展提供依据。完成各项工作需要具备一定的知识、技能和其他条件，通过工作分析，这些任职资格清晰了，企业可以据此来制订培训计划和开发工作岗位，使新员工能很快适应新的工作岗位，使老员工能够通过培训更加胜任工作。通过职位分析，员工的培训和发展能够有理有据，企业的效率也能提高。

(7)为员工提供职业生涯设计。企业根据自身状况，有整体性、系统性的职位配置、职位类别及职位等级。通过职位分析，员工的任务一目了然、系统的性质和位置也确定了。根据这些结构，企业可以为员工准确定位，对他们的职业生涯进行规划，从而帮助他们确立发展方向。

(8)运用于工作流程分析，实现优化的职位配置。通过工作分析，企业能够获得职位工作的全面信息，发现职位配置的不当之处，找出工作中各种不合理的因素，例如，工作条件不利于员工的身心健康，无法调动工作的积极性。建立在职位分析基础上的职位配置能使企业流程更合理，人力资源得到最优化的配置。

3. 职位分析的结果：职位说明书

职位分析的直接目的是编写职位说明书，即通过职位分析，经过面谈、问卷、深入现场调查等方法，收集与职位相关的信息，在汇总、处理后，整理成书面形式的文件。职位说明书由职位描述和职位规范两部分构成。职位描述指与工作内容有关的信息，包括职务概况、职位工作目标、职位工作特点、职位工作关联等。职位规范写明了职位的任职资格，例如，胜任该职位的人员应该是本科生还是专科生，他应该有几年相关工作经验，他所具备的专业知识和技能是什么。职位说明书使员工明确了工作的职责，向管理人员提供了职位的书面信息，以及对工作进度、工作目标的情况进行对比参照的模本。职位说明书的格式没有明确的规定，企业可以根据自身情况设定，但是职位说明书的内容建立在职位调查的基础上，不经过调查就不可能得到职位工作的全面信息。

第三节 正确打开职业信息的方式

一、行业认知方法

行业认知，属于中观层面的职业环境探索，是在社会环境分析的基础上，进一步从比较具体的行业方面进行认知和探索，帮助了解和分析行业环境对职业发展的影响。

（一）行业认知的基本内容

如何快速了解一个行业？这件事本身不太可能高速完成。只是，假设我们仅仅是想摸清楚最主要的情况，可以从问几个关键问题着手。这些关键问题环绕着一个根本问题：这个行业的链条是怎样运转起来的？一般可以从以下几方面进行行业认知：

（1）这个行业是什么？

（2）这个行业的存在是由于它提供了什么价值？

（3）这个行业从源头到终点都有哪些环节？

(4)这个行业的终端产品售价都由谁分享？

(5)每一个环节凭借什么关键因素，创造了什么价值来获得他所应得的利益？

(6)谁掌握产业链的定价权？

(7)这个行业的市场集中度怎样？

(8)这个行业的核心商业模式是什么？即这个行业的盈利方式有几种？

(9)产业链上每个环节的关键因素是什么？

(10)企业校园招聘职位及大学生一般能力要求是什么？

(二)行业信息的获取渠道

获取、分析行业信息是进行行业认知和职业选择的必不可少的环节。有效地获取行业信息并在其基础之上进行科学、合理地汇总、甄别与分析是每个职业生涯规划者必须具备的一项技能，只有针对性地了解行业真实信息，才能够有目的地进行行业前景分析、职业选择、实现职业生涯。行业信息根据其编制、公布方式不同及信息传递媒介不同，可以通过以下渠道(方式)获取。

1. 互联网、纸质媒体及出版物

目前，我们通过互联网可以快速掌握大量的信息资源。大量的统计数据、新闻、学术信息可以通过互联网查询的方式迅速集中呈现。纸质媒体主要指报纸、杂志、书籍等信息传递渠道。纸质媒体的优越性在于我们目前尚不能做到将所有的历史信息、数据完全电子化，互联网中可查询、搜索的信息可能在时间、范围上存在一定的局限性，而纸质媒体所承载的信息量更加庞大、信息内容相对更加全面、所覆盖的时间区间也更加完整。纸质媒体信息的掌握可以通过图书馆、档案馆调查或购买订阅专门出版物的方式实现。

2. 金融投资机构的行业报告

该类报告内一般涵盖宏观经济分析、行业分析、行业竞争地位等。往往对某特定行业的现状、发展态势、竞争格局以及未来的发展趋势都进行了较为详尽的分析与阐述，对行业分析的准确性较高。

3. 咨询公司的分析报告

分析报告主要涵盖行业简介、行业现状、市场特征、企业特征、发展环境、发展趋势(不同的报告侧重点会有所不同，这需要看具体的报告用途)。部分咨询类公司的分析报告会包含相似公司或行业的对比分析，便于直接把握行业的总体地位和相关行业信息。

除行业正式报告或介绍外，还应该从侧面了解行业发展的真实态势。主要获取渠道有：(1)行业交流站点或论坛的热门帖子；(2)业内企业的培训课件；(3)参加行业展会或者论坛；(4)从业者的私下交流等。

二、企业环境分析方法

企业(组织)环境分析的方法多种多样，包括企业资源竞争价值分析、企业经营力分析、企业经营条件分析、获得成本优势的途径、内部要素矩阵及柔性分析、企业生命周期矩阵分析、企业特异能力分析、价值链构造与分析、企业活力分析以及企业内外综合分析等。大学生在实际进行企业环境分析的过程中，经常会采用以下五种常用方法来进行企业环境分析。

(一)PEST 分析

该方法为一种企业所处宏观环境分析模型。所谓 PEST 即 Political(政治)、Economic(经济)、Social(社会)和 Technological(科技)。这些是企业的外部环境，一般不受企业掌握，这些因素也被戏称为"pest(有害物)"，因此，PEST 分析主要用于企业对自身外部环境的分析。

(二)SWOT 分析

SWOT 分析即强弱机危综合分析法，是一种企业竞争态势分析方法，是市场营销的基础分析方法之一。通过评价企业的优势(Strengths)、劣势(Weakneses)、竞争市场上的机会(Opportunities)和威胁(Threats)，用以在制定企业的发展战略前对企业进行深入全面的分析及竞争优势的定位。SWOT分析是企业与其他企业竞争力的分析。

(三)波特五力分析模型

该模型又称波特竞争力模型，是迈克尔·波特(Michael Porter)于 20 世纪80 年代初提出的，对企业的战略制定产生了全球性的深远影响。用于竞争战略的分析，可以有效地分析客户的竞争环境。五力分别是：供应商的讨价还价能力、购买者的讨价还价能力、潜在竞争者进入的能力、替代品的替代能力、行业内竞争者现在的竞争能力。因此，波特五力分析模型蕴含着三类成功的战略思想：总成本领先战略、差异化战略、专一化战略。

(四)波士顿矩阵

波士顿矩阵是由美国大型商业咨询公司—波士顿咨询集团(Boston Consulting Group)首创的一种规划企业产品组合的方法。问题的关键在于要解决如何使企业的产品品种及其结构适合市场需求的变化，只有这样企业的生产才有意义。同时，如何将企业有限的资源有效地分配到合理的产品结构中去，以保证企业收益，是企业在激烈竞争中能否取胜的关键。波士顿矩阵把产品分为四类：明星产品、现金牛产品、问号产品和瘦狗产品，主要用来区分产品处于什么发展阶段。

(五)生命周期分析

根据企业的实际发展形态和问题，按照企业发展所经历的创业阶段—波动阶段—稳定阶段—危机阶段—收缩阶段五个阶段，来评价企业或者一个行业处于哪个阶段，主要用于企业整体发展阶段的分析判断。

三、职位认知的主要方法

【拓展训练】

职业信息探索方法汇总

分组讨论：从小到大，你是用什么方法去了解令你好奇的职位的？至少举出一个事例。这些方法对了解工作信息有什么样的帮助？

小组总结：探索职位世界有哪些好方法？

请在了解了职位世界探索方法的基础上，结合所学专业就业方向选择某单位的一个职位，通过实际调查了解后，按照下列提纲撰写一份职位说明书(见表 3-1)。

表 3-1 职位说明书

单位名称			制定期限	
职位名称		职位类别	职位等级	
职位职责任务				
职位工作标准				
职位聘用条件				

职位认知的关键在于收集、分析职位信息和职位体验。一般来说，收集和分析职位信息的方法有很多种，包括媒介信息查阅、父母角色示范、与家人或朋友讨论、生涯人物访谈、社会实践(包括实地参观、专业实习、就业见习、业余兼职)等。下面重点介绍媒介信息查阅、生涯人物访谈、社会实践三种方法。

(一)媒介信息查阅

大学生了解职位信息的渠道主要有电视、网络、书籍、期刊以及声像资料等，其中网络资讯已经成为学生获取职位信息的主要途径，相关网站有中国劳动力市场网、中国国家人才网、中国高校毕业生就业服务信息网、智联招聘、前程无忧、中华英才、搜狐招聘频道、新浪求职频道、中青在线人才频道、各行业网站以及高校职位指导网站等。

媒介信息查阅具有方便、快捷、信息量大、成本低的优点，通过查阅可以初步形成自己预期的职位信息库，然后再根据自己的情况从中选择 5～10 个职位进行调查，以此使自己对做好职位工作所需要的知识、技能、生理条件以及个性特征有一个初步的认识，对该职位的生存环境、发展前途及个人循序发展可能取得的职位成就等形成初步印象。

但是，互联网上的信息有一定的局限性。因为网上的职位信息多是通过职位招聘广告的形式呈现，而这种呈现往往会淡化职位的许多信息，这样就会使大学生对职位信息的了解，依然停留在片面化的状态。

(二)生涯人物访谈

所谓生涯人物访谈，是指学生对从事目标职位的人物进行采访以获取职位信息的一种方法。接受访谈者就是我们所指的"生涯人物"，最好是在这个职位上已经工作三年以上的人。由于访谈对象的不同，结果可能差异很大，有的人对职位比较积极，赞誉较多；有的人对职位比较消极，可能评价较低。为防止访谈中的片面性，应至少访谈两人以上，既与成绩卓然者谈，也与默默无闻者谈，这样得到的结果更趋客观真实。通过生涯人物访谈，不但可以检验和印证以前通过其他渠道获得的信息，而且可以了解到生涯人物的内心感受，还可以了解到此工作领域的入职标准、核心素质要求、晋升路径等一些深层信息。

那么如何寻找生涯人物呢？即使有这样的人，他们愿意接受访谈吗？一方面，你可以通过老师、家人、校友等的推荐找到这些被访谈者，或者按照自己的志愿去确定和主动联系他们；另一方面，大多数有多年工作经验的人都非常愿意帮助学生认识各种工作的特点，所以尽管大胆开口，毕竟这关系到你未来的发展。只是要注意，人们通常愿意谈论他们的工作内容及工作方式，但是，不要浪费彼此的时间—做好准备再去！了解你自己的兴趣、技能、价值观，以及这些特质如何与你访谈对象所在的领域联系起来。了解访谈对象所在的领域或机构。在头脑中列一个清单，明确你究竟想得知什么。不要问那些显而易见的问题，利用图书馆、网络等工具获得能够查到的一切信息。你也可以向某个机构索要它们的介绍宣传手册。访谈后，还可以请其推荐其他相关的生涯人物，以此拓展自己的人脉。访谈结束当天要发一封电子邮件或一条微信表达谢意。

【拓展训练】

生涯访谈中，我该问什么问题

访谈三名目标职位中工作三年左右的学长或学姐，请你拟定一个访谈提纲。具体内容可以参考以下问题：

● 背景：请告诉我您是怎样进入这个领域的。您的教育背景是什么？怎样的教育背景或工作经验对进入该领域会有帮助？

● 工作环境：您的日常职责有哪些？工作条件怎样？该领域要用到哪些能力？

● 问题：您在工作中遇到的最棘手的问题是什么？整个行业面临着什么问题？已经采取了哪些措施来解决这些问题？

● 生活方式：工作之余，您还需要尽什么义务？在着装、工作时间，以及假期方面的灵活性是怎样的？

- 收获：除了薪酬，您认为从事该工作最大的收获是什么？
- 薪酬：入职新人的薪酬水平是怎样的？有哪些额外补贴？有哪些其他的福利？（分红、保险、佣金……）
- 发展空间：您今后几年的规划和长远规划是什么？
- 晋升：晋升空间大吗？一个人怎样从基层升至高层？跳槽的员工多吗？该公司的升职制度是什么？最后一个从事该职位的人会怎样？过去五年有多少人从事了该职位？怎样考核员工？
- 行业：您认为今后三至五年该行业的发展趋势是什么？该公司的前景怎样？影响该行业的因素有哪些？（经济形势、财政支持、气候、供货……）
- 建议：我的个人情况和该领域的匹配度怎样？当时机来临时，我该怎样找到一份该领域的工作？您建议我做什么准备，带薪实习还是无薪实习？您对改善我的简历有哪些建议？
- 需求：该工作的招聘人员是怎样的？哪里有这样的工作？还有哪些其他领域的工作和您的工作相关？
- 招聘决定因素：招聘该职位的员工，最重要的因素是什么？（教育背景、个人经历、个人性格、特殊技能)您所在部门谁有人事决策权？谁监督老板？当我做好了申请准备，我该联系谁？
- 求职市场：人们通常怎样进入您的领域？通过报纸广告、网络还是熟人介绍？
- 介绍其他信息源：您能向我推荐需要经常阅读的行业期刊吗？可以去哪些机构获取我需要的信息？
- 推荐其他访谈对象：根据今天的谈话，您认为我还应该跟谁交谈？能向我介绍几位吗？我约见他们的时候，可以提到您的名字吗？
- 您还有什么其他建议吗？
- 其他你能想到的问题。

(三)社会实践

"纸上得来终觉浅，绝知此事要躬行。"对职位的间接了解可以帮助学生获得表象甚至立体感知，但由于缺乏实战体验，仍会"学生气"较重。对此，大学生还应通过直接渠道来接触社会职位，最好是围绕将来可能要从事的职位展开，以取得及时、真实的职位信息，这是了解职位信息的最有效途径。社会实践的方式包括课余兼职、实地参观、专业实习、就业见习等。

1. 课余兼职

大学生活丰富多彩，利用课余时间或寒暑假在校内、校外兼职的学生越来越多，他们有的为了勤工助学，有的为了体察社会。大学生课余兼职应与所学专业相结合，以了解自己将来可能从事的职位，同时这样的兼职还可以作为工作经历、经验在毕业生求职择业时提及。目前，很多高校都设立了勤工助学中心，免费为学生提供校内外各种兼职职位，并给予培训，但只是以家庭困难学生为主。社会上也有专门为大学生提供兼职职位的中介公司，不少大学生通过这种渠道谋到了兼职职位，但这样的公司良莠不齐，常有损害学生权益的事情发生。高校就业指导服务中心虽也经常发布企事业单位的实习职位或组织职位体验训练营，可靠性高，但尚不能满足所有学生的需要。

2. 实地参观

通过学校的安排，或是亲朋好友的介绍，学生到专业对口或自己感兴趣的单位现场做短时间的观摩，以此了解相应职位的工作性质、内容、职位环境以及氛围，进而获得实实在在的职位感受。但是这种方式无法了解职位的实质，容易受到单位营造的氛围的影响。

3. 专业实习

专业实习是指学生出于学习需要到专业对口的定点实习场所、实训基地进行专业实践教学的行为。它是学校教学计划的重要组成部分，主旨是理论联系实际，促进学生将自己所学的专业知识与技能在实践工作中巩固和加深，以便更深入、更真实地对职位的工作任务、工作要求、工作环境以及个人的适应情况进行了解和体验，从而为就业奠定基础。专业实习一般是大三后由学校统一安排，专业实习的时间安排是按计划进行的，学生必须抓住机遇积极参与才能得到真正的锻炼。

4. 就业见习

就业见习是指由政府有关部门组织对离校后未就业毕业生到企事业单位实践训练的就业扶持措施。见习不等于就业，不签劳动合同，见习单位不会支付像在职员工一样的工资报酬，只有生活补助，并由地方政府和见习单位共同支付。高校毕业生在同一单位见习时间一般为3～12个月。见习期满未被见习单位录用的高校毕业生，可继续享受政府提供的免费就业信息和各类就业服务；对有创业愿望的，有关机构将提供项目开发、方案设计、风险评估、开业指导、融资服务、跟踪扶持等"一条龙"创业服务。

第二模块
建构行动中的自我

第四章　剖析真实自我，修炼核心价值

【学习目标】

1. 了解自我认知是职业生涯规划的基础，是进行职业选择的先决条件；

2. 明白进行职业生涯规划时主要从性格、兴趣、能力、价值观四个方面认识自己；

3. 理解职业生涯规划方面的有关理论和测评工具，掌握探索性格、兴趣、能力、价值观的方法；

4. 主动探索自己，在对自己全面了解的基础上，推动行为的改变。

【生涯故事】

我究竟适合做什么

王贝，今年 28 岁，是某名牌大学计算机专业毕业的研究生。他毕业后的第一份工作是在广州一家小型软件公司从事软件开发工作，但只工作了一年，他就炒了老板的鱿鱼。理由很简单：多年来他每天对着电脑写程序，日复一日，已经到了麻木的程度，在电脑前已经没有了灵感与激情。

但命运与他开了一个小小的玩笑，三个月后，王贝又不得不进入一家 IT 企业，工作仍然是程序开发，所不同的只是公司的办公环境发生了改变，从原来软件园的一家小公司换到了位于中信广场的一家颇具规模的公司。

原来，王贝辞职后，应聘过其他行业的不少职位，也参加了一些企业的面试，但无一例外的由于他的专业与学历，招聘单位担心留不住他，都建议他最好还是从事与专业相关的软件开发工作。再加上父母的劝说，王贝只好重操旧业。

去年 11 月，由于企业内部人才流动，王贝被公司提升为项目经理，但他自己非常清楚，对本职工作已经越来越厌倦，甚至有时为了逃避而借故请假。今年春节，王贝再一次主动放弃了已拥有的工作。然而，王贝这一次并没有再急于找工作，他开始思考：我究竟适合做什么工作呢？我究竟想要什么？

王贝通过朋友的介绍，抱着试试看的心态到了一家人力资源顾问公司，向职业顾问寻求职业咨询服务。职业顾问先是让王贝在电脑上以人机对话的方式花了大概一个小时的时间做了三套人才测评试题，然后与王贝面对面深入地交谈了一个多小时。结果发现：王贝有着很强的沟通能力、善于语言表达；喜欢从事与人交往的职业，乐于帮助别人解决难题，有较强的人道主义倾向；在性格方面，性格外向，热情开朗。职业顾问同时发现，王贝的逻辑思维能力及计算能力虽然相当强，但其对与机器、工具打交道的工作严重缺乏兴趣。通过与王贝的进一步交谈，职业顾问还了解到：王贝从高中开始到读研究生期间，一直担任校学生会的干部，并且在班里担任生活委员，由于乐于助人，工作出色，曾得到同学们的高度评价并且多次连任。他高考时之所以报读计算机专业，是由于听从了父母的劝说，因为父母认为学好计算机，将来更容易找工作。

通过对王贝测评结果的分析及深入交谈，职业顾问认为：王贝的能力、兴趣、个性等各项评估指标显示，他更适合从事服务性的工作，如果能同时发挥专业能力，将会是较佳的选择。

三周以后，人力资源顾问公司通知王贝，刚好有一家国内著名的软件企业招聘客户服务部经理，考虑到他的专业背景与能力、兴趣、个性方面的特点，准备将他推荐给这家软件企业。两周后，王贝成功应聘为这家软件企业的客户服务部经理。

现在的王贝像有浑身使不完的劲，每天都沉浸在快乐的工作中。王贝经常对朋友说："现在我才明白什么是寓工作于娱乐。其实找一份工作并不太难，难的是如何结合自己的实际找一份适合自己的工作。有了正确的职业定位，使我对未来充满了信心。"

职业定位是职业生涯规划中的一个重要环节，每一个职场人士都必须慎重对待。在进行职业定位或职业选择时，应该充分考虑自己的职业价值观、职业能力、职业兴趣和自己的性格特征。因为价值观是职业选择的依据，能力是职业发展的条件，兴趣是职业发展的润滑剂，个性是职业发展的基础，它们共同影响着一个人顺利达到人生目标、实现事业成功的过程。

其实与王贝有类似经历的职场人士大有人在。为什么很多人在忙碌了多年之后，才发觉自己一直在干着一份其实并不喜欢的工作？为什么很多人知道自己不适合做目前所从事的工作，但又不得不熬下去？究其原因，除了受到社会就业环境、专业背景等因素的影响外，更重要的是缺少一套为自己进行职业生涯规划的方法。

一个人要想获得事业上的更大成功，最好是对自己的整个职业生涯进行一个系统的规划，而进行职业生涯规划的一个最基础的工作就是要全面认清自我。因为只有对自己有了一个客观全面的认识，才能选定自己职业生涯发展的目标，才能正确选择合适的发展道路，才能对自己目前的职业状态做出合理的调整。正所谓：知己知彼，百战百胜。

第一节　如何认识真实自我

一、自我认知的含义

自我认知是一个自我剖析的过程。主要是指人在社会实践中对自己的生理、心理以及自己与周围环境关系的多方面、多层次的认知、体验和评价。

(一)生理我

生理我是对自己生理状态的认识和评价，主要是指对自己的身高、体重、身材、容貌、性别等的认识以及生理疾病、温饱饥饿、劳累疲乏的感受等。

(二)心理我

心理我是对自己心理状态的认识和评价，主要是指对自己的知识、能力、兴趣、爱好、情绪、气质、性格、价值观等的认识、体验和评价。

(三)社会我

社会我是对自己与周围关系的认识和评价，主要是指对自己在群体中的地位、作用以及自己和他人相互关系的认识、体验和评价。

二、自我认知的方法

评估，也称为测评，是对个体的生理、认知以及情感的测量和评价的过程。通常采用正式评估和非正式评估两种测评技术进行自我认知。

(一)正式评估

正式评估是指有明确的实施、计分、解释规则的评估手段。一般采用量表的方式进行测评，结构性较强。自我认知中常见的测评工具有以下几种。

1. 兴趣量表

兴趣测评是帮助回答"我到底想要干什么""我到这里来到底为了什么"这一类问题。兴趣一般是指任何能唤起注意、好奇心或者投入的事物。最著名的兴趣量表是霍兰德兴趣量表。

2. 价值观测量

目前，国内的价值观测评量表较多，但良莠不齐。使用最多的是施恩的职业锚和舒伯的工作价值观测评。

3. 人格测量

应用最广泛的是以约翰·霍兰德和卡尔·荣格的心理类型理论为基础的梅尔斯—布瑞格斯类型指标（简称 MBTI）测评。

4. 技能测评

现在常用的是加利福尼亚职业信息系统，即 EUREKA 技能问卷，是为帮助个人确定现在具备的技能，并弄清个人工作中喜欢使用的技能而设计的。

（二）非正式评估

非正式评估多采用行为分析技术（通过观察）或自我陈述分析技术（经历、兴趣、态度等）收集个体的信息，没有统一的程序，也没有对结果的标准化解释。常见的非正式评估方法有以下三种。

1. 自我反省法

通过盘点自己的个人经历，分析自己的现状和所处的人生职业发展阶段等，可以发现自己的兴趣、能力、优势和劣势。

2. 360 度评估法

又称为多渠道评估法，是指通过收集与受评者有密切关系的、来自不同层面人员的评估信息，来全方位地评估受评者。通过评估反馈，可以获得来自多层面人员对受评者素质、能力等的评估意见，能比较全面、客观地了解有关受评者的个人特质、优缺点等信息，可作为受评者进行职业生涯规划及能力发展的参考。比如通过家人、亲戚、朋友、老师和同学等周围的人对本人进行客观的分析，来达到自我认知。

3. 橱窗分析法

橱窗分析法也是进行自我认知的一种常用方法。所谓橱窗分析法，是一种借助直角坐标系不同象限来表示人的不同部分的分析方法，它以别人知道或不知道为横坐标，以自己知道或不知道为纵坐标（见图 4-1）。

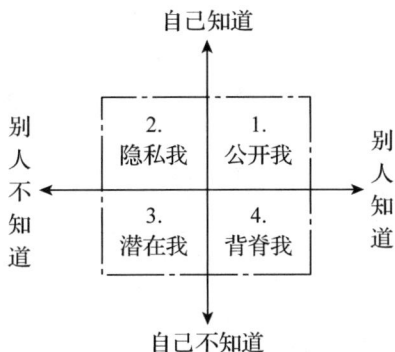

图 4-1　坐标橱窗

橱窗 1："公开我"（自己知道、别人也知道的部分，其特点是个人展现在外，无所隐藏。比如身高、年龄、学历、婚姻状况等）。

橱窗 2："隐藏我"（自己知道、别人不知道的部分，其特点是属于个人秘密，不外显。比如自私、嫉妒等平常自己不愿袒露的缺点，以及心中的愿望、雄心、优点等不敢告诉别人的部分。可以采取撰写自传或日记的方式来了解自我，还可以了解自身成长的大致经历和自我计划情况等）。

橱窗 3："潜在我"（自己不知道、别人也不知道的部分，其特点是开发潜力巨大，但通常别人和自己都不容易发觉。可以通过人才测评来发现自己平时注意不到的潜力，也可以在学习和生活过程中，多做尝试来发现自己的潜力）。

橱窗 4："背脊我"（自己不知道、别人知道的部分，其特点是自己看不到，别人却看得清清楚楚。可以采取同自己的家人、朋友等交流的方式，借助录音、录像设备，要做到尽量开诚布公，对别人提出的意见有则改之，无则加勉）。

三、自我认知与职业定位

职业定位有两个含义：一是确定自己是谁，适合做什么工作；二是告诉别人自己是谁，擅长做什么工作。

自我认知的程度影响着职业定位的准确性。要做一个合理的职业生涯规划，首先要对自己有一个清晰的认识。只有认识了自己，才能进行准确的职业定位。

【拓展训练】

自画像

通过现实生活中自己的表现和感受，认真填写表格（见表 4-1），从不同侧面深刻地描述生理我、心理我、社会我，对自己进行全面的认识。

表 4-1　我的自画像

	我的长处、优势	我的不足、劣势
生理我 （年龄、身高、体重、 外貌、健康等）		
心理我 （智力、情绪、性格、气质、 兴趣爱好、价值观等）		
社会我 （在班级及社会中的地位、角色、 与他人的关系等）		

关于"我"的探索活动

● 写出 10 个能够反映你自己的词语。

● 你的父母认为你是一个怎样的人？

● 你的同学如何评价你？

● 你的老师如何评价你？

● 你的好朋友如何评价你？

● 当与别人闹矛盾时，对方曾如何评价你？

第二节　职业价值观澄清与修炼

【案例及评析】

考研还是就业

程琳是师范大学大四的学生，现在面临着两种选择：考研还是就业？为了考研，她从大二就开始了准备，但现在有个不错的中学想要与她签约，她开始犹豫起来。签约吧，自己一直以来的准备就这样放弃有些不甘心。不签吧，又怕万一考不上，过了这个村就没了这个店，她为此非常苦恼。

私企还是事业单位

王民是信息系统专业的本科毕业生，他很幸运，被两家用人单位同时看中。一家是省会的私营企业，待遇不错，底薪 1600 元加项目提成，五险一金，有一定的发展空间。但因为是私企，他担心工作不稳定。另一家是地级市的事业单位，能正式入编，工作稳定，但待遇比较低，另外论资排辈现象也比较严重。到底该如何选择，王民一时没了主意。

待遇还是发展

李玟是刚毕业一年的大学生，找到了一份让人羡慕的工作。工作很清闲，每天的工作也就一两个小时，别的时候就是上网混时间。待遇也不错，有五险一金，有季度奖、年终奖等，还常常找借口发点儿钱。但是，她感觉这样的生活并不是自己想要的，觉得这样的生活让人窒息，消磨人的锐气。她想换工作，可是周围的人都反对，特别是家里人。另外也不一定能有把握找到比现在待遇更好的工作。左右为难，如果是你会怎么选择？

评析："鱼与熊掌，如何选择？或者，对我来讲，哪个是鱼，哪个是熊掌？""好工作的标准是什么？什么样的工作才是自己真正看重的工作？""选择什么样的工作才能让我开心并能实现我的价值？"……这些是许多大学生在选择自己的职业时会遇到的问题，而这些问题恰恰反映了一个人的价值观。

【拓展训练】

写出我的"成就故事"

每个人的一生，都会经历许多难忘的精彩瞬间，他们或许不是什么轰轰烈烈的大事，但是每当想起那些故事，总会让自己心潮澎湃。请给你的小组伙伴讲一讲你的"成就故事"吧！如果可能，请尽量多地用细节描述你的成就，然后，找出每一项成就所包含的一到两个"关键词"，比如成就感、晋升、合作、创新、自由等。

成就故事1：_____

关键词：_____、_____、_____、_____

成就故事2：_____

关键词：_____、_____、_____、_____

成就故事3：_____

关键词：_____、_____、_____、_____

成就故事4：_____

关键词：_____、_____、_____、_____

请找出在每一项成就故事中出现频率最多的关键词，写在下面横线上：

_____、_____、_____、_____

一、价值观的含义

(一)什么是价值观

价值观是人们按照自己所理解的重要性，对事物进行评价与抉择的标准，也就是我们在生活和工作中看重的原则、标准和品质。它指向我们一生中最重要的东西，是个体行为背后的深层动机，对个体的职业选择和发展起到重要的激励、影响作用。

(1)价值观是指一个人对于人、事、物的看法或原则。"它来自我们对内心感受的评价，是关于"什么是重要的"观念。

(2)它是我们生活中的信念、情感和动力、行为的指挥官。

(3)一个人越清楚自己的价值观，生活目标就越清晰。

(4)当你面临着两种或多种选择，鱼与熊掌不可兼得时，不同的价值观会产生不同的行动选择。

（二）什么是职业价值观

职业价值观是人们对社会职业需求所表现出来的评价，是人生价值观在职业问题上的反映。

（1）职业价值观是一个人对各种职业价值的基本认识和基本态度。

（2）职业价值观标识着一个人对职业的认识和态度，以及他对职业的追求和目标。

（3）职业价值观是人们在选择职业时的一种内心尺度。它支配着人的择业心态、行为以及信念和理解等，也支配着职业人生认知、明白事物对自己职业发展的意义以及自我了解、自我定位、自我设计等，同时也为自认为正当的职业行为提供充足的理由。

二、为什么在职业选择中要考虑职业价值观

价值观是人们在考虑问题时看重的原则和标准，是人们内在的驱动力。因此，价值观在人们的职业生涯发展中起到极其重要的、决定方向性的作用，甚至往往超过了兴趣和个性的影响。由于个人的身心条件、年龄阅历、教育状况、家庭影响、兴趣爱好等方面的不同，人们在职业取向上的目标和要求也是不相同的。职业价值观决定了职业期望，进而对职业方向和职业目标的选择产生影响，也决定了就业后的工作态度和绩效水平以及职业发展情况。

价值观和职业价值观决定了哪些因素对你是重要的，哪些是不重要的；哪些是你优先考虑和选择的，哪些不是。例如，当高薪待遇、事业发展、人际和谐、环境舒适、工作安稳等存在矛盾时，究竟最看重什么？左右你选择的，往往就是自己内心的职业价值观，它影响着个人的决策。

【拓展训练】

请你回顾在以往生活中所做出的重大决策，及决策之前围绕这件事所产生的不同意见（自己、父母、师长、朋友或其他重要他人的）。想一想：在这些意见的背后，是否体现着不同的价值观呢？试着把这些价值观写下来。

三、个人价值观探索

既然我们明确了职业价值观在职业选择中的重要作用，那么如何探索个人

的职业价值观，如何通过清晰的价值观选择来明晰职业选择方向，便成为本节的重点。接下来，我们将通过几个拓展训练来帮助你探索个人价值观。

【拓展训练】

留舍最爱

以下是我们人生中常会遇到的 21 种个人价值观，请根据对你的重要程度进行筛选。（注：每个价值观冒号后面的句子是对该价值观的解释，以便于你对该价值观有更好的理解。）

第一轮：请选出对你排序在前的 8 个价值观词条。

第二轮：人有悲欢离合，月有阴晴圆缺，如果一定要割舍，请你删掉其中的 3 个，并向你的小组分享你的割舍理由。

第三轮：不完美的人生才是真实的人生，如果还是要割舍，请你再删掉其中 2 个，并向你的小组分享你的割舍理由。

第四轮：最后剩下的 3 个词条就是你的核心价值观，请重新审视一下自己的价值观，并向你的小组解释为什么它们对你如此重要，如果可以，请举一些具体的事例。

—成就：成功；通过决心、坚持和努力而达到的结果。对"成就"一词的定义是："获得成功的结果，达到预定的目标。"

—审美：为了美而欣赏、享受美。

—利他：关心别人，为别人的利益献身。

—自主：能够独立地做出决定的能力。

—创造性：产生新思想及革命性的设计。

—情绪健康：能够克制焦虑的情绪，有效阻止坏脾气的产生；思绪平静，内心感觉安全。

—健康：生命存在的条件，没有疾病和痛苦，身体总体条件良好。

—诚实：公正或正直的行为，忠诚、高尚的品质或行为。

—正义：无偏见，公平、正直；遵从真理、事实和理性；公平地对待他人。

—知识：为了满足好奇心、运用知识或满足求知欲而寻求真理、信息或原则。

—爱：建立在钦佩、仁慈基础上的感情。温暖的依恋、热情、献身；无私奉献，忠诚地接纳他人，谋求他人的益处。

—忠诚：对某个人、某个团体或某个组织尽心竭力。

—道德：相信并遵守道德标准。

—身体外观：关心自己的容貌。

—愉悦：是一种惬意的感觉，是伴随着对美好事物的期待和对伟大愿望的拥有而产生的。愉悦不在表面上的高兴，而更在于内心的满足和喜悦。

—权力：拥有支配权、权威或对他人的影响。

—认可：由于他们的反应而感到自己很重要、很有价值；得到特别的关注。

……

—技能：乐于有效使用知识、完成工作的能力；具有专门技术。

—财富：拥有大量的物质财富；富足。

—智慧：具有洞察内在品质和关系的能力；洞察力、智慧、判断力。

四、真实职业价值观澄清

该活动让我们更清晰地认识到，每个人都有自己独特的职业价值观，而且不论喜欢与否，生活中重要他人（如父母、同学、师长等）的价值观也常常会对我们产生影响。重要的不是去评判这些价值观的对错，而是去衡量它们给自己的生活和职业发展带来的影响，并适时地做出调整。同时也需要认识到，很少有工作能够完全满足一个人所有的重要职业价值观。因此，我们总是要不断地做出妥协和放弃，这是不可避免的，也是必要的。只有对自己的价值观进行澄清和排序，才能知道如何取舍。

在价值观探索活动中，可能有人会发现对价值的取舍和排序是一个艰难的过程，甚至做完了这个活动，仍然不清楚自己想要的到底是什么。比如在该活动中，可能会有人发现，留下来的最后一条价值观也不一定是对自己真正重要的，或者，以目前自己的状况和心态，根本无法判断什么才是对自己真正重要的。出现这样的情况是正常的，因为大学生还处在建立和形成个人价值观的生涯探索期，有一些迷茫和混乱是必然的。重要的是对自己的职业和生活进行不断地思考和探索。价值观的澄清本身也不是一劳永逸的过程。因此，有必要进行进一步地探索，并在今后的生活中不断反思。

价值观澄清过程：

A. 对你所选择的价值观（选择）

（1）你是否是自主地选择了这项价值观？也就是说从来没有任何人和任何方面把它强加给你？

（2）它是你从众多的价值观中挑选出来的吗？

（3）它是你在思考了所做选择的结果或后果后挑选出来的吗？

B. 它是一个让你如何珍视的价值观（珍视）

（1）你是否为你选择的这一价值而感到骄傲（珍视、爱护）？

（2）你是否愿意公开地向其他人声明你的选择——也就是说，在别人面前公开地为它辩护？

C. 你能按照如下方式践行你的价值观吗（行动）

（1）你是否能做一些与你选择的价值观有关的事情？

（2）你是否能与你的价值观保持一致的行为模式？

对于某件事情，如果你能对上述所有问题都给出肯定的答复，那么，这说明你确实认为它有价值，或者是符合你的价值观取向。如果对其中一些问题的回答是否定的，那么你需要思考一下自己看重的、想要得到的到底是什么。例如，有很多人常说"健康"很重要，但在实际生活中所采取的行动却往往与"健康"的生活背道而驰，常常为了学习晚睡晚起、不注意饮食和休息等。如果进一步分析，我们会发现，对于这样的人，学习所代表的"成就感"，或者是学习成绩好所带来的"被认可"的感觉是更为重要的。

回答这些问题的过程，就是价值观澄清的过程。正如本节开始给大家提到的案例，究竟是考研还是就业？是事业单位还是企业更有利于我们的发展？事业起步阶段，我们应该更看重待遇还是个人发展？其实，对每个人来说，都可能给出不同的答案，这也正是每个人价值观澄清的过程所在。价值观澄清需要投入时间和精力，但这样的投入是值得的，因为它会有助于个人从整体出发，更好地为自己的全面发展做出考虑和选择。当你依照符合自己健康发展要求的真实价值观行动时，会感觉到很大的满足。

五、价值观可以发生变化

不得不提到的是，即使你费尽千辛万苦，探索出自己的价值观取向，并通过价值观澄清，确定了你的价值观，它也不是一成不变的。

个人由于所处的生涯发展阶段和社会环境不同，他的需求会发生改变，从而可能导致价值观的变化。比如，有很多刚毕业的大学生，都希望进外企，做白领，把赚钱当作自己的首要目标。因为在这个阶段，他们面临买房、成家等任务，这些都需要经济支持。而在工作十年余，有了一定的经济基础的人群中，则有不少人意识到，仅仅为了钱而从事自己不喜欢的工作是一件痛苦的事情。所以，他们在考虑职业选择的时候，薪酬就不再是排首位的价值观了。寻找一个适合自己兴趣爱好的、能够兼顾家庭的工作成为他们的目标。他们的需求发生了改变，他们在职业上所看重的东西（即工作价值观）也随之发生了变化。

此外，由于时代的巨大变迁、多元价值体系的冲击及个人的成长和发展所带来的变化，个人的价值观常常会变得混乱。因此，个人需要对自己的价值观进行不断地探索。一个人越清楚自己的价值观，越了解自己在工作和生活中想要寻求什么，什么对自己来说是最重要的，那么他的生涯发展目标也就越清晰。当你从事的工作，能够给你带来成就感、安全感或薪资报酬等你看重的东西时，那说明你的职业价值观和工作环境就是相契合的。这时，你是满意并且愿意继续这份工作，也会愿意在工作上投入更多的精力。相反，你的工作让你感到无趣、失落、犹豫、没有热情，那你的工作不能或不完全能与你的职业价值观匹配，所以你可以尝试着对自己的职业价值观进行梳理，检视这些看重的职业价值观目前是什么状态，从而进行调整。

六、职业价值观与职业世界

在关于职业价值观的探讨中，更多的是从个人的视角出发，是从个人发展需求角度出发的探索。在职业世界中没有一份工作能满足个人所有的价值追求，所以，需要我们根据职业价值观的排序，做出取舍，找到能最大限度满足自身期待的工作。

从雇主的角度看，用人单位不会强调求职者的职业价值观，也不会专门测评个人的职业价值观，更多的是通过提问"如何看待加班""如何看待行业发展"等问题，来测试或者评估、考察求职者的其价值追求与企业文化是否契合，能否为企业的发展目标而共同努力。因此，我们不仅要从个人角度看"我想找什么样的工作"，也要从雇主的视角看"雇主愿意招什么样的人"，两者间取得一个平衡。

作为新时代的青年，我们不仅要澄清自己的职业价值观，而且更要践行社会主义核心价值观！为祖国发展服务的同时，收获自己真正的职业价值观。

2013 年 6 月，时任国务院总理李克强同志在河北师范大学视察时，鼓励毕业生们到基层工作，并深情寄语大学生们，"只有'下得去'，本事才能'上得来'，干事才能'拿得起'，基层最能锻炼人"。基层是最需要人才的地方，就业空间广阔，国家也出台了一系列优惠政策鼓励高校毕业生到基层就业。从国家层面看，大学生基层就业是推动基层事业建设的长远之计。从大学生角度看，基层是毕业生融入社会大熔炉、成长成才的重要平台，也是毕业生就业的重要渠道之一，有助于大学生更快速地了解国情、社情和民情，连通家门、校门到社会，有助于个人磨炼品质、发挥个人学识，把个人的成才需求和国家的前途、民族的命运紧密地结合，把个人的成长成才和国家战略需求相结合。一代人有一代人的际遇，一代人也有一代人的使命，习近平总书记勉励大学生"要将自己的命运同国家民族的命运紧紧联系在一起"，因此，我们在职业选择中，要将个人小我融入社会大我，在兼顾个人理想和社会需求中定位人生发展目标，这才是真正的自我实现。

【行动方案】

1. 请根据你课上"留舍最爱"活动中剩下的 3 个价值观撰写一段成长宣言（例如，你最后留舍的是"自由、助人、智慧"，那么你的成长宣言可能是：<u>在精彩有趣的生活里，自由地玩，体悟智慧，带着这些智慧让这个世界变得好一点</u>）。

2. 成长宣言梳理好了，你觉得它真正触动你的内心了吗？你觉得它当下对你来说是最重要的吗？你为你的选择骄傲吗？如果是，你愿意为你的成长宣言做点什么吗？你的目前的生活状态，有没有违背你的成长宣言呢？如果要改变，或者说，如果要按照成长宣言重新规划你的生活，你愿意做哪些改变呢？你的行动方案是什么呢？请撰写 500 字的价值观修炼计划。

_____

_____

_____

_____

第五章　盘点兴趣性格，拓展未知自我

【学习目标】

1. 学会运用霍兰德职业兴趣理论识别自己的兴趣类型，懂得区分感官兴趣、自觉兴趣与志趣的联系与区别；

2. 在情感上认同兴趣不是与生俱来的，而是要通过自身努力行动，才能成为"兴趣的高手"；

3. 学会把专业学习、社团资源、社会实践资源与兴趣、能力修炼相融合，与未来职业相联系，付诸实际行动培养兴趣。

【生涯故事】

故事 1：我的职业兴趣到底在哪里？

王子怀像许多大一学生一样，在高考填报志愿的时候完全失去了方向，父母告诉她某专业好就业，邻居告诉她某专业有前途，老师告诉她某专业适合女孩子读，可她却完全听不到自己心底的声音："我自己真正喜欢什么专业呢？"虽然，她对权衡之后所选择的外语专业没有什么反感，但也实在算不上喜欢。她发现自己很容易被别人说服，按照别人的意愿做出自己的选择。每当这时，她都会很郁闷，疑惑所学专业究竟是否适合自己，不知道自己的兴趣到底在哪里。

故事 2：什么才是我真正的兴趣呢？

赵原与王子怀相反，他常常为了自己兴趣太多而苦恼。他兴趣广泛，从小到大，他学过武术、绘画、英语、轮滑，研究过兵器、历史……在某些方面，他甚至还得过奖。进入大学以来，他参加了演讲社、艺术团、学生会等多个学生组织，可就是没长性，过不了多久就扔一边了。慢慢地，他发现身边的人变成了某个领域的高手，而他，虽然收集收藏夹里收藏了许多"修炼秘籍"，可是仍然是个无所精通的"小透明"，他很苦恼，疑惑自己是不是还没有找到真正的兴趣呢？

故事 3：我对我的专业没兴趣，怎么办？

李浩是一个文学爱好者，在当地的报纸杂志上，他也发表过一些值得他自豪的文章。可他的父母却认为，作家不是个可靠的职业，而学电脑做 IT 精英才能有"钱途"。硬着头皮来到计算机学院的李浩，如今已经大二了，可他却郁郁寡欢。因为随着专业课的推进，他越发感觉到自己不喜欢这个专业的学习内容，成绩也不理想，他在内心抱怨："我现在学习不好，完全是因为我对这个专业不感兴趣，将来要是有机会让我转个专业，我肯定不是现在这个样子。"

上述三位学生的经历在当今大学生中并不少见：有的人觉得自己的兴趣十分模糊，有的人兴趣又过于广泛，还有的人兴趣明确却因为种种原因进入了一个与自己兴趣不相符合的专业。他们都对此感到苦恼，想要知道怎样认识兴趣，了解自己的兴趣，并将它与自己未来的生涯发展相结合。

第一节　职业兴趣培养与修炼

一、兴趣的内涵

当我们完成了一项有价值的工作后身心疲惫地关上电脑，当我们在街上遇到熟悉的朋友，当我们假日待在家里晒着太阳读书，当我们与家人挤在一起看老版的《西游记》……你会发现有些事谈不上有趣，但会让我们心跳放慢，内心宁静，它们温暖、简单、安全，带给我们幸福与愉悦的感觉。好的生活就应该是这样愉悦又有趣的，好的工作也一样。兴趣是最好的老师，不在于你正在做一项让你感兴趣的工作，更大意义上说，兴趣老师是推动你探索和发现新世界，为未来做好能力储备的动力。兴趣老师还可以帮助我们抵消能力培养中的重复与倦怠感，让无聊的事情变得有趣。所以，与其费尽心力地去发现我们的兴趣，倒不如修炼我们培养兴趣的能力，不苛求一定干一项有兴趣的工作，而去寻求让我的工作变得有趣的方法。

二、霍兰德的兴趣类型理论

应该说，目前来看，美国霍普金斯大学职业心理学教授霍兰德对于兴趣研究的贡献是最大的。他于 20 世纪 70 年代提出了兴趣类型理论，这一理论的提出，在生涯发展与职业心理学的学术界引起了轰动。

霍兰德职业兴趣测评由四部分组成，包括 192 个题目。第一部分测定被试所感兴趣的活动；第二部分测定被试所擅长或胜任的活动；第三部分测定被试所喜欢的职业。以上三部分各包括六大类 60 种活动，用选择"是"或"否"的方式回答。第四部分是被试的能力类型自我评价，包括 12 个题目。测验完成后，可以对照职业索引表，判断被试的职业兴趣及适合被试的职业类型。

这一理论的假设是：

（1）人们通过职业选择和职业表现来体现自己的人格特征；

（2）人们会被与他们的人格特征相符合并能体验到自我效能感的职业所吸引；

（3）选择相同职业的人，大多拥有相似的人格特征和处事方式。

在当时大工业时代的背景下，该理论对于指导个人运用工作和人格特征相匹配的方式求职起到了很大的作用，但我们也同时应该意识到，当今快速发展的时代要求和职业角色的多元性特征，也越来越对人的适应性而不是匹配性提出了更高的要求，随着社会不断产生变化，工作职位随着产业结构升级换代，也会换代升级。

（一）主要假设

霍兰德将职业环境归纳成六大类型：实用型 R（Realistic）、研究型 I（Investigative）、艺术型 A（Artistic）、社会型 S（Social）、企业型 E（Enterprising）和常规型 C（Conventional），相应地，也有六种不同类型的人，会从事和自己人格特质相同的职业。所以，按劳动者的人格特质和择业倾向，将社会中的人也划分为与职业类型相同的六种类型。

这六大类型的第一个字母按照一个固定的顺序排成一个六边形：RIASEC（见图 5-1），所以称为六边形理论，又称六边形模式。

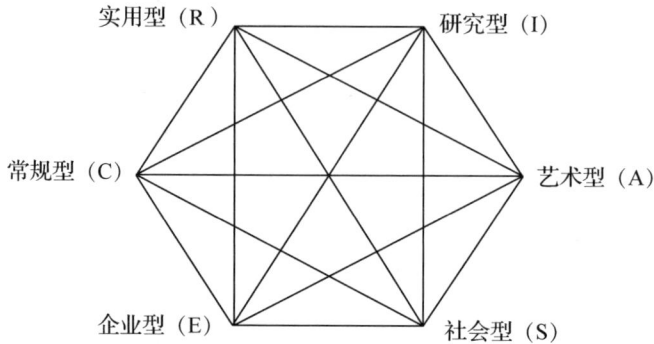

图 5-1　霍兰德的六边形模式

（二）改良式六边形模式图

从图 5-2 中可以看出，趋近于纵轴的"与人接触"这一端的兴趣类型是企业型（E）和社会型（S），"与物接触"这一端的兴趣类型是实用型（R）和研究型（I）；趋近于横轴"事物处理"这一端的是常规型（C），趋近于"心智思考"这一端的是艺术型（A）。

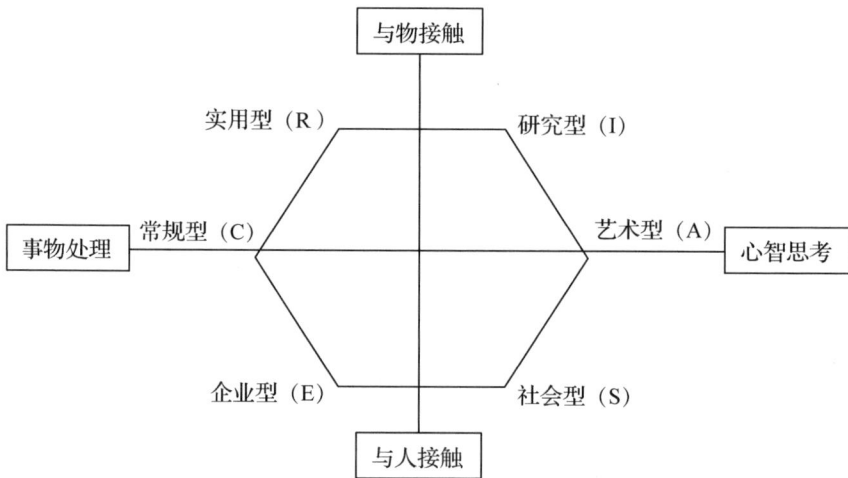

图 5-2　改良式六边形的潜在二元维度模式

图 5-2 更加清晰地将职业领域根据基本工作任务进行了划分，四种基本工作任务分别为：

事物处理：事实、数字、文档、账目、业务流程；

心智思考：见解、理论、用言语、方程式或音乐有创意地说话或做事情；

与人接触：提供帮助、服务、咨询、照顾或销售的对象；

与物接触：机器、工具、生物，以及食物、木材、金属等材料。

三、兴趣的修炼与提升

在各种面试的场合，我们经常会听到这样的提问："你有什么兴趣爱好？"

你可能不假思索得回答：看书、唱歌、旅游、看电影……

当面试官追问：你喜欢唱歌，能说说为这个兴趣，你做了什么努力吗？

你可能回答："没有什么努力，就是平时空闲的时候和朋友们去随便唱一唱而已。"

你知道这样的回答其实是会给自己减分的吗？为什么这样说？不仅是因为这个回答太普通，而且对面试官来说，这种回答还意味着你不善于持续修炼自己的兴趣，让自己成长为某个领域的高手，而浅尝辄止的兴趣，只能分散你的注意力，而不能增强你的能力，可工作中，则正相反，能力越强的人，才越能够有持久的工作兴趣、能力与动力。

你知道该怎样让自己成为兴趣的高手吗？图 5-3 描述了成为高手的必经之路，即充分感官浸染，加入能力训练，寻找兴趣平台，获得能力价值。

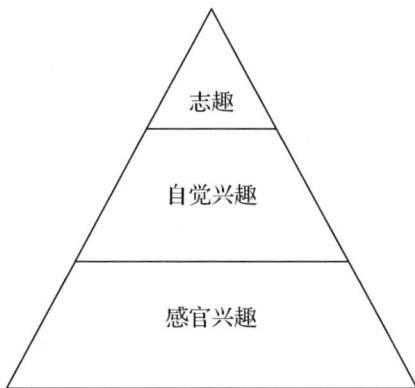

图 5-3　兴趣金字塔

(一)感官兴趣

感官兴趣就是通过直观的感官刺激产生的兴趣，比如唱歌、看电影、品尝美食，这是我们的原始兴趣。感官兴趣会让我们被刺激的当下感觉很棒，可是，它的问题在于，这样棒的感觉持续不了很久，我们无法将注意力集中在这个事物上，形成能力。正如你痛快地玩上一天游戏，或者大吃一顿饕餮盛宴后的感觉——当下很美好，过去没印象。

（二）自觉兴趣

自觉兴趣是认知行为参与的兴趣。正如我们惊叹星空的美丽后开始描绘星座，于是有了天文学；我们吃饱饭后继续思考人为什么吃饭，于是有了哲学；我们吃了好吃的东西然后研究它是怎么做出来的，于是有了烹饪；大部分科学和艺术都是自觉兴趣的成果，科学、艺术、文学、体育的发明往往都是因为好玩而生，而不是谋生的工作。因此，自觉兴趣比感官兴趣更高级，它让我们的兴趣可以更加持久并定向在一个领域，从而在脑子里形成回路，进而产生能力，而能力又反过来让我们能体会和学习更多。

（三）志趣

当我们有了感官兴趣，并进而把它上升到了自觉兴趣后，你会发现，身边多了很多高手，他们不断发展自己的兴趣，把它变得强大而持久，然后，还加入了更深一层的内在动机——志向与价值观，也就是说，把有趣的事变成了自己毕生追求的事业，用它来换取价值，于是，就有了"志趣"。换句话说，志趣已不仅仅是兴趣，那是我们把感官兴趣通过学习变成能力、通过能力寻找平台获得价值、在众多价值中找到自己最有力量的一种生涯管理技术。

（四）兴趣的修炼

与其说寻找自己的兴趣，不如说，修炼自己的兴趣，那么，如何完成修炼之术呢？

第一步，让自己先沉浸在足够多的感官体验中，获得兴趣的第一步动力。

第二步，在感官兴趣还没有消退时，尽快掌握更多的知识，使自己的感官兴趣进化到自觉兴趣。

第三步，给自己找一个兑换价值的方式，把这个兴趣和你最感兴趣的价值绑定。别把自己的目标设定得太高，以免产生失落感。不断重复这样的过程，兴趣就会慢慢固化下来。

【拓展训练】

自我兴趣探索

请认真、详细地回答下列问题，以此帮助你回忆并挖掘日常生活中有关个人兴趣的一些代表性事件，进一步探索自己的兴趣。

1. 请列举三种你非常感兴趣的职业（摒除所有现实的考虑），这些工作中哪些特征吸引着你？

2. 根据你迄今为止已有的经历，回忆三个令你感到快乐、满足的事件，并详细描述这三个画面，是什么令你感到如此快乐和满足？

3. 在手机小红书、抖音、B 站等平台中，你最关注的博主是谁？他们身上有什么共同点？

4. 你最喜欢的手机 App 是什么？他们的什么吸引着你？

5. 在生活中，都有过某些时刻，因为全神贯注于做某件事情而忘了时间。什么样的事让你如此专注？

以上问题让你从中看到了哪些共同点？这些共同点和霍兰德的哪些职业环境类型相对应？你将如何用行动滋养它们，让它们帮助你成长成为你想成为的样子？

行动方案：
请尽可能多地梳理一下你的兴趣，包括你从没尝试过却很想尝试的，然后，看看哪些感官兴趣是可以加以能力训练提升成自觉兴趣的。为了提升兴趣，做一个"有趣"的人，你打算为此做些什么呢？

如果开始行动，你打算从哪一步做起，行动有没有什么阻碍，这些阻碍来自哪里呢？外界还是你的内心？如果开始修炼自己的兴趣，你可以利用的资源有哪些？你没有挖掘过，但是有可能可以尝试的资源又有哪些？如果可能，请为自己的兴趣修炼计划设定一个期限，设定一个目标，如果实现了这个目标，你打算给自己一个什么奖励呢？如果这些问题都想清楚了，你打算开始行动了吗？当下的你，打算从哪里做起呢？

四、自我职业兴趣探索

下面，是根据霍兰德职业兴趣理论衍生出的一些自我兴趣探索活动。请仔细阅读每个活动的指导语，并按要求进行。练习的结果是你以后选择职业时重要的考虑因素和评价标准。

【拓展训练】

六岛环游

如果有机会让你到以下六个岛屿旅游，不用考虑费用和其他问题，仅凭自己的兴趣你最想去的是哪个？可以按照喜欢程度选出三个。

R岛：自然原始的岛屿。岛上保留有热带的原始植物，自然生态保持得很好，也有相当规模的动物园、植物园、水族馆。岛上居民以手工见长，自己种植花果蔬菜、修缮房屋、打造器物、制作工具。

I岛：深思冥想的岛屿。岛上人迹较少，建筑物多僻处一隅，平畴绿野，适合夜观星象。岛上有多处天文馆、科博馆及科学图书馆等。岛上居民喜好沉思、追求真知，喜欢和来自各地的哲学家、科学家、心理学家等交换心得。

A岛：美丽浪漫的岛屿。岛上充满了美术馆、音乐厅，弥漫着浓厚的艺术文化气息。同时，当地的原住民还保留了传统的舞蹈、音乐与绘画，许多文艺界的朋友都喜欢来这里找寻灵感。

S岛：温暖友善的岛屿。岛上居民个性温和、十分友善、乐于助人，社区均自成一个密切互动的服务网络，人们多互助合作，重视教育，弦歌不辍，充满人文气息。

E岛：显赫富庶的岛屿。岛上的居民热情豪爽，善于企业经营和贸易。岛上的经济高度发展，处处是高级饭店、俱乐部、高尔夫球场。来往者多是企业家、经理人、政治家、律师等。

C岛：现代、井然的岛屿。岛上建筑十分现代化，是进步的都市形态，以完善的户政管理、地政管理、金融管理见长。岛民个性冷静保守，处事有条不紊，善于组织规划。

你想去的三个岛屿是：_____、_____、_____。

说明：

六个岛屿实际代表着霍兰德提出的六种典型的职业兴趣类型。其中，第一个是主要兴趣，第二、三个是辅助兴趣。做完这个活动后，你应当能得出自己有兴趣的三个类型，即你的霍兰德代码，并对六种类型的基本特征有所了解。

需要注意的是，这只是对你兴趣类型的初步判断，不一定特别准确，还需要通过职业素质测试来加以确认。

第二节　性格倾向探索

【案例及评析】

我的性格适合我的专业吗

小泽是某高校人力资源专业一年级的学生，人力资源专业是他高考时第一志愿的第一专业。抱着对专业课学习的极大憧憬，他来到了学校，经过一个学期的学习，他发现自己对所学专业越来越感兴趣，而且成绩也不错。按说一切都应该尽如人意地发展下去，但他依然疑惑重重。他觉得，在与同学们接触的一个学期里，自己内向理性的性格越来越凸显，但人力资源管理这个行业要求善于与人打交道，开朗乐观。自己的性格会不会不利于今后在专业上的发展？因此，小泽不知道自己是否适合向人力资源管理方向发展。

性格会影响职业发展吗

王庆是个很聪明的学生，从小到大，学习对她来说都不是难事。上大学后，她也是成绩优异，每年都拿奖学金。对此，她却不以为然，因为让她头疼的不是成绩，而是自己的性格。她已经读到了大三，对考研还是找工作一直犹豫不决：以自己的成绩考上研究生应该不成问题，但她又想尽早踏入社会，投入更丰富的生活；如果找工作，自己的性格内向，不善言辞，在人群中从来不知怎样引起别人的注意。这样的性格在工作中是否会吃不开？是否应该再在学校历练几年，把自己的性格改变一下？不过，她又犹豫了，几年以后，真的能改变吗？

案例中两位同学的情况，其实在大学中比较有代表性。一方面，他们不清楚如何从性格的角度考虑自己适合学什么专业、做什么工作；另一方面，他们也常常对自己的性格有这样或那样的不满，担心性格的缺陷会给自己的职业发展造成影响，不知道性格能否改变。要想解决这些困惑，需要更清晰地了解自己的性格，知道性格和职业的关系到底是什么。

一、什么是性格

我们每个人在成长历程中，由于受到的生理、遗传、家庭教养、文化、学习经验等因素的交互作用而形成自己独特的个性。也就是说，每个人的心理特征不同，看问题、处理事情的风格、方式也不同。有的人热情爽朗；有的人沉稳持重；有的人风风火火；有的人谨慎多疑……性格在不同的情境中会表现出特定的气质。

别人通常怎样评价你？"有条有理"还是"潇洒随意"？"内向稳重"还是"外向开放"？这些形容词常常和一个人的性格有关，但又不那么科学有效。

本节所提到的"性格"是人对现实的态度和行为方式中比较稳定的心理特征的总和，也称为人格特质。具体而言是指一个人在不同的环境（生活和工作环境）中所表现出来的、相对稳定的行为倾向的总和，它让一个人的行为保持一致性和规律性，能有效地预测其在特定行业或职能领域成功的可能性。

二、性格与职业发展

职场中，有人喜欢创新，却总被重复的琐事拖累；而有些人性格内敛，每天却不得不面对大庭广众……工作也因此变成了一种负担。性格并无好坏对错之分，但了解自己的性格，便可以更好地扬长避短，了解他人的性格，也能促进你与他人增进了解，更好地达成一致；任何一种性格，都有长处和短处，更深刻地理解和完善，接纳和包容，才能不过于内耗，对抗甚至试图自我改变，如果有可能，结合自己的性格特点选择职业，也能帮助我们成为更幸福的工作者。

"职业心理学"认为，性格影响着一个人对职业的适应性，一定的性格适于从事一定的职业。当我们从事的职业与自己的个性相吻合时，就可以发挥出能力，容易做出成就；反之，则不容易发挥自己的才能，不易做出成就，或者必须付出更大的努力才能成功。例如，善于热心助人的人适合护士、教师等和人打交道的职业；逻辑思维严谨客观的人比较适合科研人员、会计等职业；理性的人适合工程师、技师等行业；情感体验强的人适合心理学家、商人等职业。如果自己的性格和职业需要的性格相反，那么工作中就会遇到很大的心理冲突，工作上成功的概率也会较小。例如，一个比较内向的人担任销售的工作，往往会延迟其职业适应性。内向的人，往往乐群性比较低，不喜欢到处和人交流，而销售工作主要是和人打交道。内向的人担任销售工作，在工作的过程中，会有很多心理冲突。所以，与人交往和从事职业活动时，要识别自己的性格，它对我们的职业发展和事业成功有着重要的影响。

三、性格倾向的探索

（一）通过 MBTI 探索性格倾向

1. 什么是 MBTI

MBTI（Myers-Briggs Type Indicator），是性格自测问卷。它由美国的心理学家布莱格斯（Katherine Cook Briggs）和她的女儿心理学家迈尔斯（Isabel Briggs Myers），依据瑞典心理学家荣格（Carl GustavJung）的心理类型理论及他们对于人类性格差异的长期观察和研究而著成。经过了长达 50 多年的研究和发展，MBTI 已经成为当今全球最为著名和权威的性格测试工具，被广泛用于自我探索、人才选拔、团队建设、教育（学业）咨询中。

2. MBTI 的维度

MBTI 衡量的是个人的类型偏好（preference），或称作倾向。所谓"偏好"，是一种天生的倾向性，是一种特定的行为和思考方式。这些偏好并无好坏之分，却形成了人与人之间的不同。MBTI 用四维度二分法评估一个人的性格类型偏好。每个维度由两个极组成。

MBTI 四维度

能量倾向：外倾（E）—内倾（I） 能量获得的途径

接受信息：感觉（S）— 直觉（N）获取信息的方式

处理信息：思考（T）— 情感（F）决策判断的方式

行动方式：判断（J）— 知觉（P）日常做事的方式

【拓展训练】

在同学毕业的十年聚会中，A 同学带着妻子、孩子一起去参加聚会，并与很多人搭讪交流，从始至终，一直精力充沛。B 同学独自一个人去参加聚会，到场后立即找到曾经要好的同学，并默默地关注大家，听在场的人热火朝天地聊天。

在同一场合，A 同学和 B 同学会有截然不同的反应，是性格使然。因为不同的人，与外界互动的方式、能量疏导的方式和注意力集中的方向是不同的。A 同学喜欢与人打交道，并且非常积极主动，他在与人交流中获得活力和快乐。而 B 同学能量疏导的方式来自于自我而不是外部，他注意力集中的方向也是小而精的，因此，他更喜欢与比较熟的人交流，不善于与不太熟的人或陌生人交流，在人多的场合，更愿意静静地听，通过听、思考来获得活力和乐趣。那么 A 同学和 B 同学分别是什么性格呢(见表 5-1)？

表 5-1　外倾还是内倾

外倾型 E(Extraversion)	内倾型 I(Introversion)
外倾者主要将注意力和能量指向外部世界，通过参加外界活动和与不同的人交往来积蓄能量： ◆善于表达 ◆自由地表达情绪和想法 ◆听、说、想同时进行 ◆先行动，后思考 ◆主动参与，朋友圈大 ◆兴趣广泛 ◆用操作或讨论的方式学得最好	内倾者主要将注意力和能量集中于内心世界，通过回忆和在情感的反思中积蓄能量： ◆通常保留 ◆情绪和想法不轻易流露 ◆先听，后想，再说 ◆先思考，后行动 ◆静静反思，固定的朋友 ◆兴趣专注 ◆用思考的方式学得最好

外倾的人能量来自于外部，喜欢外界活动，喜欢与人打交道，通过参加活动或与不同的人打交道来积蓄能量，而内倾的人能量来自于内部，喜欢安静、独处，喜欢一对一的人际交往，在独处中积蓄能量。

【拓展训练】

我跟朋友开车到一个非常老的住宅区选房子，他问我留意到什么信息？我说看到这里感觉是很老的住宅区，里面有简单的菜市场，还有不少人在买菜，生活应该比较方便啊，而朋友则告诉我说，他发现这里没有中式的快餐，买不买房子放在一边，如果我们在这里开一间中式快餐应该有得赚。然后一边开车，一边畅想中式快餐取什么名字好呢？然后到一个酒吧，把酒吧上的纸巾拿出来开始画，将这家快餐店将来用什么颜色的玻璃，是什么样的景观，卖什么样的菜式等都描绘出来。

　　为什么看同样的东西，结果会有这么大的差异呢？因为每个人接受信息的方式不一样，有的人看到的是实实在在的事物，是现实的、具体的、详细的，而有的人是透过实际的东西，看到了可能性，看到了发展、变化，关注的是整体、全貌。我和朋友分别是什么性格的人呢(见表5-2)？

表 5-2　感觉还是直觉

感觉型 S(Sensing)	直觉型 N(Intuition)
感觉型的人倾向于用自己的五官获取信息。善于观察，关注事物的现实，关注此时此刻发生的真实的、实际存在的事情： ◆着眼于当前的实际情况 ◆看到、听到、闻到 ◆观察敏锐，注重细节 ◆明确、可测量的 ◆现实、具体 ◆享受现在 ◆相信自己的经验	直觉型的人倾向于通过想象、无意识等超越感觉的方式获取信息。感知外界环境的全貌或整体，关注事物的现状及发展变化，喜欢预测未来： ◆着眼于未来的可能性 ◆第六感 ◆关注整体、全貌 ◆可发明、改革 ◆任意的、变化 ◆预测将来 ◆相信自己的灵感

　　在工作中，感觉型的人观察敏锐，更加注重事实和细节，而直觉型的人注重整体和全貌，更喜欢创新和变革；感觉型的人可能会认为直觉型的人不切实际，过于理想化，而直觉型的人可能会认为感觉型的人太保守、传统，过于死板。协调不好，二者可能会发生矛盾、冲突。直觉型的人注重远景和全貌，适合做组织、领导和策划工作，而感觉型的人注重现实和细节，适合做执行工作。二者配合好，在工作中会相得益彰。

【拓展训练】

你所在年级要评选优秀毕业生：

候选人甲：非常优秀，各项条件都符合，是当之无愧的获奖人，而且各方面都很突出，曾获得过各种级别的荣誉。

候选人乙：能力一般，远不如甲那么优秀，有个别条件不太符合，但他在班级内任劳任怨，工作特别负责，这是他唯——次获得荣誉的机会，而且乙已经大四，正在找工作，这项荣誉对他来说非常重要。

两人现在票数持平，而且这两个人都跟你的关系不错，你将把这决定性的关键一票投给谁？

有的说应该给甲，因为甲明显更优秀，应该按照评选规则来定，有的人则认为应该给乙，因为乙更需要这个荣誉，规则之外还应该讲人情。不同的人，为什么会有不同的决策呢（见表5-3）？

表5-3 思考还是情感？

思考型 T（Thinking）	情感型 F（Feling）
思考型的人会将自己从情景中分离出来，对事件进行客观的分析，通过逻辑推理和理智思考来进行活动和决策： ◆客观、公正 ◆以逻辑的方式解决问题 ◆关注事情和联系 ◆讲原则，理智、冷静 ◆冷酷，显得不近人情 ◆情有可原，法不容恕	情感型的人会将自己放在情景所牵涉的所有人的位置上，并试图理解别人的感受，在决策时往往会照顾他人的感受： ◆主观、仁慈 ◆以个人价值观引导解决问题 ◆关注人和关系 ◆用心灵处理事情 ◆心肠软，富于同情心 ◆法不容恕，情有可原

在工作中，思考型的人注重逻辑性，喜欢用思考、分析、推理的方式解决问题，愿意和概念、数据或具体的事物打交道，通常用大脑做决定；情感型的人追求心灵层面的东西，注重所做事情的价值是否符合自己的价值观，喜欢帮助别人，营造和谐融洽的环境氛围，通常用心灵做决定。在工作中，二者可能会发生冲突，思考型的人认为情感型的人不讲原则，太过随意；情感型的人认

为思考型的人教条、刻板，没有人情味。如果二者相互欣赏，相互配合，会使工作更加圆满。

【拓展训练】

假设今天是周五，你在周日有一场毕业前的补考，这是你能拿到毕业证的最后一次补考，但是你感觉自己准备得还不是很充分，你计划今天和周六两天时间好好复习一下。就在你制订好复习计划的时候，你突然接到一个电话，你的一个好朋友从外地赶来你所在的城市，你们好久没见了，他周日一早就走，约你周六见面，你会去吗？

有的同学会去，有的同学不会去。不同的人，为什么会对这件事进行不同的处理呢（见表5-4）？

表 5-4　判断还是知觉

判断型 J(Judging)	知觉型 P(Perceiving)
判断型的人喜欢井然有序的生活，按计划行事对他们来说很重要，会想方设法地管理和控制生活，从完成任务中获得能量： ◆按部就班 ◆喜欢组织管理自己的生活 ◆有计划、有条理 ◆不喜欢变化 ◆喜欢把事情落实敲定 ◆避免"燃眉之急"的压力	知觉型的人喜欢以一种比较灵活的方式生活，详细的计划会让他们感觉被束缚，适应性强，从调节适应当前场合的需要中获得能量： ◆随遇而安 ◆喜欢宽松的生活方式 ◆随意的、即兴的、自发的 ◆接受信息的能力强 ◆喜欢灵活的、开放的 ◆从最后关头的压力中得到动力

在工作中，知觉型的人比较灵活，善抓机遇，适应能力强，倾向于用情感和直觉的方式对事物做决定，可能会接管太多的事情而难以完成；判断型的人往往拘泥于计划和秩序，如果计划被打乱会非常烦躁，倾向于用感觉和思考组织、计划和管理自己的生活。

通过 MBTI 的四个维度八个极的特点描述，请在横线上写下自己的 MBTI 类型。

我的 MBTI 类型

能量倾向（E/I）_____　　接受信息（S/N）_____

处理信息（T/F）_____　　行动方式（J/P）_____

在 MBTI 测试结果中，每个人在每个维度上只能是一种倾向，但这并不能说一个人是外倾的就丝毫没有内倾的特征，就好像右利手的人并不能说明其左手是无用的，在很多时候是左右手配合的。性格也是如此，一个人如果是外倾的，是表明他在绝大多数情况下的自然反应是外倾的，但也有内倾的时候。倾向性越强，这个人所表现出来的行为交往特征，就越明显，而倾向性越小，这个人则更中和而平衡地处理交往事件，这也是职业者成熟的变现。因此，不要绝对地看待测评结果。

（二）MBTI 与职业的匹配

知道自己的 MBTI 类型，可以帮助我们了解自己的职业倾向（见表 5-5）。

表 5-5　MBTI16 种性格类型及适合的职业

ISTJ	ISFJ	INFJ	INTJ
适合领域：工商业领域；政府机构、金融银行业、技术领域；医务领域 适合职业：审计师、会计、财务经理；办公室行政管理、公务（法律、税务）执行人员；银行信贷员、成本估价师、保险精算师、税务经纪人、税务检查员；机械、电气工程师、计算机程序员、数据库管理员；外科医生、药剂师、实验室技术人员、牙科医生、医学研究员；管理者、行政管理、执法者、会计、审计师等	适合领域：无明显领域特征；医护领域；消费类商业、服务业领域 适合职业：行政管理人员、总经理助理、秘书、人事管理者、项目经理、物流经理、律师助手；外科医生及其他各类医生、家庭医生、牙科医生、护士、药剂师、医学专家、营养学专家、顾问；零售店、精品店业主、大型商场及酒店管理人员、室内设计师等	适合领域：咨询、教育、科研等领域；文化、艺术、设计等领域 适合职业：心理咨询工作者、心理诊疗师、职业指导顾问、大学教师（人文学科、艺术类）、心理学、教育学、社会学、哲学及其他领域的研究人员；作家、诗人、剧作家、电影编剧、电影导演、画家、雕塑家、音乐家、艺术顾问、建筑师、设计师等	适合领域：科研、科技应用；技术咨询、管理咨询；金融、投资领域；创造性行业 适合职业：各类科学家、研究所研究人员、设计工程师、系统分析员、计算机程序师、研究开发部经理；各类技术顾问、技术专家、企业管理顾问、投资专家、法律顾问、医学专家、精神分析学家；经济学家、投资银行研究员、证券投资和金融分析员、投资银行家、财务计划人、企业并购专家；各类发明家、建筑师、社论作家、设计师、艺术家等

续表

ISTP	ISFP	INFP	INTP
适合领域：技术领域；证券、金融业；贸易、商业领域；户外、运动、艺术等领域 适合职业：机械、电气、电子工程师、各类技术专家和技师、计算机硬件、系统集成专业人员；证券分析师、金融、财务顾问、经济学研究者；贸易商、商品经销商、产品代理商；警察、侦探、体育工作者、赛车手、飞行员、雕塑家、手工制作、画家等	适合领域：手工艺、艺术领域；医护领域；商业、服务业领域 适合职业：时装、首饰设计师、装潢、园艺设计师、陶器、乐器、卡通、漫画制作者、素描画家、舞蹈演员、画家等；出诊医生、出诊护士、理疗师、牙科医生、个人健康和运动教练等；餐饮业、娱乐业业主、旅行社销售人员、体育用品、个人理疗用品销售员等	适合领域：创作性、艺术类；教育、研究、咨询类 适合职业：各类艺术家、插图画家、诗人、小说家、建筑师、设计师、文学编辑、艺术指导、记者等；大学老师（人文类）、心理学工作者、心理辅导和咨询人员、社科类研究人员、社会工作者、教育顾问、图书管理者、翻译家等	适合领域：计算机技术理论研究、学术领域；专业领域；创造性领域 适合职业：软件设计员、系统分析师、计算机程序员、数据库管理、故障排除专家等；大学教授、科研机构研究人员、数学家、物理学家、经济学家、考古学家、历史学家等；证券分析师、金融投资顾问、律师、法律顾问、财务专家、侦探等；各类发明家、作家、设计师、音乐家、艺术家、艺术鉴赏家等
ESTP	ESFP	ENFP	ENTP
适合领域：贸易、商业、某些特殊领域；服务业；金融证券业；娱乐、体育、艺术领域 适合职业：各类贸易商、批发商、中间商、零售商、房地产经纪人、保险经济人、汽车销售人员、私家侦探、警察等；餐饮、娱乐及其他各类服务业的业主、主管、特许经营者、自由职业者等；股票经纪人、证券分析师、理财顾问、个人投资者等；娱乐节目主持人、体育节目评论、脱口秀、音乐、舞蹈表演者、健身教练、体育工作者等	适合领域：消费类商业、服务业领域；广告业、娱乐业领域；旅游业、社区服务等其他领域 适合职业：销售人员、娱乐、餐饮业客户经理、房地产销售人员、汽车销售人员、市场营销人员（消费类产品）；广告企业中的设计师、创意人员、客户经理、时装设计和表演人员、摄影师、节目主持人、脱口秀演员；旅游企业中的销售、服务人员、导游、社区工作人员、志愿工作者、公共关系专家、健身和运动教练、医护人员等	适合领域：广告创意、广告撰稿人；市场营销和宣传策划、市场调研人员、艺术指导、公关专家、公司对外发言人等 适合职业：儿童教育老师、大学老师（人文类）、心理学工作者、心理辅导和咨询人员、职业规划顾问、社会工作者、人力资源专家、培训师、演讲家等；记者（访谈类）、节目策划和主持人、专栏作家、剧作家、艺术指导、设计师、卡通制作者、电影、电视制片人等	适合领域：投资顾问、项目策划、投资银行、自我创业；市场营销、创造性领域；公共关系、政治 适合职业：投资顾问（房地产、金融、贸易、商业等）、各类项目的策划人和发起者、投资银行家、风险投资人、企业业主（新兴产业）等；市场营销人员、各类产品销售经理、广告创意、艺术总监、访谈类节目主持人、制片人等；公共关系专家、公司对外发言人、社团负责人、政治家等

续表

ESTJ	ESFJ	ENFJ	ENTJ
适合领域：无明显领域特征 适合职业：大中型外资企业员工、业务经理、中层经理（多分布在财务、营运、物流采购、销售管理、项目管理、工厂管理、人事行政部门）、职业经理人、各类中小型企业主管和业主等	适合领域：无明显领域特征 适合职业：办公室行政或管理人员、秘书、总经理助理、项目经理、客户服务部人员、物流管理人员；医生、护士、健康护理指导师、营养学专家、学校管理者；银行、酒店、大型企业客户服务代表、客户经理、公共关系部主任、商场经理、餐饮业业主和管理人员等	适合领域：培训、咨询、教育；新闻传播、公共关系、文化艺术 适合职业：人力资源培训主任、销售、沟通、团队培训员、职业指导顾问、心理咨询工作者、大学教师（人文学科类）、教育学、心理学研究人员；记者、撰稿人、节目主持人（新闻、采访类）、公共关系专家、社会活动家、文艺工作者、平面设计师、画家、音乐家等	适合领域：工商业、政界金融和投资领域；管理咨询、培训；专业性领域 适合职业：各类企业的高级主管、总经理、企业主、社会团体负责人、政治家；投资银行家、风险投资家、股票经纪人、公司财务经理、财务顾问、经济学家；企业管理顾问、企业战略顾问、项目顾问、专项培训师；律师、法官、知识产权专家、大学教师、科技专家等

SJ 型的人有很强的责任心和事业心，能按时完成任务，关注细节，强调安全、规则和服从，尊重权威和等级制度，持保守的价值观，喜欢服务于社会需要，充当着保护者、管理员、稳压器、监护人的角色。大约有 50% SJ 偏好的人为政府部门及军事部门工作，并且显现出卓越成就。企业中层管理者中大多是这种特点的人。

SP 型的人有冒险精神，反应灵敏，在任何要求技巧性强的领域中游刃有余，常常被认为是喜欢活在危险边缘寻找刺激的人。喜欢处理大量的事情和紧急事件，为行动、冲动和享受现在而活着。约有 60% SP 偏好的人喜欢艺术、娱乐、体育和文学。

NT 型的人天生有好奇心，喜欢梦想，独创性强，且有极强的分析问题、解决问题的能力。关注自己的观点和成就，喜欢被他们所尊重的人看重，是独立的、理性的、有能力的人。大多数人喜欢研究、管理、法律、电脑、金融、工程等理论性和技术性强的工作。

NF 型的人热心而有洞察力，喜欢帮助别人成长和进步，在精神上有极强的哲理性，善于言辩，充满活力，有感染力，能影响他人的价值观并鼓舞其激情。约有一半的人在教育界、文学界、宗教界、咨询界以及美术和音乐等行业显示着他们的非凡成就。

【行动方案】

　　行动导读：

　　认识到每个人都有与众不同的特质，是我们接纳别人，理解冲突的前提。每个职业岗位都有不同性格的人从事同样的工作，可以说，没有哪种性格与某个职业能够实现最佳匹配，但是理解和接纳自己的性格，可以使得我们成为更有效的工作者，并且在岗位上更好地发挥自己的优势作用。因此，每个人都应该时常与自己对话，通过认识和理解自己的性格特征，进而，反思自己的行为方法，并思考与人交往或从事某项工作时，我的优势是什么？我又应该注意什么？

第六章 评估核心能力，塑造个人优势

【学习目标】

1. 了解能力三核的概念及分类，懂得基于"长板原理"的优势能力矩阵；

2. 通过梳理能力卡牌、讲述成就故事等方法，从各种经验中辨识个人优势能力，明晰自身的核心竞争力，制定优势提升计划；

3. 学会在日常的学习与工作中用切实行动精进优势能力，形成个人"标签"，进而实现个人价值。

【生涯故事】

故事1：能力平平，怎么办？

小平的困惑是她不知道自己究竟擅长什么，能做好什么。对于找工作，她没什么信心，因为她压根儿就不清楚该怎么找，也不觉得自己有什么优势或长处会被用人单位看上。再说，如果有幸能找到一份工作，她也不知道自己是否能胜任。

故事2：因为综合素质差而自卑，怎么办？

杨超在重点大学上学，学习自然不成问题，可这个从小以来老师同学眼中的"优秀生"，却有着自己的苦恼。他痛感自己的综合素质能力差，参加什么活动都表现平平，可自己在短时间内又难以改变。和同学比起来，他觉得很自卑，对于自己的前途并不看好。

故事3：专业知识面狭窄，还需要补充什么技能？

杨慧是英语专业的学生，她感到现在会英语的人太多了，自己仅仅掌握这一个工具也许不会有太大的竞争力。还有，将来从事的工作，如果只与语言相关，那大概只有如翻译、教师等职业可供选择，择业面很窄。如果将来从事的工作与语言关系不是很大，那就需要一些其他的技能，可是，她不知道需要一些什么样的技能才能帮助自己找到一份比较好的工作。

你有什么样的能力？这是每一个人在求职时都要面对的问题，不管这个问题是不是直截了当地表达出来。能力是用人单位最关心的问题，也是我们最需要证明的。怎样发现、培养和表现自己的能力，从而在劳动力市场中拥有竞争力，是非常关键的。

习总书记经常勉励青年人要多学知识、增进本领，他告诉年轻人要"自找苦吃""要给书本上的知识'挤挤水'"，才能得到知识"干货"，"事情是一件件做起来的，本事是一点儿一点儿长起来的"，青年人"立志要高、起步要低"，这一句句经典名言，也是对青年人能力增长的经典策略建议。

美国心理学家罗奎斯特与戴维斯在对个体的工作适应问题进行了多年研究以后，提出了明尼苏达工作适应论，该理论也与习总书记的思想不谋而合：当工作环境能够满足个人的需求时，个人会感到"内在满意"；而当个人能够满足工作的要求时，个人能够达到"外在满意"（即令自己的雇主、同事感到满意）。当个人能够同时达到内在和外在满意时，个人与环境之间的关系就比较协调，个人的工作满意度会比较高，在该工作领域也能持久发展。

这就是我们为什么会拿出一节来详细解析"能力"的原因所在。案例中所提到的三位同学的困惑，或多或少由对自己的能力没有清晰的认识，找不到自己能力的独特性所致。那么，详尽了解自己的能力，并对自己未来能力的拓展方向提出一个明晰的计划，对于我们这些初入大学的同学来说，就显得尤为重要。

第一节　你拥有哪些职业能力

一、能力的含义

能力，就是指顺利完成某一活动所必需的主观条件。能力是直接影响活动效率，并使活动顺利完成的个性心理特征。能力总是和人完成一定的活动联系在一起的。离开了具体活动既不能表现人的能力，也不能发展人的能力。但是，我们不能认为凡是与活动有关的，并在活动中表现出来的所有心理特征都是能力。只有那些完成活动所必需的直接影响活动效率的，并能使活动顺利进行的心理特征，才是能力。

有些能力是与生俱来的，一个人能学会做什么及一个人获得新的知识和技能的潜力如何，人与人之间是有很大的差异的。比如，在中国 14 亿多人中，虽然不是每个人都能像刘翔一样跑得那么快，但一定有一些人同样具备像刘翔那么好的节奏感和身体协调能力，只是他们从来没有机会去发展这方面的天赋。遗传、环境和文化都可以影响到天赋的发展，这些因素往往都是我们所不可改变的。

这里我们要讨论的能力，是指经过后天学习和练习而培养形成的能力，如阅读能力、人际交往能力、表达能力等，包括发展和习得的知识与躯体行为。它是一种外在的表现，是可直接看到或体验到的，它是我们完成工作好与坏、慢与快的一个工具，比如我们所说的会电脑操作、会讲英语、会制作会议流程等。

二、能力的分类

如果说价值观决定我们要选择什么样的路，那么，"能力"便是决定我们在这条路上能走多远的制胜法宝了。它是我们自身一笔宝贵的财富，如果你能充分挖掘自身的能力，并向你未来的雇主清晰描述并展示了你的能力足以胜任你想得到的工作，那么你一定能在职场竞争中立于不败之地。可惜的是，大部分的大学生，或许过分强调专业知识的学习而忽视了其他能力的锻炼，或许以为进入大学就可以放松学习，去各大学生组织给自己镀金，而忽视了锻炼自身能力的本质目的，都使自己与锻炼技能的初衷背道而驰，最终输在了职业竞争的起跑线上。所以，我们有必要了解，你需要具备什么样的能力，你所向往的职业需要你具备什么样的技能，这就是能力的分类。

拆开来看，能力分成以下几部分。

知识：我们知道和理解的东西，广度和深度是评价标准。

技能：我们能操作和完成的技术，熟练程度是评价标准。

才干：我们无意识使用的技能、品质和特质。有强烈的个人特色，无评价标准。

我们把能力的三个核心要素称为"能力三核"。

如果用图示表示，三者的关系应该如图 6-1 所示。

(一)知识

知识能力是指那些需要通过教育或者培训才能获得的特别的知识或能力，也就是个人所学习的科目、所懂得的知识。比如，你是否掌握外语、中国古代历史、电脑编程或者化学元素周期表等知识，所以，知识能力通常用"名词"表示。

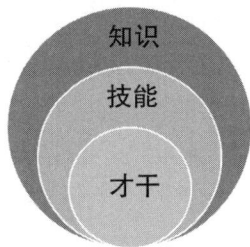

图 6-1 能力三核

知识能力是不可迁移的，也就是说，学习任何一种专业内容，必须经过有意识的、专门的培训才能掌握。它们常常与我们的专业学习或工作内容直接相关。那么，是不是只有通过专业教育才能获得知识能力呢？这是许多人的误区，答案当然是否定的。除了学校课程，课外培训、讲座、研讨会等方式都可以帮助个人获得知识能力，尤其是进入互联网时代，网络课程的飞速发展，让学习世界各地的名家课程变成了一件唾手可得的事情。而且，搜索技术改变了知识存储的方式，人们只要记得关键词，知道在哪里找就好，与其记住很多知识的细节，不如练就自身独立思考的能力。

许多学生有这样的困惑：不喜欢自己的专业，不想将之作为从事一生的职业，可又害怕寻找与自己专业不对口的工作，怕自己不是"科班出身"，与别人竞争的时候缺乏竞争力。其实，这样的困惑，完全可以依靠后天的学习来弥补，除非，你想跨专业只是你学不好专业知识的一个借口。

概括来说，知识的学习与提升需要注意：

无法迁移，需要通过终身学习不停提升；

重要性常常被夸大；

不一定仅仅来自于学校，学历不是获取知识的唯一标志；

获取知识是为了提升技能，不能满足于"知道"的快感。

【拓展训练】

你有哪些知识能力

请试着在小组中尽可能全面地列出你所掌握的知识能力，包括从学校课程、网络资源、课外培训、专业讲座、兴趣书籍等获得的各种知识，再从中分别挑出你自己感觉比较精通的和你在工作中应用或希望应用的知识能力，最后排列出对你来说重要的五项知识能力。

● 我觉得重要的五项知识能力是：

在盘点了自己现有的知识能力以后，把你的思绪转向未来，想想有哪些知识能力你目前还不具备，但希望自己拥有的。可以通过一些什么样的途径来获得这些知识。

● 我尚不具备但希望拥有的知识能力是：

(二)技能

技能通常指的是运用某种知识和经验，通过练习而形成的趋于完善化、自动化的负责能力系统，它通常是"动词"，代表个人能操作与完成某件事，它可以从工作、生活的其他方面迁移，往往与知识绑定，可通过工作业绩衡量。

技能与知识最大的差别是，技能是以熟练不熟练为判断的。它不像知识，可以清晰区分知道或不知道，任何人刚刚接触某种技能，都是笨拙而滑稽的，但随着一种技能被反复训练，就会进一步内化，变成一种才干。每一类技能组合就像金字塔，简单技能是塔基，复杂技能是塔尖。你具备了某个方面的基本工作技能，在其他工作领域里也可以运用。

常用来叙述技能的词汇有：执行计算机运用、校对、编辑、持续记录、多语言、机械使用、评测与检查、资料收集、归类、观察、提取概念、处理数字、分析、评估、归纳总结、创意、临场发挥、快速适应、多任务管理、团队合作、情绪管理、时间管理、审美能力、计划组织、预算、监控推进、授权事务管理、销售、教导指点、人际沟通、谈判协商、客户服务、写作、视觉化表达、表演、演说、艺术特长、咨询与顾问、预见、处理模糊问题、决策、领导力。

(三)才干

才干指的是一个人自发并贯穿生活的思维或行为模式，有的来自于个人天赋，也有的来自于长期习得。它经常被看作一个人的个性、品质、人格特征而非技能。它会被运用在个体生活的所有领域，常常是无意识地使用，它涉及个体在不同环境下如何管理自己：是勇于创新还是循规蹈矩，是认真还是敷衍了事，能否在压力下保持镇定，是否对工作有热情，是否自信等，因此，它对于个体职业的最终成就有很大贡献，但单一的才干无法被识别，需要与知识技能组合才能得以凸显。

一个人是以什么样的态度从事工作的，这甚至比工作内容本身更为重要。

正如习总书记与青年人聊起如何干好基层工作时说得一样：干好基层工作，要有兴趣、有热情、要有韧劲、有耐力，要有一点儿组织能力，要有一股豁出去的干劲。其实干什么工作都是一样的，正是这样一些品质和态度，将个人与许多其他具有相同知识能力的候选人区别开来，最终得到一份工作，并能够适应新的环境和规则，进而在工作中取得成就，获得加薪和晋升的机会。因此，有人称它们为"成功所需要的品质、个人最有价值的资产"。

事实上，人们被解雇或离职更多的时候是因为缺乏才干，而不是因为缺乏知识。在用人单位对刚毕业大学生的意见中，经常听到的就是"缺少敬业精神、没有服务意识、眼高手低、不认真不踏实、没有主动进取精神"等，而这些都是与才干相关的。可以说，在大学生从校园走向社会之前，培养良好的才干，学会如何为人处世，是至关重要的。

【拓展训练】

我欣赏的团队伙伴

从小到大，你属于过多种团队，与各种人合作过，请列出你愿意与之共事的人的特质，并在小组中进行讨论，看看大家欣赏的团队伙伴的特质都有哪些。

请思考：我是这样的人吗？符合大家所描述的理想同事吗？我的才干特质会怎样影响到我的生涯发展？

在大学阶段，多参加一些社团活动和社会实践，有助于大学生在实际工作中更好地认识自己，了解自己的长处和不足。还可以通过与他人的比较、听取他人的反馈来更恰当地评价自己。

【拓展训练】

盘点自己的成就故事

再次盘点那些生活中令你有成就感的具体事件，然后对其进行分析，看看你在其中使用了哪些技能。

这些"成就事件"不一定是工作上的，也可以是课外活动或家庭生活中发生的，比如同学聚会、一次美好而难忘的旅游，等等。它们不必是惊天动地的大事，只要符合 SIGN 四大标准，就可以被视为"成就"：

S：成功（Success）——在做的过程中，你会感到很充实、很高效；

I：直觉（Instince）——在做之前，你对此事已充满了期待；

G：成长（Growth）——在做的过程中，你对求知欲很强，非常专注；

N：需求（Needs）——做完之后，你会感觉很有成就感和真实感。

至少写出三个故事（越多越好）。如果有条件的话，请和两三个同学一起逐一进行分析讨论，在其中你都使用了一些什么样的技能。最后看看在这些故事中是否有重复出现的技能，它们就是你喜爱施展也擅长的技能。将这些技能按优先次序加以排序。

行动方案：

1. 请梳理一下自己现有的三种能力，并按照能力三核的图谱填写完整（见图 6-2）。

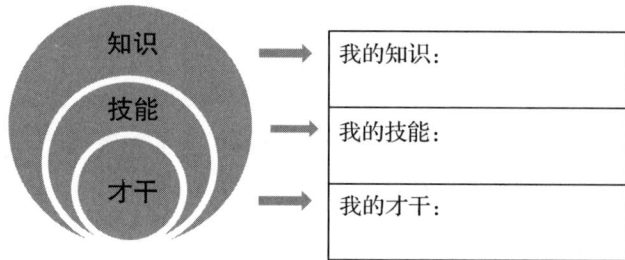

图 6-2　能力三核图谱

2. 试着去搜索五个你所学专业近期的招聘启事，分解一下这些招聘启事里的"能力三核"，和自己现有的"能力三核"做一下比对，哪些是你具有的呢？哪些是你不具备但是你非常想提升的呢？不具备的能力多吗？哪个或者哪两个是你当下最想提升的呢？你想用什么办法提升这个能力呢？你要为提升这种能力付诸哪些行动呢？

第二节　优势管理最佳策略

在职场中，能力是硬通货——如果你决心想要进入某个职业，你必须先掌握那些必要的技能。在对能力的分类讲解中，我们已经明白了，不管是知识、技能还是才干，对我们来说都是至关重要的必备技能，那么，我们应该用什么样的方法来发现自己的"能力三核"呢？我们又该用什么办法来提炼自己的核心竞争力呢？本节，我们就来介绍一下提炼核心竞争力的方法。

一、优势能力评估方法

（一）测评法

技能测评：对一个人技能技巧的实际水平的测验，而不是潜在可能水平的测验，属于成就测验。测验的方式大多数是作业实例测验，比如，SRA 听写技巧测验、DAT 语言使用测验、明尼苏达工程类推测验、业务打字测验等。

能力倾向测评：可以判断一个人的能力优势与在某一职业成功发展的可能性。此类测验分为普通能力倾向测验和特殊能力倾向测验。

（二）能力卡片分类法

【拓展训练】

盘点你的优势能力

以下优势能力卡片是工作中常常用到的 42 种核心能力，请依据自我盘点的内容，把下列能力分类，并放入下方的四个象限里（见图 6-3）：

执行　计算机运用　校对　编辑　持续记录　多语言　机械使用　评测与检查资料收集　归类　观察　提取概念　处理数字　分析　评估　归纳总结　创意临场发挥　快速适应　多任务管理　团队合作　情绪管理　时间管理　审美能力　计划组织　预算　监控推进　授权　事务管理　销售　教导指点　人际沟通　谈判协商　客户服务　写作　视觉化表达　表演　演说　艺术特长　咨询与顾问　预见　处理模糊问题　决策　领导力

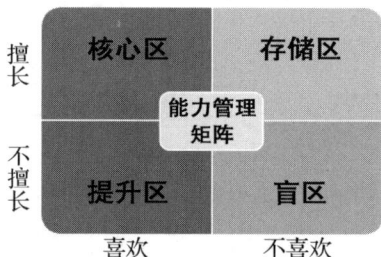

图 6-3　能力矩阵

请把各种卡片所代表的能力填写到下面的能力清单里：

核心区：_____。

存储区：_____。

提升区：_____。

盲区：_____。

这个测试可以帮助你盘点你拥有哪些技能，哪些是你喜欢的、常用的，哪些是你不太喜欢和不常用的，也可帮助你辨别哪些是你想要提高的技能，同时，你也很可能会发现一些长期被自己忽略的能力，并对自己的职业生涯发展有新的视野。对于能力的学习、提升和保持也是一个人能力发展的重要因素，因为只有这样，才能使你对工作保持投入并充满热情，所以，明确哪些能力是你真正希望在职业中使用的是一件非常重要的事。

二、盘点你的优势能力

依据上面的测试结果，你就可以进一步盘点自身的优势能力。

核心区也叫"优势区"，这部分的能力一定是你现在所拥有的优势能力，如果对这方面的能力策略提取一个关键词，那就一定是"打造品牌"（见图 6-4）。这部分的能力一方面需要你不断地聚焦、精进，确保它具有竞争性；另一方面，你需要"刻意使用"，刻意使用是提醒你不要仅仅是自己闷头使用，你要主动宣传、刻意传播，让这个能力成为你的个人品牌。这样，"核心区"的能力就能源源不断地给你带来各种机会与资源。"核心区"的能力对你来说非常重要，它可以被你当作自己的优势能力，因为这部分能力不但能让你情绪高涨，同时也能带给你价值，是你的优势项目，值得你多运用与练习。

存储区也叫"后备区"，这部分的能力是你过去经常运用的能力，常常是你

聚焦优势	利用存储
精进、外化	重新定位、组合使用
管理策略	
培养潜能	躲避盲区
选定、刻意学习	躲避、授权、认真面对

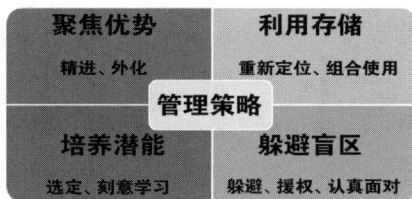

图 6-4　能力提升策略

在过去用得还不错，是在生存阶段被迫锻炼起来的能力。虽然这部分的能力使用不能在情绪上带给你很大的收益，但它们可以成为你的基础保障，使你不至于一无所有。所以对这一部分的能力请时不时抽点时间回顾练习，以保证自己对它们的感觉，不至于荒废。同时，你也可以对这部分能力进行重新定位，看看是否能进一步发展深入，或者与你所感兴趣的能力一起组合使用，发挥优势带动发展。"存储区"的能力你可能早已精通，但对它们的重复运用已经很难给你带来快乐的体验了，它们甚至会消耗你的热情，让你产生一定程度的"倦怠"，不过这部分能力是你的一个基础保障，至少，它们能为你创造出价值。最后，这方面的能力要尽量低调，不要让太多人知道，避免招来众多此类任务。

提升区也叫"潜力区"，这部分往往会是你未来希望很优秀的能力，这部分的能力可贵之处在于你很有兴趣，但遗憾的是你还没有经过刻苦地训练，因此还没有成为可以给你带来成就故事的技能，因此，对于这些能力最关键的措施就是要加大投入、刻意练习。在练习的过程中，一定不要同时开始学习过多的能力，人的精力都是有限的，越聚焦效果越好，而且越少越容易形成你的品牌。我们建议你每一段时间内同时开始学习的能力是 1～3 个，且不要超过3 个。

盲区，这部分的能力你需要认真面对，正视自己在这方面的不足。如果有选择权，你可以选择回避与它有关的工作岗位，回避的具体方式有授权与合作。你的"盲区"有可能就是别人的优势能力，与这样的人合作彼此都能受益，同时，如果你能把这些能力相关的任务授权给自己的手下，那也是一个不错的选择。如果领导交付你这种任务，你可能需要看情况，尝试与你的领导沟通，相比于此，可能承担别的任务量更大但你更擅长的会是一个更好的选择。

【拓展训练】

1. 根据你的情况，如果需要你在接下来的三个月内从核心区的能力中选出两个，有意识地为它们做一点"外化"和"精进"，你会选择哪两个？你打算怎样做呢？

2. 根据你的情况，如果需要在存储区中挑选出两个能力将它们进行重新组合与应用，它们会因此转变成你的核心区能力，你会选择哪两个？你打算怎么做呢？

3. 如果需要在提升区中选出两个能力，在接下来的一年中刻意练习、让它们变成你的新标签，你会选择哪两个？你打算为此做出哪些努力呢？

4. 在日后的工作中，请你认真审视你盲区中所有的能力，提醒自己要多注意授权给别人，或者提升与别人合作的能力。同时，请把这些能力记录下来，如果盲区的能力过多，请问问自己，是不是因为平时的行动体验过少，从而想当然地认为自己对很多事情既不喜欢，又不擅长，如果是这样的话，请向自己敞开心扉，迎接未知的世界，毕竟，大学时期是能力提升的最佳时期。

第三模块

高效行动自然管理

第七章　精炼生涯决策，适应变化挑战

【学习目标】

1. 认识自己的决策风格类型；

2. 掌握两种理性决策的方法与技术：CASVE 循环和平衡单法。为自己未来的职业发展进行初步的职业决策，确定大体的职业发展方向；

3. 正确认识决策中的偶然因素，并学会运用偶然因素为生涯发展创造机会；

4. 了解工作适应论和 CD 模型，并运用这两个理论帮助自己适应工作环境；

5. 了解决策过程中的风险和非理性观念等阻碍，并学会用科学的方法应对阻碍。

【生涯故事】

故事 1：杨慧是某高校生物学专业的大一师范生，她在上中学时生物成绩很好，父母觉得女孩子毕业后从事教师职业是个非常好的选择，因此在高考填报志愿时她选择了生物学师范专业。然而，到了大学之后，杨慧发现自己不太适合当老师，她更喜欢进入企业工作。她从网上了解到，经济学是现在的热门专业，行业前景好，就业机会多，毕业后还有机会进入大公司。一次偶然的机会，她从老师那里得知，每位同学在大一结束时都有一次转专业的机会。杨慧想，要不要利用这次机会转到经济学专业？但是，自己对经济学毫无了解，不知道自己会不会喜欢这个专业，毕竟大一没有学习经济学，也不知道自己转到经济学专业后能不能跟上老师的讲课进度。而且，她觉得自己现在生物学学得还不错，是继续学习生物学，还是转专业学经济学？杨慧陷入了深思……

故事 2：经过深思熟虑，杨慧转到了经济学专业学习。时光飞逝，杨慧升入了大三，她忽然觉得周围的气氛紧张起来。一部分同学已经报名考研班，开始为考研做准备，还有一部分同学忙着参加实习或实践，为一年后的就业做准备。身边的同学们纷纷明确了发展方向，杨慧却迟迟无法决定到底是考研还是就业，她心里很着急。如果选择考研，杨慧想到自己的成绩在班里也就是中等水平，她担心自己有可能考不上研究生。如果选择就业，杨慧听学长学姐们说，现在很多用人单位在招聘时都明确要求研究生学历，她担心自己找工作时会因为学历低而被心仪的单位拒之门外。另外，她对自己的能力也没有信心，不知道自己是否已经具备了就业的能力。老师经常对他们说，考研还是直接就业，这是人生中一次重要的选择，应该慎重考虑。想到这些，杨慧愁容满面，她不知道该如何做出选择。

上述生涯故事中学生遇到的问题都涉及职业生涯决策。决策是一件不容易的事情。小到选一双什么样的鞋，大到选择职业或伴侣，都不乏为之惘然失措的人。有些人虽然对自己的兴趣取向有了一些了解，但因受周边权威人物的影响，不能自己做出选择。有些人缺乏为自己做决策的信心，他们担心自己会犯错误、会后悔，在面对选择时左右为难。也有的人干脆拖延了事，他们没有意识到，当他们这样做的时候，实际上已经做出了一个决定：那就是不做决定。如何做出有利于自身长远发展的职业生涯决策，已经成为一个摆在我们面前必须面对和解决的问题。

第一节　面对选择，应该怎么选

一、决策风格类型

决策风格是人们在做决策时表现出来的比较稳定的决策态度、习惯、方式等综合特征。决策风格对做事的效果和效率影响很大。丁克里奇（Dinklage，1966）将决策风格分为以下八种类型。

（一）痛苦挣扎型

有些人会花很多的时间和精力来收集信息，确认有哪些选择，并向专家询问，反复比较，却迟迟难以做出决定。他们常爱说的一句话是"我就是拿不定主意"，出现这种情况的时候，收集再多的信息进行分析比较也无济于事。需要先弄清的是他们被一些什么样的情绪和非理性信念困住了，比如害怕自己做出错误的决定、追求完美等。

（二）冲动型

与"痛苦挣扎型"相反，有的人遇到第一个选择就紧紧抓住不放，不再考虑其他的选择或进一步收集信息。他们的想法是："先决定，以后再考虑。"比如，先找一份工作做了再说。冲动的决策方式可能是出于对困难的回避，不愿意花时间精力去探索。这种方式的危险在于风险太大，等看到有更好的选择时自然追悔莫及。

（三）直觉型

有些人将自己的直觉和感觉作为决定的基础。他们通常说不出什么理由，一味表示："就是觉得这个好。"直觉在人们对环境情况无法获得充分信息的时候会比较有效，但它有可能不符合事实，有时候，我们的判断可能会因自身先入为主的偏见而产生较大的误差。

（四）拖延型

这些人习惯将对问题的思考和行动都往后推迟，"过两天再考虑"是他们的口头禅。大学生常见的"我还没有准备好找工作，所以打算先考研"，就是这种方式的体现。拖延型的人心中经常抱有这样的希望：也许问题过几天就自动解决了。然而，问题并不会自动解决，有时候甚至会越拖越严重。如果你现在不知道该怎么找工作，那么读完研究生也未必就能知道。

（五）宿命型

有些人不能自己承担责任，而将命运寄托于外部形势的变化。他们会说"该怎么样就怎么样吧"或"我这个人永远也不会走运"之类的话。当一个人将自己生活的主导权交给外界环境的时候，可以预见，这个人是很容易觉得无力和无助的。这样的人容易成为环境的"受害者"，怨天尤人，却没有想到自己的处境正是由于放弃了个人对生命的"主权"而造成的。

（六）顺从型

这样的人倾向于顺从别人的计划而不是独立地做出自己的决定。他们常说："只要他们都觉得好，我就觉得好。"比如，很多大学生一窝蜂地争取出国、进外企、考研、参加各种培训班，只因为"大家都这样做"。从众的人固然在追随群体的过程中获得了一种虚假的安全感，但却忽略了自身的独特性，造成他们的选择在很大程度上并不适合自己。他们在不必费心思考的同时，也牺牲了对生命可能有的满足感。

(七) 瘫痪型

有时候，个体可能在理性上接受了应当自己做决定的观念，却无法开始决策过程。他们知道自己应该开始了，可是在内心深处总笼罩着"一想到这事就害怕"的阴影。事实上，他们无法真正为决策和决策的后果承担责任，而这种害怕承担责任的心理可能又源于家庭在其成长过程中长期不当的养育方法。

(八) 计划型

个体能够认真分析自己和外部职业社会，能综合考虑各方面因素，果断自信地决定自己的职业定位与职业方向，敢于自我承诺、自我挑战，有计划、有策略、有控制地发展自己的职业生涯，并能合理动态地管理自己的职业发展。

根据对"自己"和"环境"认知的多少，可以将上述决策风格划分为四类，即决策的四分法（见表 7-1）。

表 7-1　决策的四分法

		自己	
		未知	已知
环境	未知	困惑和麻木性决策 痛苦挣扎型、拖延型、瘫痪型	直觉型决策 冲动型、直觉型
	已知	依赖型决策 顺从型、宿命型	信息型决策 计划型

在日常生活中，根据情境的不同，人们会用到不同的决策模式。比如，当买衣服的时候，我们常常会用到冲动型的决策方式，其后果不会给我们的生活造成太大的影响。当交朋友的时候，我们常常会用到直觉型的决策方式。但是这些决策模式（计划型除外）用在一些重大决定中就不合适了。从表 7-1 可以看出，这些决策模式都存在着对自己或环境的未知因素，在有很多未知因素的情况下做决策，很容易由于风险过大而导致结果不能令人满意。

【案例及评析】

杨慧的决策风格分析

杨慧是某高校经济学专业三年级学生。她回忆了自己从小到大所做的三个重大决定。

第一个决定：高一结束后，学校要求所有学生填报志愿，决定是学习文科还是学习理科。杨慧各科成绩都还不错，没有出现偏科现象。她听班主任说，学习文科要大量记忆和理解，而学习理科需要较强的逻辑思维能力，杨慧也不知道自己更适合学习文科还是理科，她一时没了主意，不知道该怎么选择。杨慧的妈妈通过咨询了解到，理科比文科可选专业多、就业机会多，因此主张杨慧选择理科。她还分析了杨慧自初中以来的理科成绩，觉得杨慧有能力学好理科。最后，杨慧听从妈妈的决定，成为一名理科生，因为各科的成绩都不错，所以之后顺利地考上了大学。回想起来，杨慧当时的决策方式主要是听从母亲的意见（顺从型）。杨慧认为，母亲当时帮她做出了正确的决策，自己才能顺利考上大学。

第二个决定：高考成绩出来后，填志愿时需要选择专业，杨慧踌躇不定。她想选择国际经济与贸易专业，因为学习这个专业毕业后有机会留在大城市，成为一名白领。但是，杨慧的父母和老师都劝她选择师范类的专业，因为他们觉得，女孩子不太适合到大城市打拼，白领的职业也不够稳定，杨慧还是应该选择师范专业，毕业后能够在三线城市当一名教师，工作稳定。杨慧当时觉得父母和老师生活经验丰富，应该听从他们的意见，所以选择了师范类的专业。因为自己高中生物成绩一直很好，所以最终选择了生物学师范类专业。在专业选择上，杨慧认为兴趣很重要，但是自己缺乏生活经验，不敢轻易决策，最终还是父母和老师的意见起了主导作用（顺从型）。

第三个决定：杨慧是生物学专业的师范生，然而，到了大学之后，杨慧发现自己不太适合当老师，她更喜欢进入企业工作。她从网上了解到，经济学是现在的热门专业，行业前景好，就业机会多，毕业后还有机会进入大公司，成为她心仪的白领。她从老师那里得知，每位同学在大一结束时都有一次转专业的机会。杨慧想利用这次机会转到经济学专业，但是父母还是希望她继续读原专业，这样毕业后能有一份稳定的教师工作。杨慧虽然不敢确定，学习经济学之后就一定能找到心仪的工作，但是，直觉告诉她，应该趁着年轻做自己想做的事情，她相信转到经济学专业后会有不错的发展。就是凭着这种直觉，杨慧做出了勇敢的决定：转经济学专业（直觉型）。

评析：通过对以上几个事件的回顾，杨慧意识到自己最常用的决策风格是顺从父母、老师的意见，有时也凭直觉行事。现在她已经长大了，有能力为自己做主了，她决定开始凭借自己理性的思考做决策。当然，她知道要想做出正确的决策，不仅要对自己和环境有充分的了解，还要掌握决策的技能。幸运的是，杨慧通过"大学生生涯发展与就业指导"课程的学习，已经对自己和职业环境做了一定的探索，同时也学到了一些决策理论和方法。她感到，在职业发展上，她已经做好了进行计划性决策的准备。

【拓展训练】

反思个人决策风格

请回想迄今为止，你在生活中所做的三个重大决定，并按照以下几个内容予以描述。

决定一：

1. 目标或当时的情境：_____。

2. 你所有的选择：_____。

3. 你做出的选择：_____。

4. 你的决策方式：_____。

5. 对结果的评估：_____。

决定二：

1. 目标或当时的情境：_____。

2. 你所有的选择：_____。

3. 你做出的选择：_____。

4. 你的决策方式：_____。

5. 对结果的评估：_____。

决定三：

1. 目标或当时的情境：_____。

2. 你所有的选择：_____。

3. 你做出的选择：_____。

4. 你的决策方式：_____。

5. 对结果的评估：_____。

想一想：你如何描述自己在上述几项决定中的决策风格？它们有什么共同之处吗？当你做一番回顾的时候，你有没有想过自己通常采用什么样的决策风格？

决策风格测验

表 7-2 中所列的各项陈述句，是一般人在处理日常事务及生涯决策时的态度、习惯及行为方式。请评量每一陈述句与你实际情形的符合程度。

表 7-2 生涯决策风格类型测试表

情境陈述	符合/不符合	类型
1. 我常仓促做草率的判断		★
2. 我做事时不喜欢自己出主意		●
3. 碰到难做决定的事情，我就把它摆在一边		▲
4. 我会多方收集做决定所必需的一些个人及环境资料		■
5. 我常凭一时冲动行事		★
6. 做事时我喜欢有人在旁边，以便随时商量		●
7. 遇到需要做决定时，我就紧张不安		▲
8. 我会将收集到的资料加以比较分析，并列出选择的方案		■
9. 我经常改变我所做的决定		★
10. 当发现别人的看法与我不同时，我便不知该怎么办		●
11. 我做事总是东想西想，下不了决心		▲
12. 我会权衡各项可选择方案的利弊得失，判断出此时此地最好的选择		■
13. 做决定之前，我从未做任何准备，也未分析可能的结果		★
14. 我很容易受别人意见的影响		●
15. 我觉得做决定是一件痛苦的事情		▲
16. 我会参考其他人的意见，再斟酌自己的情况来做出最适合自己的决定		■
17. 我常不经过慎重思考就做决定		★
18. 在父母、师长或亲友催促我做决定之前，我并不打算做任何决定		●
19. 为了避免做决定的痛苦，我现在并不想做决定		▲
20. 经过深思熟虑之后，我会明确决定一项最佳方案		■

续表

情境陈述	符合/不符合	类型
21. 我喜欢凭直觉做事		★
22. 我常让父母、师长或亲友来为我做决定		●
23. 我处理事情经常犹豫不决		▲
24. 当已经决定了所选择的方案,我会展开必要的准备行动并全力以赴做好它		■

记分方式:将同一类型的得分(符合得 1 分,不符合得 0 分)计入测试结果表(见表 7-3),哪种类型得分最高,该种类型可能就是你的决策类型。

表 7-3　生涯决策风格类型测试结果

题号组	★	●	▲	■
	1、5、9、13、17、21	2、6、10、14、18、22	3、7、11、15、19、23	4、8、12、16、20、24
得分				
决策类型	直觉型	依赖型	困惑和麻木型	信息型

二、理性决策的方法与技术

在八种决策风格类型中,"计划型"决策风格类型的人能够全面了解自己和环境的情况,有计划、有策略地做出职业生涯决策,因此,"计划型"决策是一种较为理性和科学的决策方式。本节将重点介绍 CASVE 循环和平衡单法两种理性决策的方法技术,通过运用这两种技术,能够更好地进行"计划型"决策。

(一)CASVE 循环

在决策技能领域,盖瑞·彼得森(Gary Peterson)等人提出了职业生涯决策技巧——CASVE 循环,它包含沟通(Communication)、分析(Analysis)、综合(Synthesis)、评估(Valuing)和执行(Execution)五个步骤(见图 7-1)。

1. 沟通

发现问题信号,发现理想情境与现实情况之间的差距,启动一个 CASVE 循环。通过内部和外部信号表现出来,意识到"我需要做出一个选择"且问题不容忽视。比如,大学生毕业后要选择从事什么工作?大学生可以充分回忆过去

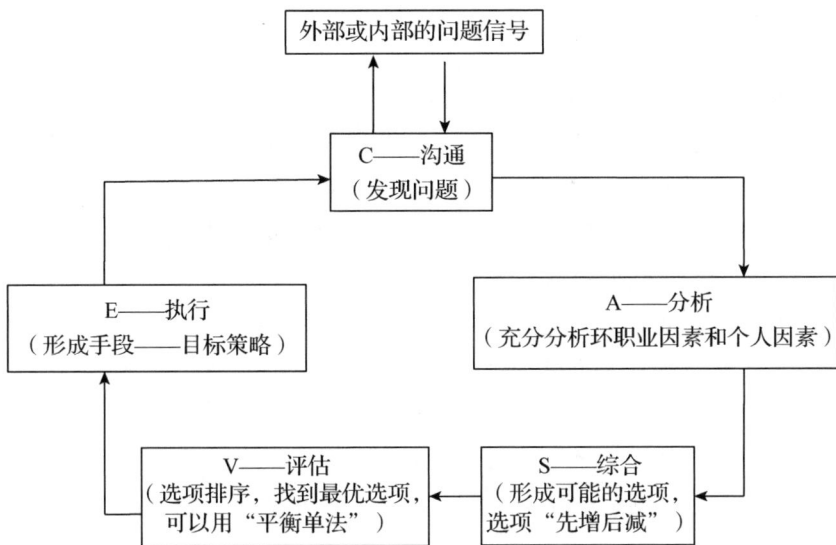

图 7-1 CASVE 循环示意图

自己所做的重要决策，若有机会或条件也可向已经做出重大决策的师兄师姐们，或者与发生过重大生涯转变的人交谈，以了解他们当时的感受。

2. 分析

澄清或获得关于自我、职业、决策以及元认知的知识，包括获得需要的信息的各个步骤，思考、观察、研究，并更加具体地提出问题。如了解自己和自己的各种选择，了解平时做出重要决策的方式。在此阶段，大学生可以到就业指导中心、心理咨询中心测评自己的职业价值观、兴趣和技能，以确定了解自己，确保对各种选择的信息不存在偏见。若条件允许，大学生可以按照心理分析报告的要求，写一篇自我成长报告，通过描述自己的生命历程、生活中的重大事件对自己的影响，来找出各种选择的正式信息和非正式信息之间的差异，寻找出帮助自己把个性与可能的各种选择联系起来的主题。分析是决策过程中最容易出现问题的阶段。许多人倾向于用简单化的方式得出结论，直接跳到行动步骤，而未能真正弄清问题的关键，也未能收集充足的信息。

3. 综合

精心搜索各种可能性以发现尽可能多的解决问题的方法。要综合细化，积极采用"头脑风暴""全面撒网法"，尽可能扩展问题解决的选择清单；要综合具体化，将选择清单缩减到 3～5 项，各选项都要有助于问题的解决。综合阶段是一个"扩大并缩减我的选择清单"的过程。

4. 评估

找出最优选择并做出临时选择，指在研究了什么选择最适合自己、环境及那些与自己的生活关系密切的人之后，选择可能性最大的情况。在此阶段，大学生要积极明确自己重要的价值观，检查自己最重要的价值观与其他价值观是如何匹配或冲突的，回顾以前在什么时间做过哪些重要的决策及自己的价值观是如何参与决策的，当时有哪些重要因素影响了自己的决策，哪些重要的人影响了自己的决策，同时识别与自己每个最偏好选项相关的重要价值观，澄清自己的价值观。具体的方法可以按照"决策平衡单"进行。

5. 执行

设计一项计划来实施某一临时选择，包括培训准备、实践与求职。要积极以第一选择为目标重新构建计划，包括时间表、里程碑、预算、流程、压力与风险等。

最后，要进行 CASVE 循环检验：问题信号是否消失？问题解决过程是否成功？是否需要启动新的 CASVE 循环等。大学生在职业生涯决策时可以根据自身情况，决定 CASVE 循环的次数和频率，直至最后决策成功。

【案例及评析】

杨慧的决策 CASVE 循环

杨慧使用 CASVE 循环对自己现阶段面临的职业生涯决策问题进行了分析。

1. 沟通

上大学以后，杨慧就不断听到媒体和高年级同学说就业形势如何严峻、工作如何难找。开始，杨慧以为只要好好学习就行了，找工作是大四时才需要考虑的事情。后来，一位学姐告诫她：找工作的事要及早考虑、及早准备，周围的不少同学也都纷纷开始打听考研的消息，她才意识到自己需要了解更多这些方面的信息。

2. 分析

杨慧通过职业生涯规划课程的学习认识到，找工作的关键是要找一份自己感兴趣、能胜任的工作。杨慧按照生涯规划课上学到的方法进行分析。她现在是一名大学一年级生物专业师范生，专业基础能够帮助她在毕业后找一份中学教师的工作。她通过性格分析，发现自己喜欢有挑战性的工作，而不喜欢一成不变的工作环境，她想，自己毕业后也可以考虑去一家教育机构。而通过兴趣分析，杨慧发现自己更适合从事金融类的职业，而她自己也确实很向往到大公司做一名白领，目前就业机会很多，她也许有可能跨专业就业到金融领域。在对自己和环境进行综合分析后，杨慧确定自己毕业后可能从事的职业有：中学生物老师、教育培训机构教师、教育培训机构行政人员、银行职员、国家机关会计、事业单位会计、企业财务人员。

3. 综合

在明确了就业方向后，杨慧在目标的指引下变得更加积极。她上网查询与自己目标职业相关的资料，向大四的学长学姐们询问求职的详细信息，向父母和老师请教不同职业的特点，她还向在外企工作的表哥询问企业中的职业发展与待遇。通过对职业世界的全面了解，杨慧发现之前列出的一些职业并不能满足自己的要求，或者并不是太适合自己。于是，她把之前列出的职业前景清单进行了压缩，她确定毕业后希望从事的职业为：中学生物老师、银行职员与企业财务人员。

4. 评估

杨慧借鉴职业生涯规划课上讲到的"平衡单法"，将所有重要价值观列成表作为评判的标准，并按每一项对所有的选择加权积分，最后按总分排序。通过制作平衡单，杨慧发现自己最心仪、最适合自己的职业是企业财务人员。

5. 执行

通过对自我与环境的探索及深入的分析，杨慧终于明确了自己的职业发展方向，找到了自己的职业奋斗目标。她知道，再伟大的目标都需要通过脚踏实地的行动来实现。于是，杨慧认真制订出了实现职业目标的行动计划，她要从现在做起，为了自己的职业理想而不懈努力。

【拓展训练】

分析你的决策 CASVE 循环

请使用 CASVE 循环来分析你在思考、实践与联系活动时所写出的三个重大决策及你现阶段面临的职业生涯决策问题。可以参考以下问题进行：

你是怎么意识到自己的需求的？

你是如何分析这个问题、收集相关信息(包括关于你自己和关于问题解决的信息)的?

你是如何形成解决方案的?以你今天的眼光,你是否能看到自己当时所没有看到的其他可能性?

你是如何在不同的解决方案之间做选择的?你的选择标准是什么?

你是如何落实行动的?过程是否如你所预期的那样?

你怎样评价自己当时的决策过程?你对结果感到满意吗?如果不满意,是哪个步骤出现了问题?

如此分析了三个重大决策的过程之后,你对于自己的决策风格有了什么新的了解?这对你处理现阶段所面临的职业生涯决策问题有什么指导意义?

(二)决策平衡单

平衡单法也是生涯决策中比较常用的一个方法。平衡单法由詹尼斯(Janis)和曼(Mann)设计,它将重大事件的思考方向集中到四个主题上,即自我物质方面的得失、他人物质方面的得失、自我赞许与否、社会赞许与否。在实际应用时,由于"自我赞许与否"和"社会赞许与否"仍显得笼统,因此我国台湾的生涯辅导专家金树人将最后的两项改为"自我精神方面的得失"与"他人精神方面的得失",以"自我—他人""物质—精神"所构成的四个范围内来考虑。平衡单法可以帮助我们具体分析可能的选择,考虑各种方案实施后的利弊得失,最后排出优先顺序,确定选择方案。

在自我物质方面考虑的因素主要包括薪水、福利待遇、工作环境、休闲时间、变化、工作胜任度、升迁机会、对健康的影响等;在他人物质方面考虑的因素主要包括给家庭带来的经济支持、工作对家庭地位的影响、与家人相处的时间等；在个人精神方面考虑的因素主要包括成就感、自我实现、生活方式、工作的挑战、社会地位和声望的影响、个人兴趣爱好、家人是否支持等；在他人精神方面考虑的因素主要涉及父母、师长、配偶、孩子等。这些因素是决策平衡单的重要组成部分，也是对每个可能的选择进行例行分析的重要内容（如表 7-4 所示）。

表 7-4　平衡单法的考虑因素

自我物质方面的考虑因素	薪水、福利待遇、工作环境、休闲时间、变化、工作胜任度、升迁机会、对健康的影响等
他人物质方面的考虑因素	给家庭带来的经济支持、工作对家庭地位的影响、与家人相处的时间
个人精神方面的考虑因素	成就感、自我实现、生活方式、工作的挑战、社会地位和声望的影响、个人兴趣爱好、家人是否支持
他人精神方面的考虑因素	父母、师长、配偶、孩子等的感受

运用平衡单法决策的具体步骤如下：

第一，列出各种可能的职业选择，一般来说 2～4 个。

第二，从四个考察维度列出你做职业生涯决策时考虑的因素。

第三，给每项考虑因素设置权重。权重范围为 1～10 分，1 分表示最不看重，10 分表示最看重。

第四，考虑这些因素在每个选择中的得失程度。从 −1～1 给分，−1 表示全失，1 表示全得。

第五，对于每一个职业的选择，把各个因素的权重和相应的得失分数相乘后再相加，得出该项选择的总分。

第六，按照总分的高低列出职业选择的优先级。

在使用决策平衡单时，要注意其目的不仅在于得出最后的排序结果，填写的过程也很重要。因为列举各项考虑因素、给各项价值观分配权重及给各项选择打分的过程本身，就是在帮助个人理清自己的思路。这样一个仔细思索和反复推敲的过程，可能比单纯得出一个结果更为重要，更能够帮助个人做出适合于自己的决策。

【案例及评析】

杨慧的生涯决策平衡单

在进行职业生涯决策时，杨慧运用 CASVE 循环帮助自己做决策。她通过沟通、分析和综合三步初步确定了毕业后希望从事的职业为：中学生物老师、银行职员与企业财务人员。在第四步（评估）她需要给自己确定这三个职业的排序，以决策出自己最想从事哪个职业。杨慧反复对比这三个职业。由于她目前是生物学专业的师范生，所以毕业后最对口的就业方向是中学生物老师，她很有把握能够凭借自己的努力找到一份满意的中学老师工作，她的父母也支持她从事教师这一职业，但是想到一成不变的工作环境，杨慧又有些犹豫。进入大学后杨慧开始对经济学感兴趣，一位学姐建议她可以考虑去银行工作，这样就可以在她喜欢的经济学领域工作，而且银行的工作环境也比较好，杨慧也觉得去银行工作非常理想。然而，杨慧在网上查了一些资料后发现，每年银行招聘的竞争都非常激烈，以她目前的水平，可能只能进入小城市的银行，这与她想去大城市工作的愿望相违背。如果选择去企业工作，就有机会从事经济学相关工作，还有机会去大城市，但是这样的工作充满了挑战和不稳定性，杨慧的父母并不愿意她在企业工作，连杨慧自己也不知道如果进入企业后能否适应快节奏、不稳定的生活。三个职业各有利弊，思来想去，杨慧也无法给这三个职业排序。她想到了老师讲过的平衡单法，她认真地做了决策平衡单，来给这三个备选职业排序（见表 7-5）。

表 7-5　杨慧的决策平衡单

考虑因素		权重 1~10	选择一 中学生物老师		选择二 银行职员		选择三 企业财务人员	
			得（+）	失（-）	得（+）	失（-）	得（+）	失（-）
个人物质得失	就业前景	7	0.8		0.4		0.7	
	薪水	6	0.3		0.5		0.8	
	工作环境	5		-0.5		-0.4	0.8	
他人物质得失	给家庭带来的经济支持	4	0.3		0.5		0.8	
	与家人相处的时间	6	0.3		0.3			-0.4

续表

考虑因素		权重 1~10	选择一 中学生物老师		选择二 银行职员		选择三 企业财务人员	
			得（＋）	失（－）	得（＋）	失（－）	得（＋）	失（－）
个人精神得失	自我实现	8	0.2		0.4		0.6	
	兴趣	10		−0.1	0.3		0.3	
	生活方式	7		−0.5	0.1		0.5	
他人精神得失	家人是否支持	5	0.8		0.5			−0.5

选择一总分＝7×0.8＋6×0.3−5×0.5＋4×0.3＋6×0.3＋8×0.2−10×0.1−7×0.5＋5×0.8＝9

选择二总分＝7×0.4＋6×0.5−5×0.4＋4×0.5＋6×0.3＋8×0.4＋10×0.3＋7×0.1＋5×0.5＝17

选择三总分＝7×0.7＋6×0.8＋5×0.8＋4×0.8−6×0.4＋8×0.6＋10×0.3＋7×0.5−5×0.5＝23.3

结果一目了然。通过理性分析，把纷繁复杂的信息通过平衡单的方法清楚地呈现在面前。虽然外部很多反对的声音，但是反对的理由并不是杨慧所看重的，如给家庭带来的经济支持、工作环境等。杨慧清楚地看到了自己最看重的是兴趣和自我实现。因此，杨慧跟从了内心的声音而不是他人的想法，做出了自己的选择。

三、决策中的理智与情感

前面所讲的 CASVE 循环和决策平衡单都是理性的决策方式，提倡决策者采用归纳、演绎、推理等逻辑思维方式来进行决策。然而，在实际生活中，我们不难发现，虽然很多人都懂得做这种有逻辑的、有步骤的利弊分析，但是在得出排序结果后仍然难以做出最终的决策。这是因为，单纯的理性决策忽略了情感的作用。情感往往携带着相当大的能量，否认和压抑并不会让它自动消失，反而有可能在暗地里给人造成种种阻碍。如果我们不去聆听和尊重内心深处的暗示或直觉，而是仅仅依靠理性分析做决策的话，就有可能会导致认知和情感的不一致，从而引起内心的冲突。许多人难以做出恰当的决策，原因就在于此。

只有当情感和认知一致时，我们才会感到内在的和谐，才会感觉自己是一个统合的、高度一致的人，才会更容易相信自己的选择，从而更有力量去承担决策的责任。因此，在进行决策时，我们在用理性的决策方法理清思路的同时，也要尊重内心的真实情感。

【拓展训练】

制作决策平衡单

你现在面临决策难题吗？如果有，请尝试用决策平衡单来做出选择吧（见表 7-6）。

表 7-6　制作决策平衡单

考虑因素		权重 1～10	选择一		选择二		选择三	
			得(＋)	失(－)	得(＋)	失(－)	得(＋)	失(－)
个人物质得失								
他人物质得失								
个人精神得失								
他人精神得失								
选择一总分＝ 选择二总分＝ 选择三总分＝								

现在，对着已经做好的平衡单，你对自己的选择更清晰了吗？

1. 这个练习让你最有收获的一点是什么？

2. 回想你之前对这个决策的纠结，你觉得主要卡在了哪里？（是自己的情绪，是对信息的不了解，还是缺少分析方法？）

3. 你现在对于决策有什么新的感悟？

第二节　选择困难症，怎么破

决策为什么这么难呢？这是因为决策总是具有风险性，要求我们为其后果承担责任；同时，影响决策的因素也相当复杂，而且其中有相当多的阻碍。

一、决策的风险与责任

决策可以分为以下三类。

（一）确定无疑的决策

所有的选择及其结果都是清楚明白的决策。比如，一幢教学楼有左右两个楼梯，而上课的教室位于大楼的右侧，从右边的楼梯上楼到教室要近一点，那么去该教室上课的同学可能就会选择走右边的楼梯。

（二）有一定风险的决策

这时候有多种选择，虽然每种选择的后果不完全确定，但是个人在一定程度上知道可能会有什么样的选择和结果。比如，一个大学生决策中午在食堂吃什么，因为他天天都在这个食堂吃饭，大体上知道食堂提供的各种饭菜的味道如何，是否适合自己的喜好。但有一些饭菜他从来没有品尝过，另外食堂师傅的炒菜水平也可能有波动，因此对于各种选择的结果并不能完全确定。

（三）不确定的决策

对于有哪些选择，各种选择相应会产生什么样的结果，几乎完全不清楚。比如，你想投资炒股，但是你对股票玩法都不懂，对于股市行情也不能判断。

生活中的决策大多不会是第一种，而多属于第二种，也就是说，有可能获得一定的信息，做出某种预测。当我们面临第三种决策时，最好先尽可能地去收集一些信息，以便把它变成第二种决策。比如，我们通常会看看饭馆里的人多不多，以此作为对其饭菜质量的一种评判。而职业规划的目的，也正是尽可能地收集信息，并以一种理性的方式来做出决策，将第三种决策转换为第二种决策，以减少风险。

从决策的分类中我们可以看到：在做决策时，通常都不可能拥有全部的信息。也就是说，大多数决策都有预测的成分，都具有不确定性和风险。如果我们对一件事做决策，就意味着我们要为该决策的结果承担责任。可是，我们无法确保决策的结果总是有利的——我们总有犯错误的可能，所以，这种责任必然伴随着一定程度的焦虑和不安。

决策的风险使得很多人采取了听天由命、随大流或让父母等他人做主的方式，以逃避对决策结果所要承担的责任。但这样的人在逃避决策和责任的同时，也逃离了自由，因为世上万事，几乎总是有这样或那样的风险。曾有人写道："笑，有被人视为傻瓜的风险。哭，也有被人视为伤感的风险。"不冒险的人可以逃避挫折和悔恨，但同时他也丧失了学习、感受、变化成长、生活和爱的机会。其实，生活中最危险的事就是不去冒险。被"稳定""安全"锁住，这个人就变成了奴隶。只有敢于冒险的人，才是自由的。无怪乎有人说："不得不在各种不同的行动方案之间选择，是为自由而付出的代价。"

二、决策的影响因素

职业生涯决策的影响因素是多方面的，决策过程对某些人而言很困难，尤其是在一些特殊的情境下。著名的职业辅导理论家克朗伯兹（Krumboltz）将班杜拉（Bandura）的社会学习论应用到生涯辅导中，指出了影响职业生涯决策的四类因素。

（一）遗传因素和特殊能力

人们先天所获得的各种因素，包括各种生理特征，如身高、外形、肤色、身体残疾等，都会拓展或限制你的职业偏好和能力。另外，有些人天生就在艺术、书法、体育等方面有天赋，因而更加具有潜力在该领域获得更好的发展并取得优异成绩。

（二）环境条件和重要事件

影响个体职业生涯选择的因素中，有许多来自外部环境而非个人所能控制。这些环境和事件可能来源于人类活动(如社会、文化、政治以及经济活动)，也可能由自然力量引起(如自然资源的分布或自然灾害)。

(三)个人学习经验

这里所说的"学习"是广义的学习，即每个人在日常生活中不断积累的经验和认识。例如，一个孩子在与小伙伴玩耍的过程中，如果自己愿意与伙伴们分享玩具，别人就会更乐意跟自己玩儿。那么，这个孩子可能由此学到了"分享"。每个人在其成长过程中都积累了无数的学习经验，个体的学习经验是独特的，而这对于个体的职业生涯选择又具有重要的影响。一个人是自信还是自卑、敢于冒险还是畏惧变化，他怎样看待他人，他对于教师、医生、警察等各种职业有些什么样的印象，他更看重工作带来的成就感还是与家人相处的时间……这一切，无不与个人的学习经验有关。

(四)任务取向的技能

受到上述种种因素的作用，个人在面临一项任务时，会表现出特定的工作习惯、解决问题的能力、心理状态、情绪反应和认知的历程，这称为"任务取向的技能"。比如，面对找工作这件事情，同一个班里所有的同学都没有经验，都会犯怵。但其中有的人可能会积极地面对困难，会想到利用学校就业指导中心所提供的各种信息和资源，向自己的亲友、老师和高年级同学请教，之后会开始探索和思考自己的兴趣、能力，并着手联系实习的机会。这样，当他们到了大四的时候，已经对自己和劳动力市场都有了相当的认识，也积累了不少的信息和资源，可以说是胸有成竹了。而另外一些人则一味地拖延，不去面对困难，直到大三或大四时才开始着急，最后草草找了一个职位了事。在这个过程中，不同的人所表现出来的心态、习惯和能力，其实反映了他们不同的任务取向的技能。

克朗伯兹认为，以上四种影响职业决策的因素交互作用，形成了个人对自我和世界的推理或信念。这些推理或信念不一定完全正确，要视个人的学习经验是否丰富而定。但是，人们往往会以偏概全，在一两次深刻经历的基础上得到一些刻板的印象和先入为主的偏见，这就是所谓的"非理性观念"。例如，由于某次住院时遭到医生的粗暴对待，就认为"现在的医生都唯利是图"，从而在职业选择上排除了医生；又如，因为家庭经济上的困窘，就牢牢记住了"没钱就会让人瞧不起"，从而在职业选择上将收入作为考虑的首要标准。

三、决策中的非理性观念

(一)自我方面

1. 有关个人价值

● 我必须得到他人的认可。

● 作为一个人的价值，与我所从事的职业有密切关系。

● 我不知道自己该干什么，我真没用。

2. 有关工作能力的信心

● 我无法从事任何与我本身能力、专长不合的工作。

● 只要我愿意去做，我就能做任何事。

● 虽然我很喜欢/很希望当一个……但如果我真去做的话，我很有可能会一事无成。

(二)职业方面

1. 有关工作的性质

● 就像谈恋爱一样，我想只有某一种职业才是真正适合我的，我一定要设法把它找出来。

● 这个行业不适合男生/女生。

2. 有关工作的条件

● 我所做的工作应该满足我所有的要求。

● 专业工作所要求的条件是非常苛刻的。

(三)决策方面

1. 方法

● 我会凭直觉找到最适合我的职业。

● 总有某位专家或比我懂得更多的人，可以为我找到最好的职业。

● 也许有某项测试可以明确指出我最适合从事什么工作。

● 在我采取行动之前，我必须有绝对的把握。

2. 结果

● 一旦我做出了职业选择，就很难再改了。

● 如果我改变了决定，那我就失败了。

● 在我的生涯发展中，我只能做一次决定。

（四）满意的生涯所需条件方面

1. 他人的期待

● 我所选择的职业也应该让我的家人、亲友感到满意。

2. 自我的标准

● 除非我能找到最佳的职业，否则我不会感到满意。

● 只有做到我想做的，我才会感到快乐。

● 在选择要从事的工作领域中，我必须成为专家或领导者，才算是成功。

这些"非理性观念"的不合理之处，在于其绝对化。"应该""必须"这样的表述方式都体现了思想观念上的束缚，将个人的选择限制在狭小的范围内，缺乏弹性，最终阻碍了个人长久健康的发展。在真实情境中，人们也许不会做如此绝对化的表述，或者即使持有这种观念，可能在理性上也同意它们是不合理的，只是在潜意识中却仍然相信这些想法并且据此做出判断和行动。例如，有的人会希望所有人都喜欢自己，所以如果别人做什么事或搞什么活动没有叫上自己，他就会觉得很郁闷。在他的内心深处，可能存在"只有当所有人都喜欢我，我才是有价值的"这样的观念。

对于非理性观念，如果你能对其做出适当的调整，改为"我希望如此（而非'应该'或'必须'如此），但如果不能实现，我也能接受"，则你的认识就可以更加契合实际，更有利于你的发展。表 7-7 是对一些常见的非理性生涯观念的辨析。

表 7-7　非理性生涯观念的辨析

● 大家都说第一份职业非常重要，会对人的一生产生深远的影响。第一份工作我一定要找好。

　　辨析：任何一份职业都会对人产生影响，但正如我们从小到大所经历过的无数次成功和失败那样，第一份职业的失败不过是另一次失败而已。我们当然希望第一份工作是一份好工作，但即便它是一次失败的经历，我们也可以从中学到很多关于自己（兴趣爱好、能力特长、处理问题和人际关系的能力、决策方式，等等）和职场的知识。只要我们愿意学习，任何一种经历都可以是有意义的，都可以成为我们的财富。如果因为第一份工作没找好就觉得贻误终身，那多半不是因为这份工作的原因，而是你的心态需要调整。

● 可是，如果我做出某种决定，那我就永远甩不掉它了。我就会走弯路，浪费时间和精力，甚至再也无法回头。万一这个决定是错误的怎么办呢？

辨析：事实上，在生活中即使做出了错误的选择，也没有多少决定是不可更改的。在职业选择上，你总是有机会开始另一轮的职业决策，选择新的职业和生活。错误的选择可能会使你付出更多的时间，但也许那正是你迈向自己的终极目标前所需要经历的锤炼。的确，两点之间直线是最短的，但在人生中，我们很少能走直线。有时候，我们走了一些弯路，却因此学习了重要的人生功课，积累了经验和资源，而这些启示为我们走好下一步做好了准备。

● 我一定要找到这样的职业，它能帮我得到对我来说非常重要的人的喜爱和赞许，比如父母以我为荣、老师夸奖我。

辨析：我们每个人都希望得到他人的认可，这是正常的人性的需要。但如果我们一定要通过自己的职业来实现这一点，很可能出现的情况就是：我在做着我并不喜欢的工作，仅仅是为了他人能够认可我。当一个人只是为了他人而生活的时候，他会感到非常痛苦。一旦他没有得到自己想要获得的赞许，他的心理就会失衡，他所做的一切就失去意义。重要的是，我们能够先认同和欣赏自己，这样我们就不必依赖他人的赞许而活着。我们仍然希望父母和师长也能认可自己，但是当他们与我们有不同观点的时候，我们不必过于沮丧。

● 你说的这些方法都挺好，但不适用于我，我跟别的人不一样，我各方面的条件比他们差，我做不到你说的那些。

辨析：问题在哪里呢？是什么东西使你做不到你说的这些事呢？真的是由于你说的那些不及别人的"条件"吗？还是那些"条件"已经变成了你的一种借口，用来逃避任何的行动？变化的全部目的就是去做"不是你"的那些事。它虽然必须伴随着一些害怕和不安全的感觉，但你只有真正地尝试过，才知道这些方法是否适合自己，这些事自己是不是能够做到。

在平时生活中，你要有意识地多审视自己的观念，看看它们是否合理，有没有对你的生涯发展造成阻碍。你还可以与他人谈论或阅读这方面的有关书籍。不断反思和更新自己的观念，这是个人成长的重要内容之一。

【案例及评析】

杨慧的职业生涯决策知识运用实例

王芳是杨慧高中时的好朋友，在某地方师范院校读历史学本科专业。她在自己的生涯道路上遇到了一些问题，想寻求杨慧的帮助。她在给杨慧的信中写道：我是师范生，毕业后应该去做教师，但是觉得自己的性格比较内向，不善于人际交往，不适合当教师。想找其他类型的工作，可又觉得自己学的是历史，找别的工作很困难，同时自己也不想考研。真不知道自己该怎么办。

评析：杨慧带着这些问题咨询了学校就业指导中心的老师，结合"大学生职业生涯规划"课程中职业生涯决策知识的学习，认真分析了王芳的情况，并给她写了一封回信。信中说，在决策中，我们时常会觉得好像有一些选择，但又哪个都不适合，无法选择。出现这种情况时，首先需要考虑是不是因为你所看到的选择太狭隘。你有"我是师范生，毕业后应该去做老师""我学的是历史，找别的工作很困难"等想法，就将学历史的师范生可能有的职业前景局限在了"历史教师"与"考研"这两项中。你评价自己是"内向"而且"不善于人际交往"，因此自己得出结论说"不适合当教师"。但事实不一定如此，内向的人不一定就不可以当老师，师范生当然也可以从事非师范类的工作，许多学历史的人其实已经在各种各样的行业中找到了工作并且取得了成功。

在考虑职业发展的时候，你要时常反省类似这样非理性的观念。只有在对自我、对工作世界进行充分探索的基础上，才能比较全面地看到自己可能有的现状，结果也许大大超出自己原先的想象。其次，如果感到自己倾向的选择难以实现，也许是因为你某些方面的能力不到位。比如，感到找工作困难，可能不是由于历史专业限制，而是由于自己从未学习过如何找工作造成的。无论是人际交往还是求职，都是一种技能，它们是可以经由练习而改善的。如果你提高了处理人际关系和进行职业生涯规划的技能，可能的职业选择一定会大大增加。

最后，杨慧还将学校就业指导中心老师推荐给她的几本比较好的职业生涯规划书籍推荐给了王芳。

【拓展训练】

改变你的非理性观念

回顾你以往的决策过程，找出你在决策时产生的非理性观念，并将这些观念——列出来。

逐条分析上面的非理性观念，这些观念错在了哪里？如何纠正？

列出纠正后的理性的观念，并将这些观念应用到以后的决策中。

四、决策中的阻碍

个人出现决策困难的情形，通常分为以下两种。

(一)生涯不确定

这是正常的发展性问题。大学生还处在生涯探索阶段，普遍不了解自己的兴趣、能力、价值观，缺乏关于工作世界的信息，因此难以进行生涯决策。这种情况通常只要通过了解更多的职业生涯规划信息、参加社会实践等途径就可以解决。

(二)生涯犹豫

这是由于个人特质所引起的，这类学生通常需要较长时间的个别生涯辅导，甚至是心理咨询和治疗，如认知调节和心理咨询、放松训练、自信训练、积极的心理暗示等，才能帮助他们提升自我价值感、改善决策力。个人特质包含犹豫特质和决断特质。前者的特征决策是长期性焦虑、低自我概念、无助、外控，后者的特征是缺乏自我及环境信息，决策技巧不够。

第三节　职业生涯的适应与调试

一、职业生涯决策中的偶然因素

偶然因素(偶发事件)是指在生涯发展中，超出个体预期和计划的事件。偶然因素影响着个体的生涯发展，给个体带来或好或坏的影响，因此，应该将偶然因素纳入生涯规划之中。

(一)偶然因素与个体生涯发展

在我们每个人的生涯规划中，偶发事件常常扮演着重要的角色。著名生涯规划师克朗伯兹认为，个体生涯发展历程在很大程度上受到偶发事件的影响，而且偶发事件远远超出人们的预期与规划。

如果让人们真实地回顾和检视个体成长发展历程，回答类似"你现在的工作内容和地点是你在少年时代就已经确定下来的吗？""你敢保证你现在所确定下来的未来 10 年的生涯目标就一定能够实现吗？"等一些问题，我们就会发现，个体的成长和生涯发展并非是你最初锁定的目标，也并非是按你精心设计的路线前行，大量存在着的偶然因素总是在个体成长发展中发挥着极其重要的作用，甚至一个很小的偶然因素会意外地改变个体成长和生涯发展的轨迹。

（二）将偶然因素纳入决策之中

个体生涯发展总是伴随着或大或小，或重要或轻微，或正确或错误的一连串的决策。个体生涯决策似乎总是企图以理性代替盲目，以清晰替代混沌。然而，不能否认的是，真正将不可知、不确定、偶然性等因素排除在外的生涯决策几乎是一件不可能的事情。真正科学的生涯决策，必然要给偶然因素留有一大片开阔的空地供其施展。同时，一些短期看来非理性的决策，却常常给个体带来长远的利益或成倍的回报。"偶因一招错，便为人上人""无心插柳柳成荫"，歪打正着式的生涯决策发展个例，在我们周遭的生活中比比皆是。

生涯规划不是一纸写满梦想的计划，"偶然性"出其不意地出现，会让个体的生涯规划不可避免地出现束手无策的被动局面，从而无情地将"纸上的计划"击得粉碎。科学的生涯规划应该直面执行计划过程中的偶然性，善用和创造行动中除了"东风便周郎"的增进因素外，更应有勇气面对和接纳偶然（如"蝴蝶效应"）所带来的风险和阻抗。

"生涯之学，即应变之学。"运动和变化是绝对的，静止和不变是相对的。生涯规划的可行性应体现在一只手在绘制目标，一只手随时准备使用"橡皮"，让目标浮动，随时根据内外环境调整目标。忽视主客观条件的变化而死板地执行计划，很可能会使人陷入盲目奋斗的人生误区之中。个体生涯发展中偶然出现的情况，是评估、调整时所必须考虑的重要因素。从自身条件的改变，到周遭环境的变化，从生涯目标的重新审视，到生涯路线的重新选择，偶然性总是时隐时现地决定着人、事、物的变迁和发展。偶然性持续地发挥其作用，构成了动态的生涯评估调整，并使生涯发展具有了现实感，使生涯目标有了实现的可能。

传统的生涯规划最为担心的就是生涯的不确定性，认为个体的生涯目标确定得越早、越明确越好。事实上，对于复杂又无法预知的未来而言，不确定状态是可以理解的，对自己的未来简单地做出生涯决策很可能是不明智的，一出过早地设计好了情节和结局的人生是枯燥而乏味的。正如马克·吐温所说的那样：给你找麻烦的不是那些你未知的东西，而是那些你确信无疑但事实上并不是那么回事的东西。

(三)善用生涯发展中的偶然因素

吉雷特提出"积极不确定"是"以积极乐观的态度，面对及接纳做决定时不可避免的不确定——信息的不确定、情绪的不确定、认知判断的不确定以及成功几率的不确定"。

偶然因素论认为，个人职业选择被偶发事件左右的可能性很大，作为个人而言，几乎是无法预测的。我们的日常生活中充满了偶然性，偶然性构成日常生活的本质，偶然性不是轻飘飘的，不是枝节和泡沫，不是可以被边缘化、被扼杀、被遗忘的东西。偶然因素论强调个体所拥有的主观条件和所面临的客观现实是一个动态的、不断变化的过程，一味地忠于一份职业是片面的做法，提倡个体在进行生涯规划的过程中保持开放性，在行动的过程中逐步检验自己的梦想，灵活地审视和处置生涯发展过程中的偶发事件，并勇于在偶发的机遇事件中学习和成长。

生涯发展是一个高度复杂的过程。预料之外的偶发事件对生涯发展的影响远比想象中的大，正视这一现实，提醒人们在追寻生涯目标的过程中，对于可能遇到的一些意外变动保持开放性，建议个体对于那些过于狭窄化的、不现实的、自我设限性质的目标设定保持警觉，鼓励个体形成富有弹性的策略和保障性措施，以此应对偶然因素的影响。

尽管生涯管理和发展以精确性和可预见性为前提，然而，我们也应承认"运气"对人的影响。个体生涯发展中的临时性、突发性和偶然性频频出现，提醒着个体生涯发展永远无法回避偶然因素这个难题。善用偶然性，可能会抓住很多擦肩而过的机遇；扼杀偶然性，也可能会毁坏维系生存的命脉。因此，警惕直线性的、非此即彼的生涯发展思维模式，以长远目光来看待复杂性、变迁性、偶然性和非周期性，是生涯发展的重要内容。不必为突发事件的存在而感到失望，把偶发事件看成新的机会，个体可以运用好奇心、坚持性、灵活性、乐观主义和风险承担等技能，从不可预测的事件中受益。生涯发展过程中的偶然性意外事件包括意外的成功、意外的失败、意外的机遇和意外的风险。善用偶然性通常包含三个方面：在机遇事件发生前，要采取行动准备置身其中；在事件过程中，要保持警觉和灵敏以识别潜在机会；在事件发生之后，要采取行动从而确保自己能够从中获益。

（四）创造偶发事件

人们通常认为成功的生涯规划就是先制订计划，然后按照计划行动。实际上，生涯规划理论提倡人们在行动的过程中最大程度利用计划外的机遇事件，去创造无法预知的偶然并使之转化为生涯发展中的机会，并从中受益。社会学习理论代表人物克鲁姆伯尔茨鼓励人们应该"制造偶发事件，辨认偶发事件，并把偶发事件整合进自己的生涯规划中"，学会采取行动来为自己创造一个更加满意的人生。

人们应该对个体生涯未定向的状态持包容和支持的态度，将生涯发展过程中的"举棋不定"重新界定为头脑开放的状态，认为生涯未定向是合理的，也是不可多得的，并非一定要做出一个生涯决策。要对生涯发展保持一种"塞翁失马，焉知非福"的长远视角和达观心态。

大学生也许在短时间内无法做出职业生涯决策，可以先行动起来，大胆尝试、小心求证，在探索中一步步跟随自己的心声，随时有弹性地做出调整和选择。

（五）幸运绝非偶然

"计划不如变化"，生命充满了许多的可能性，机会可能在我们完全没有想到的时候出现。但是，"机会总是青睐有准备的人"，我们要积极采取行动去抓住机会、创造机会、优化机会，它才能为我们所用。必要的时候，要敢于冒险。一切偶然之中都有必然。看似偶然，其实必然。

总之，我们应正视偶然因素在一个人生涯发展中的作用，承认偶发事件对个体生涯发展的中心影响地位，以开放的态度接受生涯发展过程中的不确定性和弹性，把偶然性视作尝试新行为、发展新兴趣、挑战旧观念及继续终身学习的机会，用行动创造有益于个体生涯发展的偶然因素，给生涯规划过程中一直被忽视的偶然性以一席之地，为生涯发展过程中的复杂性问题的解释和把握提供一种新的视角和观点，从而创造出更贴近实际的、令人满意的生涯。

【案例及评析】

杨慧关于生涯规划中偶然因素的困惑

杨慧通过 CASVE 循环和平衡单两种决策方法确定了自己今后想从事的职业是企业财务人员。为此，她勇敢地抓住转专业的机会，从生物学专业转到了经济学专业。杨慧每天努力学习，她觉得正在按照规划一步步地走向自己的目标。然而，一件事情的发生让她变得忧心忡忡。

这天，杨慧和几名舍友在宿舍聊天。一向消息灵通的丽丽说："你们听说了吗？咱们大四的张兰学姐考研失败了，她的学习成绩那么好，真没有想到竟然没考上研究生。"听到丽丽这个消息，杨慧也很为张兰惋惜。杨慧与张兰早就认识，之前聊天时，张兰十分肯定地跟杨慧说，她一定要努力考取研究生，还说她想在研究生毕业后进入银行工作。杨慧想：考研失败对张兰来说一定是个不小的打击，之前的规划不能实现了，不知道张兰对以后的发展做何打算。杨慧由此想到了自己，自己不是也踌躇满志地对未来进行了规划吗？可是世事难料，万一执行规划的过程中发生一些突发事件，那么自己的目标岂不是很难实现了？想到这里，杨慧感到很沮丧，似乎对自己的未来都丧失了信心。

"如果突发事件阻碍了自己实现理想的计划，该怎么办？"这几天，杨慧一直思考着这个问题，却百思不得其解。于是，她来跟职业生涯规划课程老师请教这个问题。杨慧跟老师说了张兰学姐的经历，她问老师："老师，我按照课上讲到的方法，制订了自己的职业生涯规划。我原本以为坚定地执行规划就能实现自己的职业目标。然而，最近发生的一件事情动摇了我的信心，我发现，意料之外的突发事件有可能打乱原有的规划，我该如何看待这些突发情况呢？"

听完杨慧的烦恼，老师笑着说："你提到的突发事件在职业生涯规划中叫作'偶发事件'。确实，如你所说，偶发事件在生涯规划中不可避免，但是偶发事件并不如你想的那么可怕，我们可以通过不断地调整规划来应对偶发事件。比如，张兰在制订职业规划时，可以为自己设定两条路径。路径一：如果考研成功，就继续深造，毕业后找一份自己喜欢的工作。路径二：如果考研失败，就先就业，攻读在职研究生，拿到文凭后再找机会进入自己喜欢的工作单位。"老师的话让杨慧有所领悟，她说："老师，我明白了。我们在制订职业规划时，不应该因为害怕偶发事件而刻意回避它。相反，我们应该正视偶发事件，并提前为偶发事件的发生留出余地。这样的话，即便偶发事件发生了，我们也不必过于惊慌，因为我们可以通过其他的路径实现自己的目标。"

老师说："你说的很对。我再问你一个问题，难道所有的偶发事件都会阻碍我们的规划吗？你想一想，有没有加速我们发展的偶发事件呢？"杨慧陷入了沉思，老师接着说："我来举一个例子吧。我的一个学生，名叫王林，学习的是土木工程专业。来到大学后，一次偶然的机会，他跟同学一起参加了学院的英语演讲比赛，他本来觉得自己英语成绩一般，没有获奖的可能。然而，没有想到的是，在比赛现场，评委老师称赞他英语发音准确、表达流畅，他在这次比赛中获得了很好的成绩。后来，在英语老师的指导下，王林又参加了很多场英语比赛，他的口语表达水平有了很大进步，他自己也越来越喜欢学习英语。大学四年，王林一直把英语演讲作为自己的兴趣爱好，这个爱好不仅帮他学到了知识，还让他树立了自信。找工作时，一个在国内很有影响力的公司来学校招聘土木工程专业的学生，王林跟其他同学一样参加笔试和面试，最终王林打败了很多优秀的竞争对手，被这家公司聘用。工作之后，王林问当时招聘自己的 HR 为什么在众多优秀的应聘者中选择了他。面试官说，因为当时公司的一个项目需要与外企合作，而王林的英语口语非常突出，所以他从众多土木工程专业毕业生中脱颖而出，获得了这次宝贵的工作机会。王林自己也没有想到，一次偶然的比赛，一个兴趣爱好，竟然影响了自己的职业发展轨迹。"

听到这里，杨慧终于露出了笑容。她对老师说："老师，原来偶发事件不一定会阻碍我们的发展，有时候偶发事件还能加速我们的发展呢。"

"对呀，所以聪明的人总是善用偶发事件，甚至创造有利于自己发展的偶发事件。"老师说道。

杨慧说："老师，我明白了。我们应该把偶发事件纳入职业生涯规划之中，并且积极创造有利于自己发展的偶发事件。您的指导让我不再为偶发事件而担忧，谢谢您！"

【拓展训练】

1. 回想自己的成长经历，写出三个影响你个人发展的偶发事件。

2. 重新审视你对自己的规划，想一想如何将偶发事件纳入自己的规划之中。

3. 如何创造出有利于自己发展的偶发事件？列举三种途径。

二、运用 CD 模型进行职业生涯的适应与调试

(一)什么是 CD 模型

CD 模型是新精英生涯教育机构创始人古典把明尼苏达工作适应理论进行本土化二次研发后的成果。CD 模型探讨的是个人与职位的关系(见图 7-2)。

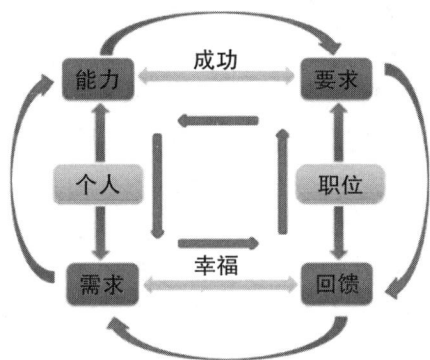

图 7-2　CD 模型

资料来源：王鹏、李春雨：《如何使用 CD 模型处理职场适应问题》，在线实务课程。

在个人方面，能力即个人所具备的工作技能，需求即个人想通过工作获得的东西。应考虑个人能力是否匹配个人需求，从个人需求到个人能力是对个人当下状态的一个评估。

个人能力到职位要求中间的这条线称为成功线，从个人能力到职位要求是对工作是否成功的界定。如果个人能力能够达到职位的要求，可以视为这个人是能够成功完成工作任务的。反之，如果个人能力不能够满足职位的要求，那么这个人就不能成功地胜任工作。

在职位方面，要求即用人单位对这个职位的岗位要求的描述是否清晰，对能力要求的描述是否准确。回馈是指用人单位能够提供给这个职位的发展空间、薪资福利是否与这个职位的要求是相匹配的。应考虑职位的回馈能否换回职位的要求。从职位要求到职位回馈是对于一个职位的评估。

职位回馈和个人需求中间的这条线称为幸福线，从职位回馈到个人需求是对工作幸福指数的界定。如果用人单位所给的回馈能够满足个人的需求，那么员工是幸福的；反之，如果用人单位所给的回馈不能满足个人的需求，那么员

工是不幸福的。

（二）资源外环导向与愿景内环导向

CD 模型分为资源外环导向和愿景内环导向两个循环。

1. 资源外环导向

资源外环导向从能力出发，沿上图中外环的顺时针方向。资源外环导向以个人的能力为出发点，用能力满足职位要求，从而获得职位回馈，满足个人需求。它所强调的是"能做什么就做什么"。具体流程如下：

（1）明确自己的能力。

（2）评估自己的能力是否达到了职位要求的标准。

（3）评估职位回馈能否满足自己的基本需求。

（4）评估自己的需求，进而分析自己的能力是否需要提升。

2. 愿景内环导向

愿景内环导向从需求出发，沿上图中内环的逆时针方向。愿景内环导向以个人的需求为出发点，以个人需求对接职位回馈，通过进一步明确职位要求来提升对应的个人能力。它所强调的是"想做什么就做什么"。具体流程如下：

（1）从个人需求出发，清晰自己的需求，评估自己当下的资源，明确自己到底想要什么。

（2）如果企业能够提供自己想做的这个职位，那么明确这个职位对个人的要求是否足够清晰。

（3）如果职位要求明确，那么要评估自己的能力是否能够满足这样的要求。

（4）评估自己的能力，进而分析自己的需求是否合理。

（三）运用 CD 模型进行职业生涯调试

在职业生涯中，如果感到不成功或者不快乐，就可以运用 CD 模型的原理进行调试，以使自己达到最佳状态。

1. 调试成功线

在职业生涯中，如果感到自己不成功，有两方面的原因。一是因为个人的能力无法达到职业的要求。在这种情况下，个体应该主动提升自己的能力，以获得职业上的成就感。二是因为不了解职业的要求，那么就要加强对职业要求的理解。在这里主要讨论如何提升能力。

（1）能力缺失的四种原因。一是缺态度，是动机问题。能力的提升，最核心的是动机问题。二是缺标准，即不知道做事的标准。三是缺技能，不知该如何按对的标准把事情做到。四是缺熟练,在高压力下,原有的能力不能正常发挥。唯有态度正确,知道什么是对的,就能够练得出来,而且在无意识的层面、在有压力的情况下也能够做到,那么能力问题就可以解决。

(2)能力缺失的四大类型。职场人士主要有以下四种能力的缺失:执行力、学习力、沟通和人际关系能力、解决问题能力。

(3)能力提升的建议。明确职业需求、提升职业能力。①明确职业需求:勤沟通、深观察、看趋势、跟老师。②能力提升:定目标、找差距、做计划、调结构。定目标,就是根据自己当下的能力水平,定一个让自己不焦虑而能达到的目标;找差距,是根据未来要达到100分的水平,找到差距;订计划,根据这两者的差距,找到如何从当前水平达到未来目标的计划;调结构,根据计划,确定是该发挥优势还是补劣势。

2. 调试幸福线

在职业生涯中,如果感到不幸福,往往是因为职业的回馈无法满足自己的需求,那么个体为了获得职业幸福感,可以适当降低自己的需求,或者想办法提高职业的回馈。在这里,我们重点从个人角度讨论个人如何调试自己的需求。调试个人的需求应该厘清非合理信念,做好两方面的调适:

(1)个人要明确,一份职业不可能满足个人的所有需求,这份职业能够满足个人的核心需求就足够了。

(2)没有需求是可怕的。个人有正常的需求是有积极意义的,没有被满足的需求是个人前进的动力。

【案例及评析】

CD 模型在大学生就业指导中的应用

这天,杨慧在校园里遇到了张兰学姐,她知道张兰没有考上研究生,所以最近一直忙于找工作,于是跟张兰询问求职的情况。

张兰说,自己找工作并不顺利,她想在自己的家乡所在地 A 市(三线城市)找一份工作,这样离家比较近,以后照顾父母方便。可是找来找去,发现 A 市的就业机会并不多,好不容易有几个单位招聘,结果是所给的报酬不能让张兰满意。而且,张兰说,目前找到的几家招聘单位的职业发展平台比较小,个人成长也会相对较慢,这一点让她觉得很忧虑。

听了张兰这番话,杨慧也很为张兰着急,她绞尽脑汁地想着该如何安慰张兰。这时，她想到了职业规划课老师在课上讲的 CD 模型。她决定试着用 CD 模型理论帮助张兰化解烦恼。她想，目前张兰的状态是不快乐，也就是张兰 CD 模型中的"幸福线"出了问题，即职位的回馈无法满足张兰的需求。要解决张兰的问题，应该让张兰适当地降低需求或者想办法提高职业回馈。想到这里，杨慧有了主意。

杨慧对张兰说："张兰学姐，你先不要着急，咱们先分析分析你目前的状况。你说你希望找一份离家近、报酬满意、发展平台大的工作，对吗？"

"对呀，找工作是关系到个人发展的大事，谁不想找一份理想的工作呢？"张兰说。

杨慧接着说："我可以理解你的心情，但是你仔细想一想，你对工作提出的要求是不是太多了？你能不能适当降低自己对工作回报的要求呢？"

张兰说："我觉得自己不能够降低对工作的要求，父母培养了我这么多年，他们也希望我能找到一份体面的好工作。"

看到张兰的态度这么坚决，杨慧打算换个角度启发张兰，她说："张兰学姐，你肯定了解过你心仪的这些好工作都有哪些职位要求吧，咱们来看看你是否符合这些要求吧。"

张兰说："是啊，杨慧，我认真查看了这些单位的招聘说明，可是能满足我要求的单位不是要求工作经验，就是要求硕士学位，我都不达标，所以我才着急呢。"

杨慧说："工作经验是针对解决问题的能力提出的要求，硕士学位是针对基础知识能力提出的要求。张兰学姐，我有一个建议，既然咱们现在无法达到这些用人单位的职位要求，你可以再耐心积累几年，然后再来应聘啊。"

听了杨慧的这番分析，张兰有所领悟，她说："杨慧，我知道了，你是在提醒我，我找不到理想的工作是因为目前我的能力还无法满足我的需求。你说得很有道理，我应该适当降低自己对薪资和发展平台的要求，先找到一份目前能胜任的工作。然后在工作岗位上积累经验，努力提升自己的能力，如果有机会的话还可以读在职研究生。等我的能力提升了，我就可以考虑找一份报酬更高、平台更大的工作了。"

杨慧说："对啊，所以不用为找不到心仪的工作而发愁，只要你的能力提升到一定水平，就一定能找到理想的工作。"

张兰说："杨慧，你的一番话让我的心情好多了，对自己的未来发展路径也明晰了很多，谢谢你。"

杨慧笑着说："学姐，我们刚刚在职业生涯规划课上学习了 CD 模型，我刚才就是在用 CD 模型分析你在求职中所遇到的问题。没想到 CD 模型这么实用！我以后找工作时也要用 CD 模型来帮助自己分析问题。学姐，老师说 CD 模型不仅适用于求职的大学生，还适用于职场中的人，你马上就要工作了，以后工作中遇到问题，还可以试着用 CD 模型来分析。"

张兰说："我回去就好好学习 CD 模型，把它应用到以后的工作中。"

【拓展训练】

宇墨毕业后进入一家公司，虽然综合素质较强，但是初入职场的她还是很不适应。公司的同事觉得她做事不够认真，缺乏主动性。宇墨自己当时选择这家公司是因为薪水高，入职后却发现没有了目标，她为此很苦恼。如果你是这家公司的人力资源部经理，请试着用 CD 模型处理此事。

【延伸阅读】

工作适应论

工作适应论是由美国职业复健部门与明尼苏达大学为身心障碍者所量身而定的，由罗奎斯特（Lofquist）与戴维斯（Davis）于 1964 年提出。后来发展成为强调人境符合的心理学理论，强调就业后的适应问题（见图 7-3）。

工作适应论的主要观点如下：

1. 每个人都会努力寻求个人与环境之间的一致性，当工作环境能满足个人的需求（即给予个人 satisfaction），而个人又能轻松达到工作上的要求（即达到 satisfactoriness），一致性就高。

2. 人与环境都是动态发展的，它们之间存在着互动的关系。

3. 如个人能努力维持其与工作环境间符合一致的关系，则个人工作满意度越高，在这个工作领域越能持久。

选择职业或生涯发展固然重要，但就业后的适应问题更值得注意。每个人都会努力寻求个人与环境之间的适配性，当工作环境能满足个人的需求（satisfaction），又能顺利完成工作上的要求（satisfactoriness）时，符合程度就会随之提高。

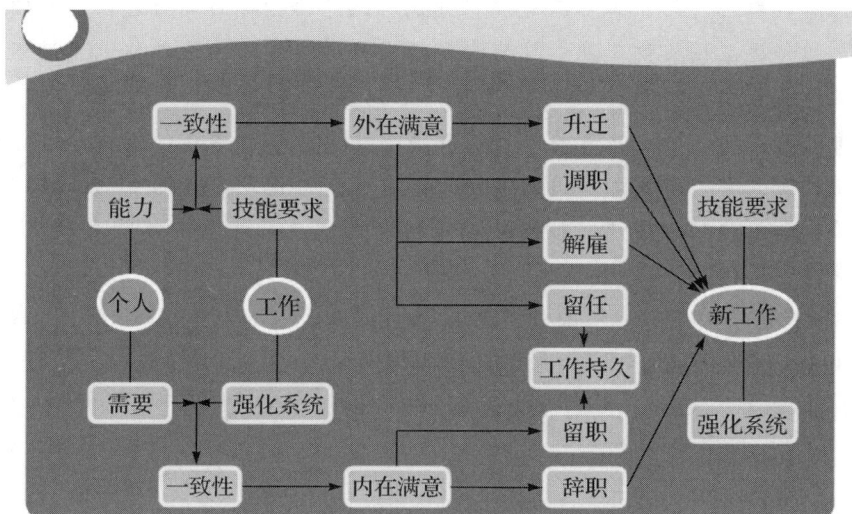

图 7-3　组织满意度

外职业生涯是指从事一种职业时的工作时间、工作地点、工作单位、工作内容、工资待遇、职务与职称等因素的组合及其变化过程。

内职业生涯是指从事一种职业时的知识、观念、经验、能力、心理素质、内心感受等因素的组合及其变化过程。

明尼苏达工作适应论指出，可以通过将"想要的"落地成"需要的"，将"不得不做"调换成"我选择做"，来分别适应内职业生涯和外职业生涯的发展。

个人与工作之间存在互动的关系，符合与否是互动过程的产物。个人的需要会变，工作的要求也会不断调整，如果个人能努力维持其与工作环境间符合一致的关系，则个人工作满意度越高，在这个工作领域越能持久。

工作适应论可分为：

(1)明尼苏达工作适应理论(Minnesota Theory of Work Adjustment)，认为成功的工作适应是基于个人工作人格与工作环境的一致，并以人类行动的基本动机——每个人都会努力达到并维持与环境间协调一致的关系为假设。工作人格包括其能力与需求，而工作环境则包括工作所需的能力与增强物。因此该理论说明工作人格与工作环境的配合程度决定就业适应的情形(Clark & Kostoe，1995)，所以若工作人格无法与工作环境相契合，易呈现就业适应不佳的情形。

(2)工作适应发展模式(A Development Model of Work Adjustment)，由赫汉森(Hershenson)与希曼斯基(Szymanski，1992)提出三项指标，包括工作

表现、工作角色行为、工作满意度，并强调此三项指标为就业适应良好的重要项目。工作适应论提供了身心障碍者职场安置的启发，因为工作适应论不但强调身心障碍者个人对于工作的满意度，也强调个人能力能满足工作要求的情形。由此可见，工作适应理论较具有发展与生态评估的本质，探索身心障碍者的就业适应情形，考虑的项目较多元化，甚至会考虑到之前的生活经验。

社会适应论强调适应，特点就是设定自己想要的方向，盯紧和校正目标，不断提升，最终到达目标。

资料来源：钟谷兰：《职业生涯导论 PPT》，http：// www.doc88.com/P-24254431 8960.html，2008-07-21；李玉红：《大学生职业生涯规划研究——提升就业竞争力》，中南民族大学，2007 年；庄玉玲、刘郁君：《运用生涯团体谘商于身心障碍者之初探》，http：// www.wspsy.com/Psychological/2014523164348177.html，2014-05-23。

【思考与讨论】

1. 结合亲身经历，谈谈如何运用 CASVE 循环进行决策。

2. 结合实例，描述运用平衡单法进行决策的步骤。

3. 偶然因素在生涯规划中起着什么作用？

4. 如何运用 CD 模型帮助自己适应工作环境？

5. 生涯决策过程中的阻碍有哪些？如何应对这些阻碍？

第八章　修炼成长智慧，优化自我管理

【学习目标】

1. 了解生涯管理的基本知识，熟悉生涯管理的主要内容与方法；

2. 学会运用生涯管理的方法与技术，在平时的学习和生活中主动进行目标管理、时间管理、情绪管理和压力管理；

3. 通过生涯管理，积极落实生涯发展行动方案，保证自己各阶段目标的顺利实现和各个环节的有效实施。

【生涯故事】

有一位木匠手艺高超，为公司盖了很多好房子，深受老板赞赏。一天，木匠觉得盖了多年房子，不想再这么辛苦，想退休与家人过轻松生活，因此向老板提出了退休请求。老板自然十分舍不得这样的好木匠离去，可无奈老木匠去意已决，只好同意他退休，但请求木匠退休前再盖一栋能体现个人风格的房子。木匠虽然答应了，但已经心不在焉，不论是选料还是做工，都马马虎虎，敷衍了事。房子盖好后，老板来了，但他不是来验收房子的，而是把房子钥匙交给了木匠。他说："这栋房子是你的了，这是我送给你的礼物，感谢你多年来为公司所做出的贡献。"木匠惊讶不已，同时又感到万分惭愧和后悔。

【案例及评析】

这位老木匠如果知道这房子是盖给自己住的，他一定会选择最优质的材料，尽最大的努力把它盖成精品。但是一切都为时已晚，他最后不得不住在这栋自己草率盖起的房子里。每个人对自己生涯的经营与创造，就如同在自己为自己盖一所宽敞漂亮的房子。尽管你心怀梦想，如同盖房子已经有了设计图，但是不同的材料、工艺、装饰风格等，仍然可以决定房子的质量好坏和档次高低。从这个意义上说，在生涯发展的道路上，仅仅有梦想是不够的，也不止于行动，生涯发展过程中对于自我的管理也是极为重要的，如同不断提升自己的各种技术，让我们选到好的材料、掌握优质工艺、学会最新的装修风格，最终让你的房子美轮美奂、独一无二。

自我管理（self-management）是个体对自己的目标、思想、心理和行为等方面进行管理，自己组织、约束、激励自己，最终实现自我奋斗目标的过程。自我管理是个体本人承担管理主客体双重身份的管理模式，是自我认知、自我规划、自我调节、自我培养、自我监控的过程，通过自我管理，调动个体本人的主动性，充分挖掘个体潜能，实现社会价值。

大学生的自我管理，是自己规划大学学习、大学生活，充分调动自身资源促进自我发展的管理过程。大学生为满足社会对个人素质的要求，需要调动自身的主观能动性进行自我管理，大学生自我管理是尊重学生主体的需要，是人才培养的需要，当今社会对大学生的综合素质提出更高的要求，大学生自我提升、成才发展的动机也更加强烈，大学生自我管理能力在大学生成长发展中呈现出更加突出的重要性。

看到过这样几句话，印象深刻：在这个世界上，除了父母宠你是不可克服的天性之外，没有谁有必要非去宠你。有人帮你，是你的幸运；无人帮你，是公正的命运。没有人该为你去做什么，因为生命是你自己的，没有人能为你的一生负责，你必须学会对自己负责，学会自己管理自己的人生。

第一节　目标管理

【生涯故事】

登顶珠峰的"无腿勇士"夏伯渝

作为中国无腿登顶珠峰第一人，夏伯渝的故事堪称是不可思议的传奇，如今，观众们将在大银幕上，通过纪录片《无尽攀登》，见证夏伯渝如何在2018年成功地登上珠峰的全过程，用43年的时间去完成一个常人无法企及的目标。

1975年，夏伯渝加入了中国登山队，在攀登珠峰时因帮助队友，导致自己冻伤而双小腿被截肢。在经历失去双腿、癌症侵扰、病痛折磨的43年里，夏伯渝五次冲击珠穆朗玛峰，凭借自己的坚持不懈与热爱，最终于2018年5月14日，以69岁的高龄成功登顶。这使他成为无腿登顶珠峰中国第一人，也是继姚明、刘翔、中国奥运代表团和李娜之后获得劳伦斯世界体育奖年度最佳体育时刻奖的中国人。

靠着几十年雷打不动的锻炼，凭借高度的自律和坚定的信念，夏伯渝创造了奇迹，别人感慨他是"特殊材料制成的"，但他却表示，自己只是为了梦想，拼尽全力而已，"努力了，才能无悔。"

资料来源：《登顶珠峰的"无腿勇士"夏伯渝：一定要攀到我攀不动为止》，光明网，https://m.gmw.cn/baijia/2021-12/02/1302703433.html，2021-12-02。

【案例及评析】

夏伯渝之所以能够成为无腿登顶珠峰第一人，正是因为在他心中有一个常人无法企及的目标。目标是行动的导航灯，有了目标，我们就会持续努力和坚持，因为我们知道为什么要努力。

一、生涯目标概述

人生的目标其实就是探讨人的一生要如何度过，个体要成为什么样的人，怎样才能使人生过得更有意义，怎样才能拥有幸福的生活。生涯目标是指引人生成长和发展的导航标。

而在生涯目标中，职业目标贯穿于其中，指的是个体在选定的职业领域的某一节点或某一时期要取得的成绩或者要达到的高度。目标的意义在于：

● 为个体的行为设定明确的方向，使个体充分了解自己每一个行为的目的；

● 有助于个体更合理地安排时间；

● 使个体能清晰地评估每个行为的进展；

● 使个体在期待目标达成的行动过程中产生持续的信心、热情和动力。

生涯目标按时间分解可以分为：人生终极目标、长期目标、中期目标和短期目标。它们的关系就好像金字塔一样，从小目标开始一步一步逐层实现，最终必能实现终极目标；反之，若想一步登天，那就相当困难了。

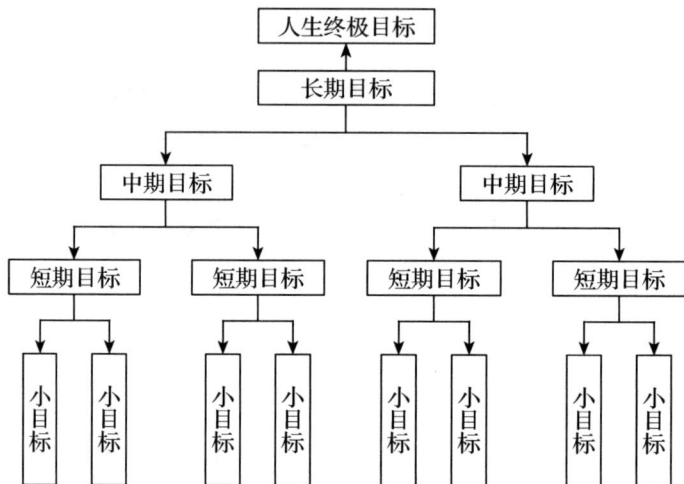

图 8-1　生涯目标分解

【延伸阅读】

　　1984 年，在东京国际马拉松邀请赛中，名不见经传的日本选手山田本一出人意外地夺得了世界冠军。当记者问他凭什么取得如此惊人的成绩时，他说了这么一句话：凭智慧战胜对手。

　　当时许多人都认为这个偶然跑到前面的矮个子选手是在故弄玄虚。马拉松赛是体力和耐力的运动，只要身体素质好又有耐性就有望夺冠，爆发力和速度都还在其次，说用智慧取胜确实有点勉强。

　　两年后，意大利国际马拉松邀请赛在意大利北部城市米兰举行，山田本一代表日本参加比赛。这一次，他又获得了世界冠军。记者又请他谈经验。

　　10 年后，这个谜终于被解开了，他在他的自传中是这么说的：每次比赛之前，我都要乘车把比赛的线路仔细地看一遍，并把沿途比较醒目的标志画下来，比如第一个标志是银行；第二个标志是一棵大树；第三个标志是一座红房子……这样一直画到赛程的终点。比赛开始后，我就以百米的速度奋力地向第一个目标冲去，等到达第一个目标后，我又以同样的速度向第二个目标冲去。40 多公里的赛程，就被我分解成这么几个小目标轻松地跑完了。起初，我并不懂这样的道理，我把我的目标定在 40 多公里外终点线上的那面旗帜上，结果我跑到十几公里时就疲惫不堪了，我被前面那段遥远的路程给吓倒了。

山田本一说的不是假话，众多心理学实验也证明了山田本一的正确。当人们的行动有了明确目标，并能把自己的行动与目标不断地加以对照，进而清楚地知道自己的行进速度和与目标之间的距离，人们行动的动机就会得到维持和加强，就会自觉地克服一切困难，努力达到目标。确实，要达到目标，就要像上楼梯一样，一步一个台阶，把大目标分解为多个易于达到的小目标，脚踏实地向前迈进。每前进一步，达到一个小目标，就会体验到"成功的喜悦"，这种"感觉"将推动他充分调动自己的潜能去达到下一个目标。

二、目标管理的原则

进行目标管理，主要指根据个人实际情况，树立科学合理的目标，以其为方向指导自己的行动，以取得个人成功的过程。目标是通向成功彼岸的导航。大学生在生涯管理的过程中，要充分认识目标管理的重要性，切实有效地利用目标促进个人到达胜利的彼岸。

目标管理中，有一项原则叫做"SMART"，分别由 Specific、Measurable、Attainable、Relevant、Time-based 五个词组组成。这是制订工作目标时，必须谨记的五项要点。

1. S 即 specific，代表目标必须是具体的；比如，我们制订一个学习计划，并且向老师保证要好好学习。但是，什么是好好学习呢？很模糊，很难界定。要具体点，比如保证除了紧急情况之外，每天学习时间至少 5 小时。那么，什么算是紧急情况？又要具体定义：比如朋友来访，老师召集有事等。如果不规定清楚这些，那么到时候就会无所适从。

2. M 即 measurable，代表目标必须是可以衡量的；量化要求理性的数据和数字，拒绝"大概""差不多""快了"之类的模糊修辞语。制订的目标最好是以明确的数据单位来描述，如"每天早上听 VOA News 40 分钟"，"每周去图书馆 6 次，一次至少 2 小时"等。制订一个可测量的目标，能让一个人真切感受到他在逐步的进步中，并积累成功经验和树立信心。

3. A 即 attainable，代表目标必须是可以达到的；制订目标要在我们能力所及的范围下，订出我们可以逐步达成且有成就感的目标。例如，有个同学没有音乐天分，甚至五音不全，却一直想当歌星，这目标对她而言是永远达不到的天方夜谭。因此，制订的目标应是靠自己的能力和努力可以达成的，而非浮夸或好高骛远的梦想。

4. R 即 relevant，代表目标必须和其他目标具有相关性；比如你想在大学毕业后做一个前台，学点英语以便接电话时用得上，就很好，而去学习化学，就比较离谱了。再比如，你想做的是大学英语教师，学习一些西方文化方面的知识是有必要的，和本职工作有关联的，但是你花时间去考注册会计师，这就又与未来的职业生涯规划发生冲突了。

5. T 即 time-based，代表目标必须具有明确的截止期限。制订目标需要有预定达到的进度和完成的时间表，这样才能确认要投入多少时间以及在什么时候完成。大学生涯目标的制定，应先设定一个总体目标，然后分别制订年度计划、学期计划、月计划、周计划、天计划。计划订好后，再从一日、一周、一月目标实施下去，直到实现四年的总目标。因此，一个合理的时间表不仅能帮助一个人建立信心，并且还可以学会做好时间管理。

【延伸阅读】

好目标的九条标准

1. 正面语言

"我不想说话水平那么差。"这是负面语言。

"我想要成为一名口才出色的人。"这是正面语言。

2. 具体明确

"我想掌握一门外语。"这样说一点也不具体。

"我想能用英语与留学生自如沟通。"这样说则比较具体。

3. 可能实现

"我要在 20＊＊年夺得奥运会冠军。"

除非说这句话的是具备国际顶尖水平的运动员，否则作为平常人的我们，实现的可能性微乎其微，不是绝对没有可能，而是可能性太小了。

4. 可以衡量

"我想掌握英语。"

"我想自己能看懂英文合同"或"我想能用英语参与对外贸易谈判。"

两者相比，后者可以衡量，而前者标准则难以衡量。

5. 有挑战性

好的目标需要有挑战性，如果不需要付出努力就能实现的事情就不具有挑战性。

"我想 60 岁就退休。"

"我想在 40 岁时成为合资企业总经理。"

6. 自力可为

靠自己的力量就能实现。

"我希望这里的冬天最冷不低于零下五度。"

"我想获得专业一等奖学金。"只要投入努力，这个目标就有可能实现。

7. 有时间限定

"我死之前能做到就行了。"这样定目标跟没定一样。

"我想用两年的时间做到能用英语看懂相关的资料。"这才具有时间限定。

8. 整体平衡

整体平衡是指自己的健康、家庭、工作和生活横沟得到均衡发展。

9. 实现时要有成功喜悦感

当制订的目标达到后自己感觉特别有价值，在实现的时候有成功的喜悦，这才是一个好目标。

三、目标管理的方法

1. 确定职业生涯各个不同阶段的目标

大学生应该在准确定位自我的前提下，确定生涯各个不同阶段的目标。目标既不能太高，又不能太低，一定要充分结合自身的实际情况及内在的发展潜力，要充分考虑到所处的环境，进而使各方面的积极因素结合起来，共同促进目标的实现。在制定目标时，应该量化，制定出的目标不能含糊不清。目标越明确，对个人的引导作用越大。同时，制定目标要有次序性、时间性。重要的、紧急的目标应在优先考虑的范围内，而对于一些长远的目标，则应该制定长期的规划。除此之外，在目标的时间性方面，要把短期目标与中长期目标结合起来，使之形成一个相互关联的体系，最终促进个人的进一步发展。

2. 实践目标

2016 年 4 月，习近平在安徽与青年代表座谈时讲话，"青年的人生之路很长，前进途中有平川也有高山，有缓流也有险滩，有丽日也有风雨，有喜悦也有哀伤。心中有阳光，脚下有力量，为了理想能坚持、不懈怠，才能创造无愧于时代的人生"。对于大学生来说，仅仅制定目标是不够的。同样都是具有目标的人，有人成功了，有人却失败了，在为实现目标奋斗的过程中，一定要专注目标，并且应该善于思考，持之以恒。专注就是把意识集中在某个特定的目标上的行为，并要持之以恒，找出实现目标的方向，而且成功地将之付诸实际行动，或许有些大学生并没有意识到专注的力量，但专注的力量却是无穷的。同时，在实践目标的过程中要善于思考，想成就大事，就必须学会思考，善于思考是个人办事的思维资本，是通向成功之路的有力保证。在思考中不断创新，逐步实现职业生涯各个不同阶段的目标。要定期检查计划的实施情况，并对未完成的计划进行反思，使自己不断提高。同时要保持积极乐观的心态，通往成功的路不可能一帆风顺，遇到这样或那样阻碍目标实现的困难是正常的，最重要的是保持良好的心态，充满自信，勇敢地迎接挑战，战胜困难，战胜自己，最终获得成功。

【拓展训练】

设立生涯目标的 14 步练习法

1. 结合前边课程学的平衡轮和生命之花，写下你所有想要实现的目标，并把所列出的所有目标分成六类：

健康；知识/修养；爱情/家庭；事业/财富；朋友；社会

2. 审视你所写的目标，如果其中任何目标只是达到另外一个目标的关键步骤，把它从清单中去掉；对每个目标，设定预期希望达成的时限。有实现时限的才可能叫目标，没时限的只能叫梦想。

3. 选出在这一年里对你最重要的 4～6 个目标，并明确写下你希望实现它们的真正理由。

4. 核对你所列的目标，是否与以下五大规则相符：

● 用肯定的语气来预期你的结果，说出你希望的而非不希望的；

● 结果要尽可能具体，还要明确订出完成的期限与项目；

● 事情完成时你要能知道完成了；

● 要能抓住主动权，而非任人左右；

● 是否对社会有利。

5. 列出你已经拥有的各种重要的资源，包括你自己的个性、朋友、财物、教育背景、时限、能力及其他，越详细越好。

6. 当你做完这一切，请回顾过去，有哪些你所列的资源会运用得很纯熟。回顾过去找到你认为最成功的两三次经验，记下这个成功的原因。

7. 写下要达成目标本身所具有的条件。

8. 写下不能马上达成目标的原因。

9. 针对自己的目标，订出实现它们的每一个步骤。要从目标倒推往前定步骤，并自问：我第一步该如何做才会成功？是什么妨碍了我？我该如何改变呢？

10. 为自己找一些值得效法的模范。

11. 使目标多样化且有整体意义。

12. 为自己创造一个适当的环境。

13. 经常反省所做的结果。

14. 列一张表，写下过去曾是你目标而目前已经实现的一些事，你要从中看到自己学到了什么，这期间有哪些值得感谢的人，你有哪些特别的成就。

【拓展阅读】

设立目标的步骤和注意事项

1. 目标越近，就必须越具体。假如你想让朋友马上行动，就必须明确她、他想要做什么。

2. 列出行动配额。问问自己"我能做什么"，也就是每天可以做完的事情，比如每天坚持跑步五公里/每天写至少300字的日记。

3. 目标倒推。所谓设定计划，就是从结果开始设想，例如你要去某个地方，不知道该怎么去，这时就可以先从目的地开始，然后再一步步往回推，先知道自己要什么，然后再回溯到起点。

4. 分项处理。不论做什么，具体计划为何，都要细分成可办得到的项目。假如你的目标是要外出旅行，定好到哪里去，比如北京，就要知道要花多少钱，假设当我们知道是要花1 000元时，我只要每个礼拜挣100元，10个礼拜之后就有2 000元了，只要有决心，每个礼拜挣100块应该不难，这礼拜你挣了100块，你赢了，有事你做不到，没关系，再从下礼拜开始，挣了100块，你又赢了。每挣100块，你都向目标迈进了一步。

5. 列出各项变数及其对策。

6. 每天读自己的计划，严格执行。

第二节　情绪管理

【延伸阅读】

你能控制情绪　才能控制人生

人在情绪崩溃的瞬间，常常会做出不好的行为。控制情绪，才能控制局势。内心越是强大的人，往往越懂得控制自己的情绪。因为他们知道，控制情绪是一种能力，它可以带来好运气。

《武林外传》中的郭芙蓉是客栈店小二，她经常跟店里其他伙计、掌柜甚至是客人吵架。后来，她逐渐意识到坏情绪带来的负面影响，每当不良情绪降临时，她就会闭眼深呼吸，说出那句经典台词："世界如此美妙，我却如此暴躁。这样不好，不好！"

情绪对一个人的影响，从来都是重要而明显的。情绪失控只会让人失去理智，从而输掉自己。

曾在一本书中看过这样一段话："任何时候，一个人都不应该做自己情绪的奴隶，不应该使一切行动都受制于自己的情绪，而应该反过来控制情绪。"

一个人最大的本事，就是懂得控制自己的情绪。无论境况多么糟糕，你都应该去努力支配你的环境，把自己从黑暗中拯救出来。唯有学会控制情绪，你才能成为胜者！

资料来源：《你能控制情绪，才能控制人生》，人民日报微博，https：//weibo.com/ttarticle/x/m，2019-07-17。

【案例及评析】

情绪是人们对客观事物所持的态度的身心体验，是人各种感觉、思想和行为的一种综合的心理和生理状态。情绪有正面情绪和负面情绪两种。正面情绪如快乐、感恩、热情、愉悦等积极的情绪，负面情绪如愤怒、焦虑、紧张、自卑、抑郁等消极的情绪。美国的心理学家普拉切克曾经提出人有 8 种基本情绪：悲伤、恐惧、快乐和愤怒。

许多优秀的职业人往往不是因为拥有高智商而成功，相反的，他们成功的秘诀是"情感智慧"，即处理感情，人际互动和人际沟通的能力，即有较好的情绪管理能力。情绪智慧（情商）和智商不一样，它随着人生的经历不断地发展。情商不仅激励我们去追求个人的目标，也激发了个体内在的价值观和抱负，努力将理想变为现实。

一、大学生情绪的特点

1. 不稳定性

大学生处于青年早期，虽然生理发育已经基本成熟，但是心理发育还不成熟，世界观、认知水平和人格等尚不稳定，思维的判断力、认知能力和认知方式有很大的局限性。同时，大学生对于自我身心状况的认识一直在不断调整和发展，尤其是发现理想与现实中差距后的矛盾感，这些都会影响大学生的情绪反应。

2. 丰富性

随着大学生生理和自我意识的不断成熟和发展，其个人成长与发展的各种需要也日益凸显，如专业学习、恋爱与交往、人际关系、就业等，由此产生的情绪体验也日益丰富和深刻。

3. 层次性

随着学生从大一到大四的成长，情绪发展也是一个从不稳定到稳定、从不成熟到成熟的发展过程。一般学生在大学一年级容易出现孤独、失落、迷茫等适应性不良而产生的情绪；大二在适应大学生活之后一般情绪较为稳定；而步入大三、大四之后，由于面临毕业和就业，情绪出现矛盾性和复杂性，焦虑、紧张等情绪容易出现。

4. 性别差异

由于男女生理特点不同，在面对情绪问题时也体现出鲜明的性别差异。比如男生倾向于借助肢体动作来表达和宣泄自己的情绪，更容易根据社会的角色进行情绪的调节。所以总体来看，男生倾向于内部消化情绪，如改变认知、运动等；而女生则倾向于寻求外部支持，如倾诉等。

【理论链接】

情商与智商辨析

情商是相对智商而言的，在对智商的研究中，人们发现，有相当多的人智商并不低，甚至很高，但事业上却总是一事无成；而有些人的智商不是很高，人生道路上却是一路绿灯。这就说明，智商不是事业成功的唯一条件，更不是全部条件。所谓情商，就是感情商数，是说一个人在人群活动中感情支出的能力和感情支出所产生的效能。情商能力是指一个人对自身之外的环境因素及社会表现出的对客观压力的感受所能接受的指数，理解层次和理解角度，控制内在感情的自制力，营造和控制环境气氛的水平，运用感情素材的视角和有分寸地表达自己情感的尺度。

情商包括以下几个方面的内容：一是认识自身的情绪。因为只有认识自己，才能成为自己生活的主宰。二是能妥善管理自己的情绪。即能调控自己。三是自我激励，它能够使人走出生命中的低潮，重新出发。四是认知他人的情绪。这是与他人正常交往，实现顺利沟通的基础。五是人际关系的管理。即领导和管理能力。

情商是一种能力，情商是一种创造，情商又是一种技巧。既然是技巧就有规律可循，就能掌握，就能熟能生巧。只要我们多点勇气，多点机智，多点磨炼，多点感情投资，我们也会像"情商高手"一样，营造一个有利于自己生存的宽松环境，建立一个属于自己的交际圈，创造一个更好发挥自己才能的空间。

智商（Intelligence Quotient，IQ）是用以表示智力水平的工具，也是测量智力水平常用的方法，智商的高低反映着智力水平的高低。情商（Emotional Quotient，EQ）是表示认识、控制和调节自身情感的能力。情商的高低反映着情感品质的差异。情商对于人的成功起着比智商更加重要的作用。智商和情商，都是人的重要的心理品质，都是事业成功的重要基础。正确认识这两种心理品质之间的差异和联系，有利于更好地认识人自身，有利于克服智力第一和智力唯一的错误倾向，有利于培养更健康、更优秀的人才。

首先，智商和情商反映着两种性质不同的心理品质。智商主要反映人的认知能力、思维能力、语言能力、观察能力、计算能力、律动的能力等。也就是说，它主要表现人的理性的能力。它可能是大脑皮层特别主要是主管抽象思维和分析思维的左半球大脑的功能。情商主要反映一个人感受、理解、运用、表达、控制和调节自己情感的能力，以及处理自己与他人之间的情感关系的能力。情商所反映个体把握与处理情感问题的能力。情感常常走在理智的前面。它是非理性的，其物质基础主要与脑干系统相联系。大脑额叶对情感有控制作用。

其次，智商和情商的形成基础有所不同。情商和智商虽然都与遗传因素、环境因素有关，但是，它们与遗传、环境因素的关系是有所区别的。智商与遗传因素的关系无寄存于社会环境因素。据英国《简明不列颠百科全书·智力商数》词条记载："根据调查结果，70％～90％智力差异源于遗传基因，20％～30％的智力差异系受到不同的环境影响所致。"情商的形成和发展，先天的因素也是存在的。例如，"人类的基本表情通见于全人类，具有跨文化的一致性"，美国心理学家艾克曼的研究表明，从未与外界接触过的新几内亚人能够正确地判断其他民族照片上的表情。但是，情感又是很大的文化差异。民俗学研究表明，不同的民族的情感表达方式有显著差异。儿童心理学研究表明，先天盲童由于社会交流的障碍导致的社会化程度的影响，其情感能力相对薄弱。人类学研究表明，原始人类的情感与文明人的情感有极大差异，他们易喜易怒，喜怒无常，自控能力很差。美国有的人类学研究者认为，人类童年时代的情感控制能力很弱，以今天的眼光看，很像是患有集体精神病。从近代史研究中也可以看到，人的情感容易受到社会环境的影响，人总是有着根深蒂固的从众心理。二战时代德国的社会情感，充分说明了这一点。

最后，智商和情商的作用不同。智商的作用主要在于更好地认识事物。智商高的人，思维品质优良，学习能力强，认识深度深，容易在某个专业领域做出杰出成就，成为某个领域的专家。调查表明，许多高智商的人成为专家、学者、教授、法官、律师、记者等，在自己的领域有较高造诣。情商主要与非理性因素有关，它影响着认识和实践活动的动力。它通过影响人的兴趣、意志、毅力，加强或弱化认识事物的驱动力。智商不高而情商较高的人，学习效率虽然不如高智商者，但是，有时能比高智商者学得更好，成就更大。因为锲而不舍的精神使勤能补拙。另外，情商是自我和他人情感把握和调节的一种能力，因此，对人际关系的处理有较大关系。其作用与社会生活、人际关系、健康状况、婚姻状况有密切关联。情商低的人人际关系紧张，婚姻容易破裂，领导水平不同。而情商较高的人，通常有较健康的情绪，有较完美的婚姻和家庭，有良好的人际关系，容易成为某个部门的领导人，具有较高的领导管理能力。

二、情绪管理方法

1. 转化法。有些时候，不良情绪是不易控制的。这时可以采取迂回的办法，把自己的情感和精力转移到其他的活动中去。如学习一种新的技能，参加有兴趣的活动，使自己没有时间和可能沉浸在不良情绪中，以求得心理平衡，保护自己。

2. 宣泄法。因挫折造成焦虑和紧张时，可以去打球、爬山、参加大运动量的活动，宣泄情绪。但是宣泄一定要注意场合、身份、气氛，注意适度，应是无破坏性的。

3. 安慰法。人不可能事事皆顺心，在职业生涯管理中遇到困难和挫折，已尽了主观努力仍无法改变时，可说服自己适当让步，不必苛求，找一个自己可以接受的理由让自己保持内心的安宁，承认并接受现实，以求得解脱。

4. 松弛法。在出现焦虑、恐惧、紧张、心理冲突、入睡困难、血压增加、头痛等身体症状时，可以在专业人员的指导下进行放松练习。通过练习学会在心理上和身体上放松的方法。可以减轻或消除各种不良的身心反应。

5. 沟通法。当你对择业感到茫然时，也可以找老师、同学、亲友沟通，说出你的一些想法，让他们谈谈他们的建议和看法。

【延伸阅读】

优秀的情绪管理能力主要表现在以下几个方面。

第一，自觉力。情绪管理的第一步就是要能察觉到自己的情绪，随时随地都能清楚地知道自己处于怎样的情绪状态。不管处在何种负面的情绪中，先要接受自己真正的情绪，对自己的情绪负责，不会被情绪左右。

第二，理解力。认识"负面情绪"的真正价值和意义，可以在我好、你好、大家好的"三赢"基础上运用它，情绪并没有好坏之分，它只是症状而已。每个人都希望每天过得开心、惬意，不希望有恐惧和悲伤的时刻，而这些不希望出现的情绪，便被称为负面情绪。每份情绪都有其价值和意义，负面情绪也是如此。它不是给我们指引一下方向，就是给我们一份力量，都是一份推动力。愤怒的力量可以改变一个我们不能够接受的情况，而痛苦会指引我们离开威胁或伤害。

第三，运用力。20世纪50年代发展起来的合理情绪疗法理论认为，情绪并非直接源自外在的诱发事件，而应该归因于个体对于这个事件的解释和想法。也就是说，人们并不是被事件所烦恼，而是被自己看待事物的方式所烦恼，引发情绪的主要原因是自己的信念系统。人们的消极想法是各式各样的思维误区，例如：极端思维、以偏概全、自以为是地推测对方的想法、夸大和贬损、过于情绪化等为特征的，调整和改变这些思维误区，代之以更科学的思维，会使个体减轻痛苦，实现情绪好转。

第四，摆脱力。情绪的摆脱力就是以合适的方式疏解情绪的能力。只有学会将负面情绪及时予以疏解，才能使人感到心灵的自由和新生。比如当产生消极的情绪时，可以通过逛街、听音乐等方式来分散注意力。

【拓展训练】

测一测你的情商

请按你的实际想法回答下列问题：

1. 当你乘飞机时，突然气流使飞机上下颠簸，你会怎样做？

(A)继续读你的书或杂志，或者看电影，不理会这个气流。

(B)有紧迫感，盯着空姐看她们的反应，读紧急情况须知。

(C)两种都有可能。

(D)说不好，从未注意过。

2. 你带一群四岁孩子上公园，其中一个孩子因为别人不同她玩而哭了起来，你怎么办？

(A)让孩子自己解决。

(B)同她谈谈，帮助她回到孩子们中间去玩。

(C)温和地告诉她不要哭。

(D)给孩子一些别的东西吸引她的注意力。

3. 假如你是一个学生，想在一门功课中得到优，但期中考试却只及格，你怎么办？

(A)草拟出一个改进分数的计划，然后发誓去实现它。

(B)决心在未来学好它。

(C)告诉自己，别在乎它，集中精力在其他你能得高分的功课上。

(D)去找教授，让他给你更高一些的分数。

4. 想象你是一个保险公司的推销员，同你要发展的客户打电话，已经有15个人拒绝了你，你怎么办？

(A)打一天了，但愿明天能有个好运气。

(B)可能是自己没有推销的这种能力。

(C)再打下一个新电话。

(D)考虑另一类工作。

5. 你是公司的经理，鼓励大家相互尊重，可却听到有人在讲别人的笑话，你怎么办？

(A)不理他，这只是一个笑话。

(B)把说笑话的人叫到办公室来教训他。

(C)当场说以后不许再说这类笑话。

(D)把这个说笑话的人送到学习班去。

6. 你想让你的朋友平静下来，她正在朝差点撞上你们的那辆汽车发火，你怎么做？

(A)告诉她别在意，没有碰上，不算问题。

(B)好好劝她，让她安静下来。

(C)下车帮她，显示你与她关系紧密。

(D)拉上她，然后打车离开。

7. 你与好朋友吵了起来，火气很大，你们两个都气坏了。在这种情况下，你可能会做过火的事情，你最好怎么处理？

(A)停下 20 分钟，然后继续讨论。

(B)只是停止争论，沉默，不论对方说什么你都不吱声。

(C)说对不起，要求对方也道歉。

(D)听一会儿，想想自己的理，然后再讲自己的理。

8. 你是一个工作单位的领导，正试图用创造性的办法来解决工作中一个令人头疼的问题，第一件事你做什么？

(A)拿出一个草案，用一些时间来讨论每一个细节。

(B)给人们一些时间让彼此相互更了解。

(C)要求每一个人都说出自己的想法，这想法必须得有新见解。

(D)开动脑子，鼓励每一个人谈出自己的想法，不管它有多么离奇。

9. 你的朋友或兄弟姐妹相当胆怯，在陌生的地方和生人面前很害怕，你怎么办？

(A)接收他(她)的羞怯，尽量不带他(她)到陌生场合去。

(B)带他(她)看心理医生。

(C)有意识地带他(她)去新的地方和新人面前，让他(她)克服羞怯。

(D)设计一系列的挑战，教他(她)如何处理面对新人和新地方。

10. 多年来你一直想学会一样乐器，最后你开始学习了，你要最有效地利用你的时间，你会如何做？

(A)每天你都严格地训练。

(B)选择你能做好的曲子练。

(C)只在你有情绪时才去玩

(D)拣一个你不熟悉的曲子，通过勤奋努力去掌握它。

参考答案

1. 除了 D，哪项都行，D 情况说明你的习惯反应能力很差。A＝20   B＝20   C＝20   D＝0

2. B 最好，让孩子明白什么使她们心烦，她们正在想什么，为什么哭。A＝0   B＝20   C＝0   D＝0

3. A 最好，一个人能主动地制订计划克服障碍达到目的。A＝20   B＝0   C＝0   D＝0

4. C 最好，乐观的情绪能使人去迎接挑战，能在困境中坚持下去，而不是放弃、责备自己和自暴自弃。A＝0   B＝0   C＝20   D＝0

5. C 最好，这能最有效地创造团结气氛，也能清楚地表明你这里不能宽容这种态度。A＝0   B＝0   C＝20   D＝0

6. D 最好，这是很好地从愤怒中解脱出来的方法，可以使头脑冷静下来找出很好的解决办法。A＝0   B＝0   C＝0   D＝20

7. A 最好，打断 20 分钟后，至少能让心里有一段时间来平静，不然会在激动状态下做出不理智的事情来，冷静下来后便能更富有成果地讨论。A＝20   B＝0   C＝20   D＝0

8. B 最好，一群人只有在和谐和心情舒畅时才有工作巅峰状态，然后才有最好的贡献。A＝0   B＝20   C＝0   D＝0

9. D 最好，对于胆怯的人，如果作为朋友能经常帮他(她)有意地克服自己的羞怯心理，是能够得到改善的。A＝20   B＝5   C＝5   D＝20

10. B 最好，给你自己适当的挑战，你能很快就进入其中，既有兴趣又能学会东西。A＝10   B＝20   C＝0   D＝5

总体分数评价：

200 分情商天才；100 分平均水平；75 分需看心理医生；50 分情商低下；25 分古怪的人；0 分最不受欢迎的人。

第三节　时间管理

【拓展训练】

时间都去哪儿了?

在下边的时间饼图上用不同的扇形绘制出你最近一周的时间安排,也就是你进行某项活动所需要的时间,如休息、吃饭、学习、运动、上网、娱乐等。

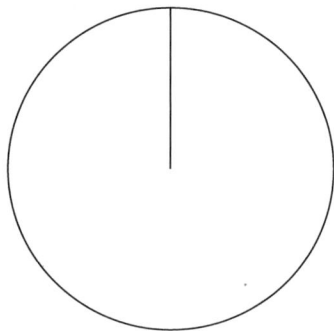

图 8-2　时间管理扇形图

完成时间饼图后,与同学分享,思考下你对你现在的时间安排满意吗?有没有可以改进的地方?

一、时间管理含义

人的生涯和职业发展,是由片段的时间所贯穿而成的,也就是说时间是生涯的单位。为了掌握生涯发展的各个阶段,以追求成功的人生和事业,大学生要学会有效的时间管理。

大学生时间管理的关键就是事件的控制,即把每一件事情都能够控制得很好。时间管理的核心在于如何合理的安排时间来完成既定的目标。时间管理内容主要包括:学习时间的管理,即大学四年的上课时间、自习时间、交流时间和课外学习时间等;工作时间的管理,例如班干部任务、社会实践实习等;除此外还有生活时间管理、休闲时间管理等。

二、时间管理的方法

时间管理的方法有很多，而其关键在于树立要事第一的原则。

1. 帕累托原则和时间管理"四象限法"

帕累托原则也叫"二八定律"，是由 19 世纪意大利经济学家维尔弗雷多·帕累托（Vilfredo Pareto）提出的。它的大意是：在任何特定群体中，重要的因子通常只占少数，而不重要的因子则占多数，因此只要能控制具有重要性的少数因子即能控制全局。比如 20％的客户给企业创造了 80％的利润；世界上 80％的财富是被 20％的人掌握着，而剩下 80％的人只分享了 20％的财富等等。强调要把注意力放在 20％的关键事情上。

帕累托原则在时间管理上可以得到很好的运用，它给我们的重要启示是：重要的只是少数而琐碎的则占多数，应该避免将时间花在琐碎的多数问题上，因为掌握了这些重要的少数问题，你只花去 20％的时间，即可取得 80％的成效。根据这一原则我们应当对要做的事情分清轻重缓急，进行如下的排序：

A. 重要且紧急（比如救火、抢险，处理客户投诉、财务危机，完成即将到期的任务等）——必须立刻去做。

B. 重要但不紧急（比如学习、做计划、建立人际关系、制定防范措施、体检等）——只要是没有前一类事的压力，应该当成紧急的事去做，而不是拖延。

C. 紧急但不重要（电话铃声、不速之客等）——只有在优先考虑了重要的事情后，再来考虑这类事。人们常犯的毛病是把"紧急"当成优先原则。其实，许多看似很紧急的事，拖一拖，甚至不办，也无关大局。

D. 既不紧急也不重要（比如娱乐、消遣等事情）——有多余的时间再做处理。

有人用大铁桶装砂来对时间管理作了一个很恰当的比喻："铁桶"容量相当于一个人一天的最大工作量，"碎石"相当于重要而紧急的事务，"石块"相当于重要但不紧急的事务，"细沙"相当于紧急但不重要的事务，"水"相当于不重要也不紧急的事务。因此，对于轻、重、缓、急情况不同的事务在时间上安排的次序应该是，先装石块再装碎石，而后灌进细沙最后倒进水，这样就可以充分填满时间铁桶的容量空间。

以重要/不重要，紧急/不紧急为标准来划分需要处理的工作或事务，即是时间管理的"四象限法"（见图 7-3-1）。这一方法是做时间管理最常用和最基本的方法。

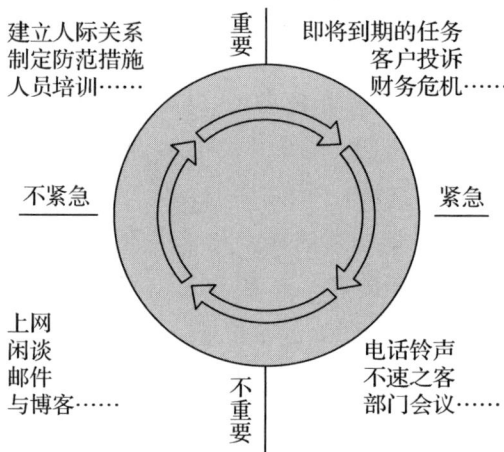

图 8-3　时间管理四象限

2.GTD 时间管理方法

GTD 即 Getting Things Done，来自于戴维·艾伦（David Allen）的《尽管去做：无压工作的艺术》（*Getting Things Done*），是目前时间管理领域的最新概念。GTD 的具体做法可以分成收集、整理、组织、回顾与行动五个步骤。

收集：就是将你能够想到的所有的未尽事宜（GTD 中称为 stuff）统统罗列出来，放 inbox 既可以用来放置各种实物的实际的文件夹或者篮子，也需要有用来记录各种事项的纸张或 PDA。收集的关键在于把一切赶出你的大脑，记录下所有的工作。

整理：将 stuff 放入 inbox 之后，就需要定期或不定期地进行整理，清空inbox。将这些 stuff 按是否可以付诸行动进行区分整理，对于不能付诸行动的内容，可以进一步分为参考资料、日后可能需要处理以及垃圾等几类；面对可行动的内容再考虑是否可在两分钟内完成，如果可以则立即行动去完成它，如果不行则对下一步行动进行组织。

组织：是 GTD 最核心的步骤，主要分成对参考资料的组织，以及对下一步行动的组织。对参考资料的组织主要是一个文档管理系统。而对下一步行动的组织一般可分为：下一步行动清单，等待清单和未来/某天清单。

等待清单主要是记录那些可以委托他人去做的工作，未来/某天清单则是记录延迟处理且没有具体的完成日期的未来计划等。而一步清单则是具体的下一步工作，如果一个项目涉及多步骤的工作，那么需要将其细化成具体的工作。

回顾：也是 GTD 中的一个重要步骤，一般需要每周进行回顾与检查，通过回顾及检查所有清单并进行更新，可以确保 GTD 系统的动作，而且在回顾的同时可能还需要进行未来一周的计划工作。

执行：在完成以上步骤后，就可以按照每份清单开始行动了，在具体行动中可能会需要根据所处的环境，时间的多少，精力情况以及重要性等，来对清单上的事项进行调整。

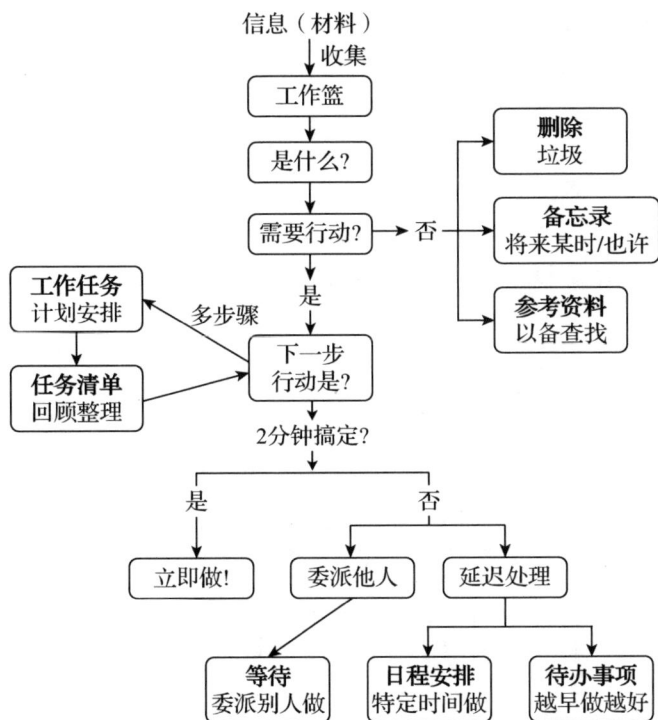

图 8-4　GTD——加工处理流程图

3. 时间管理 ABC 分类法

时间管理的 ABC 分类法，实际上是对四象限法的简化。其具体做法为：

(1)将自己的所有事务按轻重缓急为分：A(紧急、重要)、B(次要)、C(一般)三类。

(2)安排各项事务优先顺序,粗略估计处理各项事务所需的时间和占用百分比。

(3)在处理事务的过程中记载实际耗用时间。

(4)将每日计划时间安排与耗用时间进行对比,分析时间运用效率等。

(5)重新调整自己的时间安排,以便更有效地处理事务。

【拓展训练】

如何实施你的时间管理

你的时间要怎样管理才有效呢?

1. 你需要从目标开始,有了时间,你要做什么?明确的目标是时间管理的前提,如果目标不明确,在学习中必然会东一下,西一下,不知学什么好,抓哪一头好。目标制定应该注意以下几点:

目标要具体,例如"我想要什么时候过英语四级、六级"等;

目标必须是可衡量的,例如"我四、六级要拿多少分"等;

目标是可能实现的,例如"大二之前一定要通过四级"等;

目标是切合实际的,例如"不能要求大一一开始就达到托福雅思的水平"等;

一定要设定时间表。例如"大二通过四级,大三通过六级"等。

2. 忠实记录你目前的时间运作表。先列下固定时间,再将零碎时间列出。养成记录自己实际耗用时间的习惯(见表 8-1)。

表 8-1 目前的时间运作表

时间记录	有效时间	消耗过程	效率得分	改进意见
7:20—7:50	0:30	起床;吃早餐	4	维持现状
7:50—8:00	0:10	背单词	5	维持现状
8:00—11:40	3:00	上课	3.5	提高效率
11:40—13:00	1:20	吃中餐、洗衣服	4	维持现状
13:00—13:45	0:45	午睡	4	维持现状
14:00—15:40	1:30	数学英语	3	增加计划性、提高效率
15:40—17:00	1:40	班干部工作开会	2.5	团体合作,发挥所长

续表

时间记录	有效时间	消耗过程	效率得分	改进意见
17:00—17:30	0:30	晚餐	4	维持现状
17:30—18:30	1:00	运动	5	维持现状
18:30—21:30	3:00	复习	3	提高效率
21:30—22:30	1:00	看课外书籍	3	增加计划性

忠实地记录每个时间段中你所做的工作，对刚着手记录的同学来说，在"时间记录"栏中记录得越详细越好，然后按照表格，其中"效率、得分"栏可以按照 5 分制或 10 分制填写，分数的评定可以采用定量和定性两种方法，可以根据计划及其实施效果给分；"改进意见"包括"维持现状""取消该项这次活动""以更高效的方法处理类似活动""将活动交由更具有该方面的特长的人处理"等，最后就是忠于你的改进意见，严格恪守自己的承诺。这样可以提高工作和学习效率，削减不必要的时间。

3. 写下你想通过时间管理改变或达到的状态。明确具体，不要太好高骛远，制订太高的目标，如表 8-2 所示。

表 8-2　通过时间管理改变或达到的状态表

项目	应然状态	实然状态	进度检视	改进意见
英语学习	大二期末之前英语达到四级水平，掌握 4 000 以上的单词量	单词量掌握有限，缺乏持续性	进展不顺，屡屡被耽误	利用业余时间，加强词汇学习
……				
……				

4. 分析与记录你的时间运作表。什么是你在生活中，花很多时间而不自知的？是否在某些活动方面不需要花这么长的时间，或者是否真有必要做这样的事情？（例如：QQ、打游戏、通电话、睡觉……），每个人有不同的价值观，而这样的观念也会影响到你时间的安排。在评估与分析的过程中，就是要让自己重新检视你目前的生活，以帮助你更有效地运用时间。

表 8-3　个人时间运作分析记录表

项目内容	优先级	应花时间	实花时间	进度检视	改进意见
英语学习	5	每天 2 个小时	每天不到 30 分钟	三天打鱼，两天晒网	利用业余时间，加强词汇学习
……					
……					

5. 列出你的时间的远景。有别于一般的时间规划表，是将你的目标与能力作综合性评估，列出在特定时间内，你要做与完成的事，（例如：每天写反省日志、每周运动两次，每次三十分钟；每天上网一小时，收发信件；每月写一篇文章投稿……）

表 8-4　个人时间的远景表

个人远景	优先级	开始日期	完成日期	进度检视	所需支援
大二通过英语四级	5	2007.3	2007.6	学习时间有限，学习效率不高	可寻找其他同学组成学习小组，互相督促，充分利用时间
……					
……					

6. 执行。每天早上或晚上留一点时间给自己，记得规划与安排一整天的时间，清楚你在做什么。执行过程中，重点克服"办事拖延"的陋习，推行一种"限时办事制"，规定在限定时间内（如 4 小时、8 小时、当天）报告处理结果。对于大学生干部的工作时间处理方法是挤出成块时间，集中处理，选择每天精力最充沛、思想最集中的时间，去处理最重要的事情，达到事半功倍的效果。

7. 给自己多一些鼓励与肯定。时间管理并不容易，常常计划赶不上变化，但不同以往的是，在时间管理过程中，要不断在检视与调整自己，就某种程度而言，也是一种成长与改变。同时，要注意劳逸结合，不打疲劳战。

【拓展阅读】

填写快乐日历

在学期开始的时候，找一份包含整学期所有月份的日历，或用大海报自己来画一张，拿出每门课程的学习安排，把其中规定的论文提交时间、考试时间、课业的最后期限、特别的活动时间等一一填表到相应的月份。在填上其他的重要事件。比如法定假日、准备回家的周末等。然后看看填好的日历，哪段时间紧张，很多事凑在一起；哪些时段宽松，没有太重要的事，就一目了然了。你可以把这张日历挂在床边的墙上，视觉冲击会给你带来一些力量，并且可以经常更新和提醒你早做安排。这些在学期初安排好的事往往是非常重要的，我们把这张填满的日历称"快乐日历"。有了对所有重要事情的把握，就比较让你"学期初有计划，期末享快乐"了。

新学期开始后，你会发现有些课程需要细水长流似的学习，比如高等数学、英语等，这些课程必须每天稳步的学习，因此需要每天留出固定的时间有规律的学习。而对于文学或历史类的科目，则需要安排整段的时间来学习。比如精读整本文学著作或戏剧作品，应提前安排一段较长的时间。看看你的快乐日历，在安排较少的那段时间里找一段较长的空当，提前把这个阅读计划放在那时来进行。

第四节　压力管理

【生涯故事】

王丽得了什么病？

王丽是某大学大三学生，高中时学习一直非常努力，后来考取了这所重点大学。上大学后，她把考取全年级第一、拿国家奖学金作为自己的目标，学习非常刻苦，基本上很少参加课外活动，大部分时间都在学习。但在最近一年半，王丽出现了睡眠较差的症状，翻来覆去总不能入睡，即使睡着了，也会做很多梦，容易醒。早晨醒来后感觉头痛，头晕脑涨，全身酸痛。上课时无精打采，哈欠连天，注意力难以集中，虽然努力听课，但脑子里却不由得总想别的事情。上自习时，也是看着书就会想起别的事，根本控制不住。原来王丽的学习成绩很好，近一年来却明显下降，甚至某些科目不及格。这一切使王丽精神紧张，做事情也愈发爱着急、急躁，常常为了一点小事就发脾气，事后虽然感到后悔，但当时控制不住，内心非常痛苦。曾到校医院看医生，口服安定类的镇静药物，情况未见明显改善。后来求助学校的心理咨询老师，经过咨询，情况有所缓解。

【案例及评析】

　　王丽并没有躯体方面的疾病，最终原因是由于学习压力过大，造成她精神过度紧张。一方面，王丽对自己的学习成绩期望过高，对自己要求过于严格；另一方面，参加学生活动较少，与人接触较少，少有面对压力的纾解渠道。面对学习带来的压力，王丽不知道如何去适应和处理，结果出现了上述情况。

一、压力概述

　　压力是指存在于人的意识中的，在动态环境下，使个体或组织受到威胁的压力源长期、持续地作用于个体或组织，在个体特征影响下产生的一系列生理、心理和行为反应的过程。压力并无好坏之分，俗话说"井无压力不出油，人无压力轻飘飘"，适当的压力可以成为个体前进的动力。

　　但压力过大，或者个体不能正确的处理，压力就有可能带来负面影响，如一系列的生理、心理反应及行为上的改变。生理反应一般包括失眠、心跳加速、冒虚汗等，心理反应则主要体现在焦虑、烦躁、注意力难以集中等，从而影响个体正常的生活，如果不能及时发现及时排解甚至会带来相当严重的后果。

　　随着高校连年扩招、社会环境与就业形势的变化，大学生正承受着越来越大的压力，不同年级的不同学生，可能面对的主要压力源也有所不同。如大一新生主要面对理想与现实差距过大的压力，大二、大三学生主要面对来自学习、参加实践活动等方面的压力，大四学生主要面对就业压力等，而来自家庭经济、外部环境、个人情感等方面的压力，也是大学生的主要压力源。面对诸多压力，你将如何进行管理呢？

【拓展训练】

压力状况自测

以你最近的实际情况快速回答下列问题：

1. 你最近感到很不舒服的紧张吗？

2. 你常与自己周围的人争辩吗？

3. 你的睡眠有困难吗？

4. 你对生活充满无力感吗？

5. 有许多人干扰你或激怒你吗？

6. 你常想吃糖或甜食吗？

7. 你抽烟的话费用增加吗？

8. 你渐渐对烟或咖啡上瘾吗？

9. 你发现要集中精神在学习或工作上有困难吗？

10. 你渐渐对一些小事容易忘记吗？

11. 你渐渐对一些重要的事也容易忘记吗？

12. 你上洗手间的次数增多了吗？

13. 有人说你最近气色不太好吗？

14. 你常和其他人有语言上的冲突吗？

15. 你最近是否不止一次生病？

16. 你最近是否曾有因紧张而头痛的现象？

17. 你最近是否有经常作呕的感觉？

18. 你最近是否每天都有轻微的头痛、眩晕？

19. 你经常有胃部翻搅的感觉吗？

20. 你总是匆匆忙忙在赶时间吗？

0～5 个"是"：恭喜你，你所感受的压力很正常。

6～14 个"是"：你所感受的压力有些高，请参考合适的压力管理方式来予以控制。

15～20 个"是"：高压危险！请赶快进行解压计划。

二、压力管理策略

所谓压力管理，就是利用压力的积极作用，化压力为动力，同时克服压力的消极作用，化解压力，保持自我良好的心理状态。常见的压力管理的方法有以下几种。

1. 倾诉法

倾诉是最好的宣泄。当个体遇到压力问题，被悲伤、愤怒、急躁、烦恼、怨恨、恐惧等情绪困扰时，可以把自己的感受写下来，或者把自己的压力和想法告诉身边的亲人、朋友。倾诉能帮助我们发现、面对和处理问题，可以表达情感，也可以通过倾诉和听取别人的建议帮助自己反省总结。

2. 艺术放松法

利用写作、绘画、绘画等艺术形式释放压力。通过读伟人的自传故事，尤其是其遭遇挫折磨难的情节可以鼓励个体；读些富有哲理的童话故事，则可以启迪我们的多角度思维，鼓舞战胜困难的勇气。或者通过听音乐，借音乐的曲调排遣不良情绪。

下面的音乐处方，在你不开心时，不妨试试它们的效果：

催眠曲：《平湖秋月》《银河会》《仲夏夜之梦》《G 大调弦乐》《小夜曲第二乐章》。

镇静曲：《塞上曲》《春江花月夜》《仙女牧羊》《半拍圆舞曲》《小桃红》。

舒心曲：《江南好》《春风得意》《假日的海滩》《锦上花》《水上音乐》。

振奋曲：《步步高》《狂欢》《春之声圆舞曲》《小步舞曲》《狂欢》。

3. 健康生活法

健康的身体可以增强抵抗压力的能力，要通过培养自己健康的生活方式提高身心素质。如加强体育锻炼，游泳、爬山、慢跑、跳舞等，体育锻炼在缓解和预防压力中能够起到关键作用。另外，保持营养均衡，保证充足的睡眠都有助于压力的纾解。

如果大学生们在遇到自己无法解决的心理困惑时，可以寻求心理帮助。大学里设置了专门的心理健康部门，在这个部门工作的老师都具有相关专业资格，可以为学生提供心理健康服务，帮助大学生进行压力管理。

【拓展训练】

寻找自己的压力源

找出两到三个主要的压力源（见表 8-5），试着找出压力背后触发它的原因，这将帮助你理解它为什么会给你造成压力，也将帮助你制订一项减压的行动计划。

表 8-5　寻找自己的压力源

来源	具体压力源	对生理、心理产生的影响	当前应对策略
社会	1. 2. 3.		

续表

来源	具体压力源	对生理、心理产生的影响	当前应对策略
家庭	1. 2. 3.		
个人	1. 2. 3.		

【延伸阅读】

如何倾诉

1. 和信任的人谈谈困扰你的或给你带来压力的事情；

2. 参加俱乐部或训练班，找寻一下自己志同道合的朋友；

3. 加入社团等，参加学生活动；

4. 如果你无法和生活中的某些事情达成妥协，可以找心理咨询师；

5. 和他人交谈自己学习或工作的事情，保持良好的沟通渠道。

第九章　提升职业素质，打造个人品牌

【学习目标】

1. 了解职业素质、职业道德和职业化的内涵和特点，掌握培养职业素质和职业道德的方法；

2. 了解职业能力的内涵，包括学习能力、沟通能力、团队合作能力和创新能力；

3. 掌握培养职业能力的方法，能在平时的学习和生活中有意识地运用多种方法培养职业能力。

【生涯故事】

漆黑的夜晚，在环境学院的实验楼三楼，总是灯火通明。这不是忘记关灯，而是有一群最可爱、最朴素的人在那辛苦地完成各项任务。他们不是老师、研究生，而是普通的大学本科生。

大三学生龙相金就是其中一员。由于一次偶然的机会加入到植物组织培养实验室。然而就是这样，一坚持就是一年，毅然放弃寒假早回家、暑假打工的机会，留在实验室专心工作。皇天不负有心人，在今年的省级比赛、国家比赛中均取得优异的名次。

其实很多时间，在植物组织培养实验室很枯燥、很烦恼，甚至有时会倒贴自己的生活费。但是，就是因为学院的一堂堂职业素养课，使得龙相金同学干一行爱一行。他经常说道："实验室就是我的家。"这是多么朴实的一句话，却又将他心中的那份情感完美的诠释。龙相金回忆道："还记得从一进校开始上的第一堂职业素质课，那是印象最深刻的时刻。各种互动活动、室内拓展等，让我从高中沉闷的学习模式中走出，觉得它越来越有意思。偶然的机会，植物组织培养实验室指导老师何老师找到我，问我需要加入植物组织培养实验室吗？当时犹豫了一下，想到与自己的专业有关就同意了。进入植物组织培养实验室之后，生活充实起来，自己的时间却越来越少。"

正当决定要退出时，听了一堂"企业需要什么样的人才"的职业素养讲座，突然觉得自己的付出是值得的。之后又连续听了有关于职业素养的系列讲座，如："吃亏"意识的培养、责任与执行等，更加坚定自己留下的决心。这样的机会可不是人人都有的，我们既然拥有就要好好珍惜。从开学的打工日子，到现在的实验室日子。感觉很大，也很深。最大的改变是在思想上由生涩到成熟。

现在植物组织培养实验室有大二的学生六名，大一学生约二十名。他们没有像其他学校在实验室有补贴、没有工资，虽然他们的性质只是志愿者，可是他们依然将工作完成得非常漂亮。在实验室里他们像兄弟姐妹般互助互爱、竞争，从他们的身上我们看出了职业素养的缩小版。问到大一的学生为什么要待在植物组织培养实验室，他们的回答很简单却很实际——"企业以后需要我们这样的人才"。

第一节　从现在开始，准备做个职场人

一、职业素质

随着教育大众化、经济全球化的发展，企业面临的全球竞争日益加剧，职业素质的开发、提升对企业、学校、学生均提出了更高的要求。大学生个人职业素质水平在很大程度上决定着自己是否能被自己认可和被他人认可，直接影响到今后职业生涯的发展，甚至对家庭和社会生活也有重要影响。

(一)职业素质的内涵

要理解何谓职业素质，我们首先需要了解素质的内涵。在《辞海》中，对素质的解释为：①人或事物在某些方面的本来特点和原有基础；②人们在实践中增长的修养(如政治素质、文化素质)；③在心理学上，指人的先天的解剖生理特点，主要是指感觉器官和神经系统方面的特点，是人的心理发展的生理条件，但不能决定人的心理内容和发展水平。

在学术范畴中，学者们的观点莫衷一是。普遍认为素质是个体在先天遗传的基础之上，通过后天教育训练和环境影响而形成的相对稳定的基本品质或基础条件。这既包括人已有的品质，如心理素质、智力素质、技能素质等；也包括人的发展潜力，如洞察能力、思维能力、分析能力等。

职业素质是指劳动者在生理和心理条件的基础上，通过专业（职业）教育（培训），职业实践和自我完善等途径而形成和发展起来的，在职业活动中起着重要作用的内在基本品质。职业素质是与职业活动相关的素质，任何一种职业对人的素质有一定的要求，它不仅包括从事某项具体职业所应具备的素质，还包括为获得这些素质所应具备的潜力。

在目前竞争激烈的就业市场中，一个人要想脱颖而出，找到合适自己并胜任的职业，在社会中立足，个人的职业素质的培养就显得十分的重要。个人职业素质的培养就是为了达到职业要求所要具备的素质和追求成为优秀职业人的过程。

（二）职业素质的特征

美国学者莱尔·M. 斯潘塞（Lyle M. Spencer）在其所著的《工作素质：高绩效模型》一书中将与工作相关的素质划分为：知识与技能、社会角色、自我形象、个性、动机五个方面，并提出了"素质冰山模型"的概念（见图 9-1）。认为一名职员的素质就像冰山，呈现在人们视野中的部分往往只有 1/8，而隐性的则占 7/8。对职员来说，表象的 1/8 是其资质、知识、行为和技能，潜在的 7/8 则是由职业理想、职业道德和职业态度等方面形成的基石。要培育优秀的职业化素质，就要重视这些隐性方面的内容，因为它所占比重高，同时还深刻地影响着职员 1/8 的显性素质。

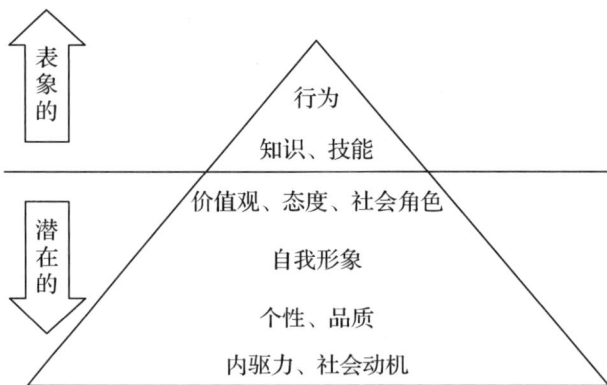

图 9-1　素质冰山模型

职业素质具有五个特征：①专业性：表现为不同行业的从业者素质有所不同。②稳定性：表现为素质一经形成，便会经常地在职业生活中体现出来。③内在性：表现为素质以潜能的形式存在，在职业活动中才能显现出来。④整体性：表现为从业者各方面能力和品质的综合体现。⑤发展性：表现为随着社会的发展对从业者素质的要求越来越高。

大学生职业素质是指作为准职场人的大学生胜任未来职业活动所必需的综合品质。大学生职业素质从根本上看，是大学生要在社会上获得和从事一份赖以为生的工作所必需具备的素养和能力。概括起来包括两个基本方面：一是职业素养，即从业者在特定的职业环境影响和社会条件下，在专业岗位任职实践中形成的某种与从业有关的思想和观念。二是职业技能（包括潜能），即从业者对职业岗位的适应性，和对工作的驾驭能力，由此而产生的创新能力和发展力。

（三）职业素质的分类

（1）身体素质：指体质和健康（主要指生理）方面的素质。

（2）心理素质：指认知、感知、记忆、想象、情感、意志、态度、个性特征（兴趣、能力、气质、性格、习惯）等方面的素质。拓展训练以提高心理素质，很多知名企业都通过拓展训练来提高员工的心理素质以及团队信任关系。

（3）政治素质：指政治立场、政治观点、政治信念与信仰等方面的素质。

（4）思想素质：指思想认识、思想觉悟、思想方法、价值观念等方面的素质。思想素质受客观环境等因素影响，如家庭、社会、环境等。

（5）道德素质：指道德认识、道德情感、道德意志、道德行为、道德修养、组织纪律观念方面的素质。

（6）科技文化素质：指科学知识、技术知识、文化知识、文化修养方面的素质。

（7）审美素质：指美感、审美意识、审美观、审美情趣、审美能力方面的素质。

（8）专业素质：指专业知识、专业理论、专业技能、必要的组织管理能力等。

（9）社会交往和适应素质：主要是语言表达能力、社交活动能力、社会适应能力等。社交适应是后天培养的个人能力，职业素质的另一核心之一，侧面反映个人能力。

（10）学习和创新方面的素质：主要是学习能力、信息能力、创新意识、创新精神、创新能力、创业意识与创业能力等。学习和创新是个人价值的另一种形式，能体现个人的发展潜力以及对企业的价值。

（四）如何提高自身素质

作为职业素养培养主体的大学生，在大学期间应该学会自我培养。

1. 要培养职业意识

雷恩·吉尔森说："一个人花在影响自己未来命运的工作选择上的精力，竟比花在购买穿了一年就会扔掉的衣服上的心思要少得多，这是一件多么奇怪的事情，尤其是当他未来的幸福和富足要全部依赖于这份工作时。"很多高中毕业生在跨进大学校门之时就认为已经完成了学习任务，可以在大学里尽情地"享受"了。这正是他们在就业时感到压力的根源。清华大学的樊富珉教授认为，中国有69％～80％的大学生对未来职业没有规划、就业时容易感到压力。中国社会调查所最近完成的一项在校大学生心理健康状况调查显示，75％的大学生认为压力主要来源于社会就业。50％的大学生对于自己毕业后的发展前途感到迷茫，没有目标；41.7％的大学生表示目前没考虑太多；只有8.3％的人对自己的未来有明确的目标并且充满信心。培养职业意识就是要对自己的未来有规划。因此，大学期间，每个大学生应明确我是一个什么样的人？我将来想做什么？我能做什么？环境能支持我做什么？着重解决一个问题，就是认识自己的个性特征，包括自己的气质、性格和能力，以及自己的个性倾向，包括兴趣、动机、需要、价值观等。据此来确定自己的个性是否与理想的职业相符：对自己的优势和不足有一个比较客观的认识，结合环境如市场需要、社会资源等确定自己的发展方向和行业选择范围，明确职业发展目标。

2. 配合学校的培养任务，完成知识、技能等显性职业素养的培养

职业行为和职业技能等显性职业素养比较容易通过教育和培训获得。学校的教学及各专业的培养方案是针对社会需要和专业需要所制订的。旨在使学生获得系统化的基础知识及专业知识，加强学生对专业的认知和知识的运用，并使学生获得学习能力、培养学习习惯。因此，大学生应该积极配合学校的培养计划，认真完成学习任务，尽可能利用学校的教育资源，包括教室、图书馆等获得知识和技能，作为将来职业需要的储备。

3. 有意识地培养职业道德、职业态度、职业作风等方面的隐性素养

隐性职业素养是大学生职业素养的核心内容。核心职业素养体现在很多方面，如独立性、责任心、敬业精神、团队意识、职业操守等。事实表明，很多

大学生在这些方面存在不足。有记者调查发现，缺乏独立性、会抢风头、不愿下基层吃苦等表现容易断送大学生的前程。缺乏独立性的人失掉了工作机会。而喜欢抢风头的人被认为没有团队合作精神，用人单位也不喜欢。如今，很多大学生生长在"6+1"的独生子女家庭，因此在独立性、承担责任、与人分享等方面都不够好，相反他们爱出风头、容易受伤。因此，大学生应该有意识地在学校的学习和生活中主动培养独立性、学会分享、感恩、勇于承担责任，不要把错误和责任都归咎于他人。自己摔倒了不能怪路不好，要先检讨自己，承认自己的错误和不足。

4. 通过职业生涯规划培养职业素养

职业生涯规划的目的是围绕个人的人生目标，明确人生阶段的任务，有计划、有步骤地去完成，最终实现自己的人生目标。从高职生入学开始，就要抓住时机进行职业理想和职业规划教育，让学生明白专业培养目标，了解专业发展方向，使学生逐步树立正确的职业理想。

5. 通过技能训练和资格证书考试培养职业素养

技能训练的各项要求无疑在培养学生的职业素养。职业资格证书已经成为职业准入的标准，它反映了劳动者的职业素养。内容全面、训练科学且具有权威性的职业资格证书考试，必将提升学生的职业素养。聘用越来越多的企业优秀人才为学生上课，给学生树立了学习的榜样，同样有利于职业素养的培养。

6. 通过社会实践和第二课堂活动培养职业素养

职业素养培养要渗透到学生学习生活的各个方面。积极开展大学生社会实践的活动，开展向先进人物事迹和身边的榜样学习活动，举办体育竞赛、演讲比赛、技能展示、科技制作、知识竞赛，报告讲座等，让职业素养培养无处不在。

7. 通过就业和创业教育培养职业素养

就业和创业教育就是要大学生在选择职业时根据就业形势和自身条件进行全面权衡，在科学的职业理想指导下树立正确的就业观念，形成正确的职业态度。通过教育，使大学生明白人生价值主要是通过自己的本职工作来体现，要尊重自己的工作，全身心投入工作，脚踏实地、一点一滴地积累，只有这样不断提升职业素养，才能迈向更高的目标。

大学生职业素养的自我培养应该加强自我修养，在思想、情操、意志、体魄等方面进行自我锻炼。同时，还要培养良好的心理素质，增强应对压力和挫折的能力，善于从逆境中寻找转机。

（五）职业素质测评工具

总体上看，当前编制的职业素质测评工具主要有两大类：第一类是综合型职业素质测评工具，如《一般能力倾向成套测验》和《霍兰德职业兴趣量表》，可以用来进行多种职业的素质评定，这类量表适用面广，更适合当前职业素质测评与人员选拔的需要。第二类是单项的职业素质测评工具，如国内编制的《一般行政能力倾向测验》和《企业管理倾向测验》，就是属于这一类型。《一般行政能力倾向测验》主要用于国家公务员的选拔，《企业管理倾向测验》主要用于企业管理人员的选拔，它们主要考察受测者是否具备了从事某类职业所需要的基本素质（称为胜任特质）。

【案例及评析】

上海市一家民企的员工基本上都是王先生亲自招聘的。他给刚出校门的学生月薪一般为 3 500 元。但他表示这一工资数目并不代表对应届大学生现有能力的评价更不代表对其今后能力的评价而仅仅代表企业提供的这个岗位的"价码"。王先生曾面试过的不少大学生对于"愿在基层工作几年"的提问很多人回答"干几个月"有些人甚至答以"几个星期"。王先生说这些大学生没有专业经历却想一来就干主管以上岗位。"其实我的初衷是将他们当主管、部门经理等中层干部来培养的可他们不愿从基层起步"。这一方面说明大学生对自己缺乏正确的定位尚未意识到自身的差距，另一方面也说明他们缺乏自信生怕被一直安排在基层岗位上。事实上许多民企老板或中高层管理人员自己就是从最基层的岗位干出来的。

你认为应届大学生在求职过程中应该怎样做？

二、职业道德

曾有专家对 3 000 家公司进行了仔细研究，以了解公司员工在新形势下应该具备的最重要素质是什么。专家们给出的选项包括电脑技能、专业技术能力等因素，但调查结果表明：排在第一位的是员工对工作的兴趣和热情，其次是丰富的阅历和责任心。微软亚洲研究院人力资源部的负责人说：微软研究院的用人标准尤其看重人才的职业道德，应聘者要经过严格的面试，以考核他的诚信。

　　早在古希腊时期，哲学家柏拉图在其著作《理想国》中，对统治阶层、武士阶层、平民阶层三大阶级的道德品质做出了理想状态中的设想，同时对道德教育的问题也进行了一定的思考。

　　在日常生活中，当人们碰到某些从业人员不礼貌的服务或不公正的对待时，我们也常听到类似于"有没有职业道德"或"职业道德很差"等抱怨，在这个时候，我们可以感受到"职业道德"的理解不仅是一种外在的规范，也是从业人员所应具有的、内在的、并确实指导从业者行为表现的价值观。

（一）职业道德的发展

　　职业道德是随着社会分工的发展，并出现相对固定的职业集团时产生的。人们的职业生活实践是职业道德产生的基础。在原始社会末期，由于生产和交换的发展，出现了农业、手工业、畜牧业等职业分工，职业道德开始萌芽。进入阶级社会以后，又出现了商业、政治、军事、教育、医疗等职业。在一定社会的经济关系基础上，这些特定的职业不但要求人们具备特定的知识和技能，而且要求人们具备特定的道德观念、情感和品质。各种职业集团，为了维护职业利益和信誉，适应社会的需要，从而在职业实践中，根据一般社会道德的基本要求，逐渐形成了职业道德规范。在古代文献中，早有关于职业道德规范的记载。例如，公元前 6 世纪的中国古代兵书《孙子兵法·计》中，就有"将者，智、信、仁、勇、严也"的记载。智、信、仁、勇、严，这五德被中国古代兵家称为将之德。明代兵部尚书于清端提出的封建官吏道德修养的六条标准，被称为"亲民官自省六戒"，其内容有"勤抚恤、慎刑法、绝贿赂、杜私派、严徵收、崇节俭"。中国古代的医生，在长期的医疗实践中形成了优良的医德传统。"疾小不可云大，事易不可云难，贫富用心皆一，贵贱使药无别"，是医界长期流传的医德格言。公元前 5 世纪古希腊的《希波克拉底誓言》，是西方最早的医界职业道德文献。一定社会的职业道德是受该社会的分工状况和经济制度所决定和制约的。在封建社会，自给自足的自然经济和封建等级制不仅限制了职业之间的交往，而且阻碍了职业道德的发展。只是在某些工业、商业的行会条规以及从事医疗、教育、政治、军事等业的著名人物的言行和著作中包含有职业道德的内容。在这一社会的行业中，也出现过具有高超技艺和高尚品德的人物，他们的职业道德行为和品质受到广大群众的称颂，并世代相袭，逐渐形成优良的职业道德传统。资本主义商品经济的发展，促进了社会分工的扩大，职业和行业也日益增多、复杂。各种职业集团，为了增强竞争能力，增值利润，纷纷提倡职业道德，以提高职业信誉。在许多国家和地区，还成立了职业协会，制定协会章程，规定职业宗旨和职业道德规范。从而促进了职业道德的普及和发展。在资本主义社会，不但先前已有的将德、官德、医德、师德等进一步丰富和完善，而且出现了许多以往社会中所没有的道德，如企业道德、商业道德、律师道德、科学道德、编辑道德、作家道德、画家道德、体育道德等。但是，由于资产阶级的利己主义和金钱至上的观念，使职业道德的作用在资本主义社会中受到很大的局限。也由于资本主义社会的性质，决定了某些职业道德的虚伪性，需要时提倡它，不需要时就践踏它，并往往做表面文章，自我吹嘘。

社会主义的职业道德是适应社会主义物质文明和精神文明建设的需要，在共产主义道德原则的指导下，批判地继承了历史上优秀的职业道德传统的基础上发展起来的。由于社会主义的各行各业没有高低贵贱之分，在职业内部的从业人员之间、不同职业之间以及职业集团与社会之间没有根本的利害冲突，因此，不同职业的人们可以形成共同的要求和道德理想，树立热爱本职工作的责任感和荣誉感。中国各行各业制定的职业公约，如商业和其他服务行业的"服务公约"、人民解放军的"军人誓词"、科技工作者的"科学道德规范"以及工厂企业的"职工条例"中的一些规定，都属于社会主义职业道德的内容，它们在职业生活中已经发挥了巨大的作用。

(二)职业道德的内涵

职业道德是一般道德在职业行为中的反映，是社会分工的产物。所谓职业道德，就是人们在进行职业活动过程中，一切符合职业要求的心理意识、行为准则和行为规范的总和。它是一种内在的、非强制性的约束机制，是用来调整职业个人、职业主体和社会成员之间关系的行为准则和行为规范。

职业道德就是同人们的职业活动紧密联系的，符合职业特点所要求的道德准则、道德情操与道德品质的总和，它既是对本职人员在职业活动中的行为标准和要求，同时又是职业对社会所负的道德责任与义务，一个人只有明大德、守公德、严私德，其才方能用得其所，个人应重视职业道德的修养。

职业道德是指人们在职业生活中应遵循的基本道德，即一般社会道德在职业生活中的具体体现，是职业品德、职业纪律、专业胜任能力及职业责任等的总称，属于自律范围，它通过公约、守则等对职业生活中的某些方面加以规范。职业道德既是本行业人员在职业活动中的行为规范，又是行业对社会所负的道德责任和义务。

职业道德的含义包括以下八个方面：职业道德是一种职业规范，受社会普遍的认可；职业道德是长期以来自然形成的；职业道德没有确定形式，通常体现为观念、习惯、信念等；职业道德依靠文化、内心信念和习惯，通过员工的自律实现；职业道德大多没有实质的约束力和强制力；职业道德的主要内容是对员工义务的要求；职业道德标准多元化，代表了不同企业可能具有不同的价值观；职业道德承载着企业文化和凝聚力，影响深远。

（三）职业道德的特点

职业道德实际上仍属于道德的范畴，在本质上属于一种意识。职业道德概念的核心词是精神境界，它是主体通过一定的职业行为所反映出来的无形的体现。职业道德的精神境界是个人在后天的社会化过程中，将外在的社会要求行为要求内化并在这些社会性要求影响下行动所表现出来的精神境界，所以对于后生的社会个人来说，现存的社会行为要求就是一种外在的规范。因而，规范是职业道德的重要内在要素。职业道德人的精神境界的体现是依赖于外在行为规范被主体内化并影响人的实际行动这一过程。也就是说，职业道德的展现是依赖于人的实践活动，没有人的实践活动，就没有道德的表现，所以，职业道德是与人的实践密不可分的。从这个角度讲，职业道德具有实践性。

职业道德源于人们的职业活动的实践，是人们为交换生产资料的劳动活动中所需遵从的规定和法则，不同于法律的强制性，职业道德具有不可侵犯性。《公民道德建设实施纲要》中明确指出："要大力倡导以爱岗敬业、诚实守信、办事公道、服务群众、奉献社会为主要内容的职业道德，鼓励人们在工作中做一个好建设者。"这是社会主义职业道德的基本规范，是介于社会主义职业道德的核心原则与具体行业道德规范之间的职业行为准则。它概括了各行各业道德的共同特点，对各行各业提出了共同要求。

另外，社会上各行业的性质、特点、服务对象、服务手段以及传统习惯等是不完全一样的。各行业的职业道德规范是与该行业的个性特征相适应的具体的道德行为规范，是共同职业道德的行业化和具体化。因此，各行业的职业道德规范具有差异性。

（四）职业道德的要求

概括而言，职业道德主要应包括以下几方面的内容：忠于职守，乐于奉献；实事求是，不弄虚作假；依法行事，严守秘密；公正透明，服务社会。

1. 忠于职守，乐于奉献

尊职敬业是从业人员应该具备的一种崇高精神，是做到求真务实、优质服务、勤奋奉献的前提和基础。从业人员，要安心工作、热爱工作、献身所从的行业，把自己远大的理想和追求落到工作实处，在平凡的工作岗位上做出非凡的贡献。从业人员有了尊职敬业的精神，就能在实际工作中积极进取，忘我工作，把好工作质量关。对工作认真负责和核实，把工作中所得出的成果，作为自己的天职和莫大的荣幸；同时认真进行分析工作的不足和积累经验。

敬业奉献是从业人员的职业道德的内在要求。随着市场经济市场的发展，对从业人员的职业观念、态度、技能、纪律和作风都提出了新的更高的要求。

职业作为认识和管理社会的基础性工作。可谓默默无闻、枯燥烦琐。没有名利可图，无私奉献的道德品质，只有"不唯上、不唯书、只唯实"的求实精神，是很难出色地完成任务的。为此，我们要求广大从业人员要有高度的责任感和使命，热爱工作，献身事业，树立崇高的职业荣誉感。要克服任务繁重、条件艰苦、生活清苦等困难，勤勤恳恳，任劳任怨，甘于寂寞，乐于奉献。要适应新形势的变化，刻苦钻研。加强个人的道德修养，处理好个人、集体、国家三者关系，树立正确的世界观、人生观和价值观；把继承中华民族传统德与弘扬时代精神结合起来，坚持解放思想、实事求是，与时俱进、勇于创新、淡泊名利、无私奉献。

2. 实事求是，一票否决

实事求是，不光是思想路线和认识路线的问题，也是一个道德问题，而且是统计职业道德的核心。求，就是深入实际，调查研究；是，有两层含义，第一是真不是假，第二社会经济现象数量关系的必然联系即规律性。为此，我们必须办实事，求实效，坚决反对和制止工作上弄虚作假。这就需要有心底无私的职业良心和无私无畏的职业作风与职业态度。如果夹杂着个私心杂念，为了满足自己的私利或迎合某些人的私欲需要，弄虚作假、虚报浮夸就在所难免，也就会背离实事求是原则这一最本的职业道德。

职业道德尤其对为人师表的教育工作者非常重要。根据中组部、中宣部、教育部日前联合印发的《关于加强和改进高校青年教师思想政治工作的若干意见》，我国将对师德表现作为教师年度考核、岗位聘任(聘用)、职称评审、评优奖励的首要标准，建立健全青年教师师德考核档案，实行师德"一票否决制"。

作为一个工作者，必须有对国家对人民高度的负责的精神，把实事求是作为履行责任和义务的最基本的道德要求，坚持不唯书，不唯上，只唯实。从业人员要特别注意调查研究，经过去粗取精，去伪存真，由表及里，由此及彼的分析，按照事物本来面貌如实反映，有一说一，有二说二，有喜报喜，有忧报忧，不随波逐流，不看眼色行事。

3. 依法行事，严守秘密

坚持依法行事和以德行事"两手抓"：一方面，要大力推进国家法治建设的有利时机，进一步加大执法力度，严厉打击各种违法乱纪的现象，依靠法律的强制力量消除腐败滋生的土壤；另一方面，要通过劝导和教育，启迪人们的良知，提高人们的道德自觉性，把职业道德渗透到工作的各个环节，融入工作的全过程，增强人们以德的意识，从根本上消除腐败现象。

严守秘密是统计职业道德必须的重要准则。保守国家、企业和个人的秘密。

4. 公正透明，服务社会

优质服务是职业道德所追求的最终目标，优质服务是职业生命力的延伸（见表 9-1）。

表 9-1　部分行业简明职业道德规范要求

商业服务人员职业道德：文明礼貌、诚信无欺
公交服务人员职业道德：安全正点、方便周到
医疗服务人员职业道德：救死扶伤、高度负责
旅游服务人员职业道德：热情友好、不卑不亢
文艺工作人员职业道德：情操高尚、大方正派
教育工作人员职业道德：教书育人、为人师表
公用服务人员职业道德：为民着想、讲究质量
个体经营人员职业道德：遵纪守法、买卖公平
行政执法人员职业道德：秉公执法、铁面无私

（五）职业道德的作用

职业道德是社会道德体系的重要组成部分，它一方面具有社会道德的一般作用，另一方面它又具有自身的特殊作用，具体表现在以下几个方面。

1. 调节职业交往中从业人员内部以及从业人员与服务对象间的关系

职业道德的基本职能是调节职能。它一方面可以调节从业人员内部的关系，即运用职业道德规范约束职业内部人员的行为，促进职业内部人员的团结与合作。如职业道德规范要求各行各业的从业人员，都要团结、互助、爱岗、敬业、齐心协力地为发展本行业、本职业服务。另一方面，职业道德又可以调节从业人员和服务对象之间的关系。如职业道德规定了制造产品的工人要怎样对用户负责；营销人员怎样对顾客负责；医生怎样对病人负责；教师怎样对学生负责；等等。

2. 有助于维护和提高本行业的信誉

一个行业、一个企业的信誉，也就是它们的形象、信用和声誉，是指企业及其产品与服务在社会公众中的信任程度，提高企业的信誉主要靠产品的质量和服务质量，而从业人员职业道德水平高是产品质量和服务质量的有效保证。若从业人员职业道德水平不高，很难生产出优质的产品和提供优质的服务。

3. 促进本行业的发展

行业、企业的发展有赖于高的经济效益，而高的经济效益源于高的员工素质。员工素质主要包含知识、能力、责任心三个方面，其中责任心是最重要的。而职业道德水平高的从业人员其责任心是极强的，因此，职业道德能促进本行业的发展。

4. 有助于提高全社会的道德水平

职业道德是整个社会道德的主要内容。职业道德一方面涉及每个从业者如何对待职业，如何对待工作，同时也是一个从业人员的生活态度、价值观念的表现；是一个人的道德意识，道德行为发展的成熟阶段，具有较强的稳定性和连续性。另一方面，职业道德也是一个职业集体，甚至一个行业全体人员的行为表现，如果每个行业，每个职业集体都具备优良的道德，对整个社会道德水平的提高肯定会发挥重要作用。

【案例分析】

"高薪"让他毁约

李华是某学院的应届毕业生，早在年初就签约了一家广告公司。"都说就业情况很不乐观，我们这个专业供大于求，竞争非常激烈，我生怕找不到工作，很早就签了这家公司。"让李华始料未及的是，签完约的第二天就接到另一家传播公司的意向书，通知他去签约。面对更高的薪水，李华决定和前一家公司毁约。

像上文中李华这样行为的大学生很多，诸多毁约情况反映了毕业生缺乏应有的职业道德。在职业活动中，不同的价值追求所体现的人生境界是不同的，所产生的价值和意义也是不同的。大学生要加强道德修养，为未来的职业生涯打下良好的道德基础。

【拓展训练】

列举出以下职业应当具备何种职业道德

教师：_____、_____、_____、_____。

公务员：_____、_____、_____、_____。

会计师：_____、_____、_____、_____。

记者：_____、_____、_____、_____。

医生：_____、_____、_____、_____。

（你最关注的职业）：_____、_____、_____、_____。

第二节　职场修炼的五大秘密武器

加强大学生职业素质和能力教育，打造大学生就业竞争力是高校贯彻落实以学生为本的必要措施，也是当下和谐发展的重要手段，更是解决大学生切身利益的有效途径。大学生的职业能力直接关系到大学生是否能够获得就业上岗的机会，是大学生通向职场的"通行证"，是大学生求职的"硬件"条件。

能力总是和人的某种活动相联系并表现在活动中，只有通过一个人所从事的某种活动，才能看出他具有某种能力。职业能力是人的综合素质在职业中的外在表现，是在所从事的职业中表现出来的智、情、意诸方面的力量，包括个人的体能、技能、态度、动机、经验、知识、个人品质等方面的内容。

职业能力可以分为基本、较高两个层面：较高层面的职业能力是针对某一特定职业的专业能力。不同的职业需要不同的能力，我们称之为专业能力。专业能力是指工作者从事某一职业活动所必备的能力。基本层面的职业能力是跨职业能力，又称为通用职业能力，即更换工作岗位甚至变换职业后，在新的岗位或职业中仍能继续发挥作用的能力。它存在于一切职业中，从事任何工作都需要的、具有普遍适用性的能力。正像纷繁复杂的物质世界，在其最深层次上仅由原子和分子等少数几种基本粒子组成一样，人类在社会活动中表现出来的多姿多彩的能力，在最深层次上也仅是由几种核心能力构成的。专业能力好比浮出海面的冰山一角，核心能力则是海面下的冰山主体。相对于专业能力，通用职业能力往往是人们职业生涯中更重要的、最基本的技能，具有更普遍的适用性和更广泛的迁移性，对人的影响和意义更为深远。

一、学习能力

(一)学习是人类生存与发展的推动力

生活、工作、学习是人类社会活动的三大主题，学习是人生重要的使命之一。只有通过学习，才具有生存的能力，学习是人类发展前进的推动力。在发展的历史进程中，人类经过不断地学习与实践的循环，积累了丰富的知识，创造了辉煌灿烂的人类文明。通过学习人类才具有知识与智慧，学习是人类生存发展的必由之路。习近平总书记在知识分子、劳动模范、青年代表座谈会上提到"人才有高下，知物由学。"梦想从学习开始，事业靠本领成就。广大青年要自觉加强学习，不断增强本领。

科学家将人类所具有的知识，理解为人类自身能力的延长与发展。知识的本质统统可以看做是人的生理能力的延伸。物理知识是手足运动的延长；数学知识是脑细胞裂变及递进运动的延长；理论和语言是口腔和舌头动作需要的延长；而各种工具和仪器则是视觉，触觉的延长等。人是知识的创造者、学习者和使用者，通过各种知识的学习与实践，使得人类提高了自身的生存能力和创造能力，并获得了巨大的发展。

在中国古代汉语中"学习"的含义，是由"学"和"习"两个概念组成的。直到我国古代伟大思想家与教育家孔子才将"学习"合成为一个概念，在《论语·学而》中开篇第一句话讲到"学而时习之"。现代意义上的学习，具有非常广泛的内涵与外延。学习的含义，就是通过阅读、听讲、研究、实践中获得知识和技能。学习的定义包含了学习的内容，即知识和技能，以及学习的途径和方式，就是通过阅读、听讲、研究和实践等方式。学习不仅可以通过阅读书籍、听人讲授、在实践中验证与探索，也能获得更具有实用性的知识和技能。

(二)培养终身学习的能力

知识的学习固然重要，然而学习的能力比知识的学习更加重要。现代人生活工作在信息的海洋中，信息的爆炸性增长、知识的迅速普及，对学习的要求

一再提高。如何在知识的海洋中

不迷失方向，学会学习就是把握方向与提供动力的风帆。

"授人以鱼，不如授之以渔"。"学习知识"与"学习能力"的关系就类似于"鱼"与"渔"的关系。只有学会渔猎的方法，才能永远得到新鲜的鱼，而且取之不尽，用之不竭，受用终身。知识与技能的学习，已经越来越难以满足人们的需要，因为知识与技能是学习的内容，数量再多也有穷尽的时候。学习的能力是最应该学习的。只有具备了这种学习能力，才是解决问题的关键，真正掌握了永远能够学习知识的方法和动力。

学会学习的含义，是指掌握最适合的学习方法，能够进行独立的、创造性的、有效的学习能力。学会学习的关键是掌握方法，离开传授式的教育形式，能够进行独立自主的学习，以获得长期发展所需要的知识。学会学习自然不是仅指学会多少知识，而更重要的是培养学习精神、掌握方法、提高能力，以获得有效学习、处理和利用知识的能力。

（三）强化自主学习能力

当你进入职场后，也意味着你同时开始了终身学习的历程，学习形式从传统的课堂授课的教学形式，转变为自主式的学习方式。在终身学习时代，只有培养自主式的学习能力，才能够真正实现终身学习。否则的话，终身学习只能是一句冠冕堂皇的口号。自主式学习使自己改变被动接受的学习方式，真正成为学习的主体。善于自学的人，往往都具有很强的学习的主动性。自主性学习，能够按照自己最适合的方式去学习。美国麻省理工学院教授帕博特对学习有非常独到的见解，学习并非仅指学习学校知识，而是指学习如何建立解决问题的策略。理想的学习方式应该是：在学习过程中，要意识到自我的存在，并意识到自己可以控制外在事物。为自己制订切实可行的学习计划，是保证自主式学习顺利实施的重要保证。根据自身的具体情况，科学合理的安排时间，发挥自我管理的效力，养成良好的学习习惯，磨炼自己的意志，以达到最佳的学习效果。

如何选择自主学习的内容与方式，要结合工作、职业的目标来确定。选择与自己本专业接近的学习目标最容易实现。大多数职业人具备一定的专业知识，学习方向要与工作相结合。最好从本专业的知识体系中，选择一个点作为学习的突破口。开始的目标定位要窄，切忌过于宽泛，目标过大或过多，就等于没有目标。从某一个相对较小的目标，开始学习与研究，集中时间与精力，尽快有所成绩，以积累信心和经验。然后在这个基础之上，向纵深和广度方面拓展。我国著名的建筑科学家茅以升说："专业是分工的结果，分工越细专业越精，专精是需要的。专精不能孤立，专业越精，发生关系的方面也越多。如同建宝塔，塔越高，则塔的基础愈宽大。专精需要广博的知识。"学习要通过以点带线，以线带面的方式，选取相对独立的一两个专门的研究主题，深入钻研，逐渐扩大领域，并在这方面长期积累，有所建树。

另外一种情况就是，如果准备有转行的考虑，立足在现有的专业领域，考虑向其他方向延伸。不仅要学习相关领域的基础知识，还要积累相关的经验，这种学习需要付出更大的努力。需要审慎选择所学专业，也要遵循找准切入点的原则，发现其他领域的关键问题与机会，是你成功的基础。一般采用选择与本专业相关的边缘性的学科，或者几种学科立体交叉的某个领域，还可以利用你原来所具备的知识，以免接触完全陌生的领域，成功的可能性会降低。

自主性学习，更注重想象力与创造力的发挥，爱因斯坦曾经说过："想象力比知识更重要，因为知识是有限的，而想象力可以概括世界上的一切，推动着世界的进步，并且是知识进化的源泉。"[①]自主性学习，就是要充分发掘自身的潜能和想象力，找到适合自己学习的最佳途径，采用更有效的学习方法，使自主式学习成为富有挑战性、创造性和趣味性的活动从学习中得到成就感与快乐，才能有更大的收获。

(四)学习的途径

1. 从阅读中学习

阅读是最常用的学习方式，书籍是知识的主要载体之一。博览群书，能够开阔视野，扩展思路，然而对繁忙的现代人来说是个美好的奢望。怎样从汗牛充栋的书籍中，找到适合自己的书籍，是每个人在学习中要面临的问题。在有限的时间里阅读真正的好书，是提高学习效率的开端。能够发现富有价值的好书，也需要一定的功力。如果阅读平庸乏味的书，不仅浪费了时间和精力，甚至会给你带来不良的影响，同时也使你失去了阅读更多好书的机会。

发现真正的好书，不要被宣传炒作的表面文章所诱惑。一些装帧华丽所谓流行的书，大多数是"快餐食品"或"膨化食品"，能带给你视觉和口味上的享受，但不一定能带给你真正的营养。能够滋养你的智慧的图书，才是真正的好

---

① 爱因斯坦：《爱因斯坦文集》(第一卷)，8页，北京，商务印书馆，1978。

书。学会能够透过书籍平实的表面，发现其中知识的含量和思想的光辉，是选择书籍的重要标准。职业人在选择书籍的时候，要根据自己的学习目标，选择富有真知灼见的好书，以便得到实质性的帮助。

读书只是学习知识的一个部分，接受的还是书本上间接的知识。对于书中的观点，也要运用自己的知识背景和评价体系，有选择地接受，不能全盘接受，去其糟粕，吸纳精华。如何将书本知识变成自己的知识，就需要借助思考与行动的力量。通过自身的思考获得深刻的见解和实践所积累的经验，才真正拥有了自己的知识。这样不断地读书、思考与实践，从而构建自身的知识结构与评价体系，升华成为自身的智慧与才能。

读书的方法有很多，结合自身的情况选择最有效率的阅读方式。比如循序渐进的整体式读书法，条理清楚的程序式读书法，边读边记地笔记式读书法，调动各种感官的协调式读书法，以及富有成效的创造性读书法等。一般学校教育中都进行过阅读方面的训练。对于职业人来讲最实用的读书法是专题式读书法。在一个阶段中，根据工作需要确定一个专题，选择几种与本专题相关的书，从不同的角度学习，专门深入研究某几个重点问题，阅读与思考结合起来学懂学通，这种读书的方法比毫无目的的泛读的效果要好得多。

无论采用哪种阅读的方式，快速阅读是提高阅读效率的关键。在知识与书籍的海洋中，快速阅读是必须掌握的阅读技巧。通过对信息的快速浏览检索，迅速发现有用的信息，并经过分析与处理，掌握其中最关键的信息。快速阅读不是只注重提高阅读的速度，还要保证学习的质量。学会快速阅读，要先改变无声阅读的不良习惯，很多人读书时虽然不出声，但是却是在逐字逐句的无声朗读，这种习惯会大大降低阅读的速度。无声朗读接受信息的过程，要经过眼睛—大脑—发音器官—眼睛的生理循环活动。其实阅读只需要眼睛—大脑两个功能的信息处理环节就可以，增加不必要的环节就降低了速度。快速阅读不仅要简化信息处理的环节，还要改变从头到尾的阅读习惯，结合浏览、跳读、略读等方法，减少无用信息的干扰，抓住主要信息迅速吸收。

2. 从实践中学习

我国古代"学与思""知行合一"的哲学观点。我国古代的圣贤先哲们都非常强调学习的实践意义。荀子更是注重"行之，明也"。知识不用于行动难以获得真正的智慧。朱熹也曾指出："学之之博，未若知之之要；知之之要，未若行之之实。"①精辟地阐述了学习、知识和实践的关系。明代思想家王守仁主张，"真知，即所以为行，不行，不足以谓知之"。他认为真正的知识就是为了用来实践的，不能付诸实践就不足以称之为知识。纸上得来终觉浅，绝知此事要躬行。所有知识要转化为能力，都必须躬身实践。要坚持知行合一，注重在实践中学真知、悟真谛，加强磨练、增长本领。

在研究职业经理的在职学习方式时，管理及心理学家大卫·戈尔提出了学习循环的模式，缺乏明确的目的性，往往学习效率不高，职业人的学习与工作紧密结合，是学习的最大特点。实际工作中经常会遇到难以解决的问题，在解决问题的过程中学习。学习的过程也是实践的过程，经过观察与思考形成概念，并予整理，在新环境中进行验证、取得实践经验，完成了一个解决问题和学习的循环过程。同时在不断地分析问题解决问题的环境中，不仅学习了很多实用的知识，而且提高了解决问题的能力。学习与工作互相促进，取得学习与工作的双丰收。

3. 从职场社交中学习

在你的学习和职业生涯中，肯定会有一些人曾经给了你特别的启示或者重要的帮助，他们就是你的良师益友。"三人行，必有我师"，何况在人才济济的职场中，你的上司、你的同事、你的客户、每个你发现的才华横溢的人，都可以是你学习与交流的对象。他们是你身边生动的学习样板，取人之长，补己之短，吸取他人的经验，增长自身的才干。

良好的职场社交不仅为你提供了很多工作方面的帮助，同时也是很好的学习机会。人际交往中各种信息的交流，也是你获得知识的重要渠道。从人格高尚和富有才华的人士身上，不仅可以学习到做人的品格，还可以进行学识方面的请教与交流。

在职场中向周围的人学习，不仅能帮助你在本专业领域内得到更多的提高，还可以激发自我学习的动力。因为周围的人大多数是与你条件或目标类似的人，相似性与可比性使得他们的成绩特别具有说服力，能够达到激励自己的目的。因为工作与学习兼顾是非常辛苦的事情，需要顽强的意志，没有强大的精神动力是很难坚持的。在与他人竞争的条件下，比较容易克服倦怠和懒惰的心理，激发学习的热情与坚持的毅力。

---

① （宋）朱熹：《朱子语类》卷十三，555 页，北京，崇文书局，2018。

通过社交活动可以拓展自我的视野与知识面，在与他人交流中，帮助你克服兴趣狭窄的问题，扩大自身的爱好范围，提高自己的学习动力。平时与志同道合的朋友的交往，还可以培养自己多方面的业余兴趣，通过广泛的社交活动，可以互相讨论切磋，共同学习，共同提高。

4. 从互联网上学习

现代大众传播媒介为学习者提供了多种选择的方式，通过现代大众传媒的快速发展，信息与知识得到广泛而迅速地传播，也成为现代社会没有围墙的大学，为学习带来了极大的方便。职业人充分利用现代传播媒介进行学习，通过灵活多样的学习形式，获得更新的知识，提高学习的效果。

21 世纪的到来，随着信息技术的迅速发展，互联网也为学习者构建了一个全球化的学习社区，出现了新兴的学习方式。互联网就是一个神奇的虚拟的学校。然而媒介本身并不是信息，现代化的媒介并不一定带给你知识。互联网上的各种各样的信息，包含着非常宝贵的知识，也充斥着大量的信息垃圾。如果毫无目的网上漫游，禁不住各种丰富多彩的信息诱惑或干扰，就会被鼠标带着到处漫游，不仅浪费大量的时间，而且忽略了学习的目的，影响了学习的效率。现代媒介仅仅为你提供了新型的知识载体和学习方式，在自主性学习的情况下，职业人通过互联网学习，依靠创造性的学习获取知识。

互联网的海量信息，方便灵活的学习形式，为职业人的学习创造了良好的学习条件。首先要具备使用电脑和网上学习的能力，学会通过互联网，如何检索、查询、选择、判断和处理信息，以达到对信息的有效利用，这种能力在网络时代里非常重要，否则面对巨大的数字化浪潮无所适从。

互联网不仅能在学习过程中，为你提供信息资料的支持，各种网络学校，名校公开课，在线课堂等，也为职业人提供了继续深造的机会。在互动的学习交流中，同样可以得到教师的指导与其他同学的交流沟通，具有很强的自主性和灵活性，非常适合职业人的学习特点。通过虚拟的学习社区，学习者能够随时随地安排学习活动，时间和空间不受限制，为职业人提供了各种可供选择的学习方案。未来的终身学习，特别是在职学习，通过网上学习的比例将会迅速提高。

【案例及评析】

前几天和客户沟通交流的时候，客户提出了这样的问题：我们最近准备提一个部门经理，有两个人可以选择，一个是公司的资深老员工，但学历不高，工作经验挺丰富；另外一个是刚到公司二年的新员工，但工作能力很强，做事也有思路和想法。可以说这两个人都符合这个岗位的要求，但是我们应该选谁呢？

二、沟通能力

美国成功心理学家戴尔·卡耐基曾说，一个人的成功只有15％依靠专业知识，85％要依靠与人打交道的能力。可见，人际交往沟通对于职业发展的重要意义。

人际沟通的实质是心理的沟通。人们每天都要将大量的时间花在各种沟通方式中。对于职业人员来说，沟通无处不在。如何提高沟通效果，避免无效沟通，更好地促进工作的开展，需要我们掌握一些基本原则和方法。

(一)有效沟通的原则

所谓有效沟通，意味着传递和交流的信息可靠性和准确性高，并且非常及时。可以将其归结为以下公式：

$$有效沟通＝准确的信息传递＋适时的情感交流$$

事实表明，沟通的有效性越高，组织的智能就越高。被誉为"公关圣经"的著作《有效的公共关系》中，提出了有效沟通的"七C"原则。如下：

(1)可信赖性(Credibility)，指建立对传播者的信赖。

(2)一致性(Context)，指传播须与环境(包括物质、社会、心理、时间等)相协调。

(3)内容的可接受性(Content)，指传播内容须考虑受众，能激发他们的兴趣，满足他们的需要。

(4)表达的明确性(Clarity)，指信息的组织形式应简洁明了，公众易于接受。

(5)渠道的多样性(Channels)，指有针对性地运用传播媒介以达到向目标公众传播信息的作用。

(6)持续性与连贯性(Continuity and consistency)，意味着沟通是一个没有终点的过程。要达到渗透的目的，必须对信息进行重复，在重复中不断补充新的内容，而且这一过程应持续地坚持下去。

(7)受众能力的差异性(Capability of audience)，意味着沟通须考虑沟通对象能力的差异，包括注意力、理解力、接受力和行为能力等。只有充分考虑这些内容的差异，进而采取不同的方法实施传播，才能使传播易为受众理解和接受。

上述"七 C"原则基本涵盖了沟通的主要环节，涉及传播学中的控制分析、内容分析、媒介分析、受众分析、效果分析和反馈分析等主要内容，具有很强的实践应用性。

(二)避免沟通的障碍

在沟通过程中，由于来自信息发送或接收主体，外界干扰等原因，信息往往发生丢失或被曲解，这就是沟通障碍。以下三种方法可以帮助我们有效克服沟通障碍，提高沟通效率。

1. 启用反馈

完整的沟通过程必然具备完善的反馈机制，否则沟通效果将大打折扣。反馈是信息发送者和接收者之间的相互作用，能及时反映信息本身的质量、沟通媒介的畅通程度，以及发信者、信息、受信者三者之间的匹配性．便于及时识别障碍、解决问题。事先问清楚，事后负责任，是有效沟通非常重要的基础和应该养成的良好习惯。应该特别注意的是，在沟通过程中，发信者与受信者互为传收关系，沟通双方都处于反馈的主体地位。为了更好地进行反馈；需要双方端正沟通心态，以实事求是的态度积极对待信息反馈。

2. 简化语言

在现实生活中，一些人讲话漫无边际，如果仔细分析，可能是思路混乱的表现，也可能是委婉曲折地达到目的的手段，更可能只足一种不良的习惯。首先应当意识到，过多的资讯会减低接收者对信息的理解和吸收程度。发信者应注意措辞，并根据受信者的特点，对信息做一定的整理，以使信息清楚明确表达，易于对方接受。也可将其分成若干小而简单的相对独立信息，一部分一部分地传送给对方。再者，应做到讲话抓重点。研究表明，人在各种感觉通道上的感受性都会随着感知时间的增加而下降。例如，在产品销售过程中，很多客户的注意力只有 10 分钟，甚至更少。倘若你不能在这短暂的时间里抓住客户的注意力，客户可能就会什么也听不进去了。因此，无论是 1 个小时、15 分钟、还是 5 分钟，要保证你讲的永远是重点。

3. 积极倾听

"上帝赋予我们一个舌头，两个耳朵．这是要我们多听少说。"沟通是倾听的艺术。良好的沟通，需要耐心地聆听对方，全身心地投入人际关系，建立持久的友谊，需掌握一些基本的交往技巧。

(1)记住别人的姓名。主动与人打招呼，称呼得当。

(2)细心倾听。看着对方的眼睛，倾听他们的心声更能表达你的真诚与关心。

(3)散发愉悦的心情。微笑是人际交往的请柬，是解除对方防备心理的姿态。成为快乐的磁铁，这是建造人际关系的重要部分。

(4)真诚地表达赞美。积极寻找他人的优点，然后大声赞赏，提升他人的自我价值感。

(5)合理地表达负性情绪。愤怒、不满等负性情绪是产生人际冲突的不利因素。要学会疏通，为自己的垃圾情绪寻找合理的出口。

(6)保持友好的灵活性，把目标建立在混凝土上，而把计划建立在沙子上，这样会帮助你更好地与他人相处。

(7)富有同情心。把自己放在对方的位置上，分享他人的感受。

(8)站稳立场。关心他人，并不等于让他人控制你的生活。坚持自己的信念和原则，不卑不亢。

(9)给对方空间。与他人保持适当的距离，因为每个人都有不愿意暴露的私密领域。

(10)勿当众揭露他人的错误。建设性的批评可以帮助他人，而不分场合的批评只会伤害他人。

(11)注重细节。魅力来自于每一个细节，衣着打扮、言行举止，无不体现出个人的性情和教养。单个细节表面上看起来微不足道，但很多个细节的叠加，就成了一道美丽的风景线。

【拓展阅读】

一天一位老太太拎着篮子去楼下的菜市场买水果。她来到第一个小贩的水果摊前问道："这李子怎么样?"

"我的李子又大又甜，特别好吃。"小贩回答。

老太太摇了摇头没有买。她向另外一个小贩走去问道："你的李子好吃吗?"

"我这里是李子专卖，各种各样的李子都有。您要什么样的李子?""我要买酸一点儿的。"

"我这篮李子酸得咬一口就流口水，您要多少？"

"来一斤吧。"老太太买完李子继续在市场中逛，又看到一个小贩的摊上也有李子，又大又圆非常抢眼，便问水果摊后的小贩："你的李子多少钱一斤？""您好，您问哪种李子？"

"我要酸一点儿的。"

"别人买李子都要又大又甜的，您为什么要酸的李子呢？"

"我儿媳妇要生孩子了，想吃酸的。"

"老太太，您对儿媳妇真体贴，她想吃酸的，说明她一定能给您生个大胖孙子。您要多少？""我再来一斤吧。"老太太被小贩说得很高兴，便又买了一斤。小贩一边称李子一边继续问："您知道孕妇最需要什么营养吗？""不知道。"

"孕妇特别需要补充维生素。您知道哪种水果含维生素最多吗？""不清楚。""猕猴桃含有多种维生素，特别适合孕妇。您要给您儿媳妇天天吃猕猴桃，她一高兴，说不定能一下给您生出一对双胞胎。"

"是吗？好啊，那我就再来一斤猕猴桃。"

"您人真好，谁摊上您这样的婆婆，一定有福气。"小贩开始给老太太称猕猴桃，嘴里也不闲着："我每天都在这儿摆摊，水果都是当天从批发市场找新鲜的批发来的，您媳妇要是吃好了，您再来。"

"行。"老太太被小贩说得高兴，提了水果边付账边应承着。

三个小贩对着同样一个老太太，为什么销售的结果完全不一样呢？

听对方的意见和感受。积极的倾听有助于保持友好的沟通氛围，发现对方的真实需求，从而获得更多的信息，整理出对自己有用的信息，促使我们发现问题和处理问题。同时，倾听还能使对方被尊重的需要得以充分满足。因此，倾听要求我们暂时忘掉自己的成见和愿望，全神贯注地理解讲话人的内容，与之一起体验整个过程。一些基本的技巧，如积极的目光接触、及时确认、简述对方要点、分享自己的心情等，都将有利于更好地倾听。

【拓展训练】

我说你画

请一名同学担任"传达者"，其余人作为倾听者。传达者看样图（一）2分钟，背对全体"倾听者"下达画图指令。"倾听者"根据"传达者"的指令画样图

（一）的图形，"倾听者"不许提问。

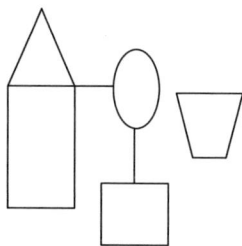

样图（一）

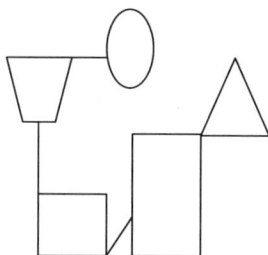

样图（二）

传达者感受	倾听者感受
为什么会出现这种情况？	

请一名同学担任"传达者"，其余人作为倾听者。传达者看样图（二）2分钟，面对全体"倾听者"下达画图指令。其中允许"倾听者"不断提问，看看这一轮的结果如何？请"传达者"和"倾听者"谈自己的感受，并比较两轮过程与结果的差异。

传达者感受	倾听者感受
为什么会出现这种情况？	

三、团队合作能力

古人云：人心齐，泰山移。在现代社会，很难再单靠个人能力来解决重大问题，更多的成果是靠"集体大脑"，而创新人才将以一种团队的形式体现出来，也就是说，时代要求个体在具备必要的自身能力之外还必须具备与他人合作的协作能力。为了实现共同的目标，团队成员就要有一种团队精神与合作能力。团队不仅强调个人的业务成果，更强调团队的整体业绩。团队的核心是共同奉献，需要每个成员能够为一个共同的目标作出奉献。要有切实可行而又具有挑战意义的目标，能激发队的工作动力和奉献精神，要能为企业注入生命活力。

（一）团队的特征

一个优秀的团队一般应具备以下基本特征：

1. 共同的工作愿景

工作愿景是决定事业成败的决定性因素。一个优秀的团队，应该是一个愿景一致、方向一致、步调一致的团队。当然，真正的共同愿景的建立，需要团队成员的个人愿景与企业的共同愿景之间有感情和利益的联系，需要将二者结合起来，共生共荣。

2. 良好的执行能力

团队的执行能力区别于个人的执行力。团队执行力强调的是所有团队成员对于一项集体工作的认知、协作和完成能力，而个人的执行力只体现在成员对个体工作的完成情况。相比之下，团队执行力的提高并非得益于某个人，而是团队成员协作的结果。这就需要团队成员具有强烈的工作责任心和荣辱感，在理解、把握工作部署的基础上，将战术不折不扣、坚定不移地贯彻执行下去，对于每一个运作细节和每一个项目流程都要落到实处。工作中难以预见的各种难题会随时出现。优秀的团队还应该是能够攻坚克难的集体，与遭遇"突发事件""危机事件"时，能够顺利转危为安。

3. 能力互补促协作

美国社会学家史密斯在《团队智慧》中指出：团队是拥有不同技巧的人员的组合，他们致力于共同的目的、共同的工作目标和共同的相互负责的处事方法。

商场如战场，四处硝烟弥散，团队之间的较量不可避免，而每个员工的能力就好比军队冲锋时持有的手枪、步枪、冲锋枪、高射炮等；有擅长打远处的；有擅长打近处的；有擅长打天空的；只有紧密配合才能赢得胜利。一个团队也是如此。团队成员都有自己的性格、特长和经验，只有充分地实现成员能力的互补，形成一个类似球体的结构，而不是长方体或其他的体形，才能更快地向前滚动。空有特长只是"打胜仗"的基础条件，而不是充分条件，只有既有特长，又懂协作，才能成为一支"常胜之师"。

4. 持续的创新能力

团队的创新能力是企业自我完善和发展的重要途径，指团队在原有知识经验的基础上，在顺利完成创建新事物的活动中，表现出来的潜在心理品质。创新能力可以训练出来、启发出来，甚至可以"逼出来"。企业竞争之激烈性不言而喻，谁能不断推陈出新，探索出新的盈利点和营销模式，谁就能抢占先机，获得"风光无限"。因此，一个优秀的团队要有强烈的创新意识，对市场脉搏和走向有清晰的认知，做出远瞻性预测，并积极行动，做到未雨绸缪。

另外，团队的创新要具有持续性。一个好创意的产生并非是一时灵感，而是团队成员在工作积累中厚积薄发的结果。只有持续创新，才能打造出一流的企业。

(二)团队合作精神的内涵

所谓团队精神．即大局意识、协作精神和服务精神的集中体现。团队精神的基础是尊重个人的兴趣和成就。核心是协同合作，最高境界是全体成员的向心力、凝聚力，反映个体利益和整体利益的统一，进而保证组织的高效率运转。团队精神的形成并不要求团队成员牺牲自我．相反挥洒个性、表现特长保证了成员共同完成任务目标，而明确的协作意愿和协作方式则产生了真正的内心动力。团队精神是组织文化的一部分，良好的管理可以通过合适的组织形态将每个人安排至合适的岗位，充分发挥集体的潜能。如果没有正确的管理文化，没有良好的从业心态和奉献精神，就不会有团队精神。

团队合作精神主要体现在以下几方面：

1. 团队与团队成员的关系

团队精神表现为团队成员对团队的强烈归属感。团队成员由衷地把自己的前途与团队的命运紧密联系在一起，愿意为团队利益和目标尽心尽力。在处理个人利益与团队利益的关系时，团队成员会义无反顾地优先保全团队利益。

2. 团队成员之间的关系

团队精神表现为成员之间的相互协作及融为一体。团队成员彼此将对方视作一家人，相互依存，肝胆相照，荣辱与共。成员之间和谐相处，充满凝聚力，同时为了团队的成功取长补短，彼此促进。

3. 团队成员对团队事务的态度

团队精神表现为团队成员对团队事务的全方位投入。每个成员都具有极强的责任心，能积极参与管理和决策活动，充分发挥自己的积极性、主动性和创造性。成员要衷心地将团队的事当作自己的事，不仅尽职尽责，认真勤勉，更要充满活力和激情。

（三）团队合作训练

美国华盛顿国立图书馆的墙壁上写了三句话："我听见了，但可能忘记；我看见了，就可能记住；我做过了，便真正理解了。"亲身体验对于信息的吸收和内化，是最有效的方法。团队合作训练活动从本质上讲就是一种"体验式学习"，它是利用自然条件和环境，通过精心设计的具有挑战性的活动项目，让受训者在掌握一定遇险技能的同时，开发其心智、培养其团队精神。其目的在于"磨炼意志、陶冶情操、完善人格、熔炼团队"。

在此介绍几种常用的团队合作训练项目。

1. 项目名称：信任背摔

活动目的：挑战自我；诚信与承诺；相互信任。

项目描述：一名同学站在近 2 米高的台子上，仰面向后倒下。其他队员在台下分两列相对而战，将手交错握好，接住向下倒的同学。

2. 项目名称：千千结

活动同的：团队成员间的协调和配合。

项目描述：一组人手拉手围成圆圈，记住自己左手和右手的伙伴后，放手，在圆圈的区域内自由活动。待命令叫"停"后，每个人都停住，用左手右手分别拉原先站在自己左右两边的伙伴。如此形成重叠交错的"结"。然后设法解开。

3. 项目名称：勇闯雷阵

活动目的：善于利用工具与资源；突破思维定式（创新）；学会倾听；策划、决策；尝试（有效操作）；预见性（工作监督）。

项目描述：所有学员从雷区的人口开始，依次通过雷阵，成功地到达雷区的另一边。同一时间，雷区内只允许有一人进入。每走一步只能迈进相邻的格子里，不准跳跃及试探。违规现象有四种：重复触雷、未按原路返回、跨格踩线、非进入雷区者进入雷区。

4. 项目名称：生死电网

活动目的：合理计划，有效组织，统一行动；合理分工，合理配置资源；领导者作用，科学决策；严谨细致的工作作风；正确对待不同意见和挫折。

项目描述：对面是一个千万伏高压的电网，任何人、任何物品触及电网会被立即烧焦。所有队员要从有效通道依次通过，在规定时间内到达电网的另一端。队员需要穿越的是一张与地面垂直的"电网"（绳网），网上的一个洞就是一条生路。通过的身体的任何部分，包括衣服，都不许碰到其边缘，碰到即为"触电"。"牺牲"的同志可以继续前进，但每条生路却只能使用一次。

5. 项目名称：孤岛求生

项目目的：危机意识；必胜信念；有效沟通；信息共享；能力互补；团队作战；领导者合理调动资源与科学决策。

项目描述：将每组成员分成三组，分别安置在"盲人岛"（基层员工）"哑人岛"（中层管理者）"珍珠岛"（高层决策者）。要求在规定时间内完成各自的任务并集中在一处安全的地方。

其中，"哑人岛"组的任务：所有人必须戴上口罩，不得发出任何声音。当"盲人岛"组员完成相应任务的时候，将他们救到珍珠岛上。"盲人岛"组的任务：所有人戴上眼罩，不得偷看任何东西，并将手中的网球投到预先设置的"篮筐"里。每两人投放成功，可以取得获救资格。由"哑人岛"组员负责将其救到"珍珠岛"上，每投球失败一次，则"哑人岛"的组员要有一人做俯卧撑 N 次。"珍珠岛"的任务是：(1)完成一道智力题后，可以减免"哑人岛"组员做俯卧撑 N/2 次。(2)使用岛上资料(2 张纸、4 支筷子、胶带)为两个鸡蛋设计外包装。要求站在岛上，双手持包好的鸡蛋，平伸，然后松手，落下的鸡蛋落地后不碎。完成后，可以允许"哑人岛"组员救人上岛。否则，"哑人岛"组员只能带着"盲人岛"组员在岛边打转。(3)再完成一道智力题后，可以自己去救他们所有的人上岛。

四、创新能力

(一)创新思维的主要表现形式

《经济学家》曾经在大约 200 家中国优秀企业的 CEO 中做了一项关于"员工最致命的弱点是什么"的调查研究，得到的普遍回答是：缺乏创造性思维。

在工作中，创新能力对你而言重要吗？你认为自己富有创新能力吗？你觉得你所在的公司正在尽其所能来开发你的创新能力吗？有关人士曾经就这三个问题询问过 20 多个国家的大约 10 万个人，其中 98% 的人，几乎是在所有国家的各行各业，从秘书到总经理，每一个人都认为在当今社会中拥有创新能力非常重要。然而，仅有 45% 的人认为自己富有创新能力（广告、建筑师和设计师等职业除外，他们几乎全部表示赞同），竟有超过半数的人觉得自己不具备这种自己认为很重要的能力。更令人遗憾的是，只有 2% 的人觉得自己的雇主在尽其所能来开发他们的创新能力。

创造性思维的关键在于多角度、多侧面、多方向地看待和处理事务、问题和过程。创造性思维具体地表现主要在多向思维、逆向思维、联想思维等几个方面。

（二）创新思维的障碍

人人都想创新，但是因为我们的思维定式和习惯的思考方式、行动方式，我们又很难突破常规，大胆创新。让我们来看看妨碍我们创新的都有什么？

障碍一：定式思维

创新并不复杂，但为什么大部分人都做不到呢？心理学家对 20～45 岁的成人进行了创新能力测验，结果只有 5% 的人合格，但随着年龄的下降，创造性也越强。5 岁的儿童中，具有创造性的人竟然高达 90%，它表明人的创造性是生来就有的，只是随着年龄的增长，受到抑制而已。常规性思维是遵循现存常规的思路和方法进行思维，重复前人、常人过去已进行的思维过程。思维定式是人类心理活动的普遍现象，思维定式就是反复思考同类或类似问题所形成的定型化的思维模式，思维定式是创新思维最大的敌人。

跨越方法：发散思维

发散思维也称扩散思维、辐射思维，是指在创造和解决问题的思考过程中，从已有的信息出发，尽可能向各个方向扩展，不受已知的或现存的方式、方法、规则和范畴的约束，并且从这种扩散、辐射和求异式的思考中，求得多种不同的解决办法，衍生出各种不同的结果。这种思路好比自行车车轮一样，许多辐条以车轴为中心沿径向向外辐射。

发散思维训练题：

（1）一年中有些月份有 30 天，有些月份有 31 天。问：有多少个月份有 28 天？

（2）美国的总统死了，副总统就是总统；那么，副总统死了，谁是总统？

(3)曼谷市正处于雨季。某天半夜 12 点钟，下了一场大雨。问：过 72 小时后，当地会不会出太阳？

障碍二：权威定式

权威定式是指在思维过程中盲目迷信权威，以权威的是非为是非，缺乏独立思考能力。权威定式来源于儿童走向成年的过程中所接受的"教育权威"和由于社会分工和知识技能方面的差异所导致的"专业权威"。君君臣臣父父子子，君让臣死，臣不能不死，父让子亡，子不能不亡。在家听父母的，在学校听老师的，在单位听领导的。权威定式就此形成，个性从此消失。

在权威的鼻息下生活习惯了的人们，习惯于听从权威奉命行事而失去了独立思考的能力；一旦失去了权威，就会感到惶惶不可终日。

IBM 公司总经理沃森说：野鸭一旦被人驯服，就失去了野性，再也无法飞翔了。野鸭精神成为公司精神。公司不需要驯服、听话、平庸的人才，需要的是不畏权威、勇于创新的人才。

跨越方法：

认识：权威也有局限性，并非金科玉律。

那是以前的权威——想一想，"以阶级斗争为纲"现在多么荒谬。

那是外地的权威——远来的和尚真的会念经吗？美国人做中国官员可以吗？

障碍三：从众定式

思维中的从众定式是指人云亦云，没有或不敢坚持自己的主见，时刻以众人的是非为是非，时刻与群体保持一致。

日本一家纺织公司董事长的父亲对他说：一项新的事业，10 个人中有一两个人赞成就可以开始了；有 5 个人赞成的时候，就已经迟了一步；要有七八个人赞成，那就太晚了。

跨越方法：

认识：众人是复制品，从众是一种愚弱心态。

提出一种与日常习惯相冲突的观念，告诉朋友或家人，看看大家有什么反应？

开会时坐在第一位，讨论时第一个发言。

障碍四：经验定式

经验定式是指过分依赖以往的经验，不敢越出经验半步，而且习惯以经验为标准来衡量是非。

跨越方法：

睡觉前不要关电视，让它开一夜。

天气预报有雨的时候不带伞出门。

（三）培养创新思维能力

（1）运用科学的思维方法。

（2）突破思维障碍。

（3）经常参加社会实践。

人获得知识的最有效办法不是听别人讲，实际去做可以更有效地接受信息，更有利于创造性的培养。经常参加社会实践，在实践中感知，在实践中创造。

（4）交流合作。通过交流信息才能产生创新的思想火花。你有一家思想，我有一个思想，我们交换一下思想，彼此都有两个思想。而在思想碰撞过程中，要是碰出新的思想火花，就会有更多思想。

此外，创新同然需要有创新的个体的行为，但是创新也需要合作。要会协调沟通，发挥团队优势，群体优势，使创新思维和创造力升华，在合作中升华，在团队中去寻找方法。

【拓展训练】

有关手机的一分钟联想

当看到"手机"你会想到什么？在一分钟内写出与手机相关的词语。

从这些词语中，联想一下与"手机"相关的职业有哪些？

【延伸阅读】

有一个五金商店，一天来了一个哑巴，店主问他买什么，他左手两手指做出持钉状，右手做出用锤头敲击的样子。店主先拿出锤子，他摇了摇头，又拿出钉子，他点了点头买了，满意地走了。请问一个瞎子想买一把剪子，他应该如何做才能买到自己想要的东西？有人说，这很简单，只要用两个指头做出剪刀的样子，别人就明白了，大多数人都是这个答案，其实，都错了，他只要开口说一声，我要买剪刀就行了。这又是思维定式，习惯思维框住我们的思维，囚禁了我们心灵的拓展空间。

【思考与讨论】

1. 针对我国当前国情以及就业形势，大学生需要具备怎样的具体职业素质才得以胜任工作？

2. 如何能够有效的提高职业化能力？

3. 若想要获得理想的职业，大学生需要具备怎样的能力？

第四模块
以终为始反思行动

第十章　整合资源信息，从简历到学业规划

【学习目标】

1. 了解就业信息收集的不同渠道，掌握就业信息的整理与使用方法；

2. 理解简历和求职信的区别和联系，掌握简历制作和求职信撰写的基本要求，学会设计制作个人求职材料。

【生涯故事】

某高校的李明同学到 7 月就要学成毕业了，他从网上看到很多招聘信息，在收到来自某公司的录用邮件，给对方汇去了 400 元教材费后，便与对方公司失去了联系，李明才意识到，被骗了！对收集到的就业信息如何进行甄别与使用，成为困扰一些同学的现实问题。

王兰同学是某高校国际经济与贸易专业的一名毕业生，准备应聘某公司的销售部经理助理岗位，她想做一份求职材料，为此，她在网上查看了一些资料，内容繁杂，反而让她感到困惑了：到底简历该怎么写？如何有效推销自己？什么是用人单位在简历中最关注的内容？

张宇是某高校应届毕业生，学习的专业是计算机科学与技术，接到某银行软件开发中心软件开发岗位的面试通知。为了做好面试准备，他请同学罗东介绍了她第一次面试的经历：面试官先让她做了自我介绍，由于没有提前准备好，也没说几句；面试官问如果聘用了她，今后打算如何发展？也没有思考过；另外，面试过程中总是觉得有那么多人看着她，让她感觉很不自然，眼睛也不知道看哪好。张宇听了罗东的介绍，也一直在用心思考：面试前要做哪些必要的准备？如何进行自我介绍？面试官可能会问到我哪些问题？我在面试过程中还有哪些细节要注意？

第一节　如何筛选有效职业信息

一、就业信息及其作用

就业信息是指求职者利用各种渠道获悉的用以作为择业参考的知识、消息与情报。它主要包括就业法规、就业政策、就业形势、行业信息、用人信息等。就业信息作为求职的重要依据，是求职者就业择业的基础和起点，关系到求职择业能否最终实现。从某种意义上讲，在求职过程中，谁搜集的信息越及时、越全面、质量越高，谁的视野就越开阔，求职的主动性、把握性就越强。

需要强调的是，就业信息不仅仅是目标用人单位的需求信息。需求信息固然是重要的就业信息，但是，诸如国家有关毕业生就业的方针、政策、法规，地方制定的有关就业政策，不同部门、不同行业在国民经济和社会发展中所处的地位、作用和发展势头，某一个用人单位的性质、人员结构、经营状况、发展前景、工作环境等，都是重要的就业信息，忽视对这些信息的搜集，眼睛只盯着目标用人单位的需求信息，即使这些信息收集得再多，也很难使你作出全面、准确的判断。

就业信息是职业选择的基本前提，是择业决策的重要依据，是顺利就业的根本保障。因此，毕业生在开始求职时，首要环节就是关注就业信息，并且逐步培养就业信息的搜集、整理加工、储存以及运用的能力，为成功求职做好充分的准备。

二、就业信息的获取途径

信息必须依赖一定的载体才得以传播并让人感知，搜集就业信息关键要了解和掌握信息渠道。当前，搜集就业信息的渠道主要有：

第一，学校就业部门。一般的学校都会设立专门的就业指导机构，负责收集、发布就业信息，对学生进行就业指导、组织招聘会等工作，来自学校就业部门的信息一般比较权威、准确。学校的就业机构会通过各种方式和运用各种载体发布就业政策与形势、就业法规信息、行业信息、用人信息、招聘活动信息、就业讲座等一系列就业信息，如学校的就业信息网站、就业指导刊物、校园海报等。

第二，互联网络。网络是汇集信息、传播信息最快捷的方式。目前除了学校自建的就业指导网站提供的大量高质量的信息外，还有很多网站在提供着丰富的就业信息。这些网站主要可以分为五类：一是各级政府管理的就业相关网站。例如，河北省人力资源与社会保障厅官网、河北省人事考试网、河北人才网、河北就业网、河北省大中专毕业生就业服务网、石家庄市人力资源与社会保障局官网、石家庄市就业服务中心官网、石家庄市人力资源市场网等，毕业生可以从上面获取最新的就业政策、就业新闻、招聘职位，以及浏览相关的就业服务。二是专业的求职网站。例如，智联招聘网、求职无忧网等，毕业生注册登录后，即可根据自己的需求，使用职位搜索引擎或订阅免费招聘信息，可以制作个人简历，并可以向用人单位投递简历。这类网站上的信息一般涵盖面很广，另外由于推广、宣传形成了品牌效应，能够汇集很多的求职者和招聘方。三是门户网站招聘专区，例如，搜狐、21世纪、新浪网的招聘频道，阿里巴巴网也经常提供招聘信息。四是用人单位网页招聘通告。许多公司是直接在公司网站发布招聘信息，尤其是世界500强企业或国有大型企业，如IBM、通用、微软、松下、宝洁、移动、联通等。通过这种方式，求职者也可以进一步了解企业的文化和内部管理。五是其他高校的就业信息网站，求职者也可以到其他相关院校的就业信息网站上去寻找相关的就业信息。

第三，人才招聘会。人才招聘会具有时间、地点相对固定，信息量大等特点，是毕业生获取大量就业信息的难得机会。人才招聘会主要包括：（1）应届生专场招聘会，即校园招聘会，一般由学校就业指导中心在每年11～12月或3～4月举办，主要面向即将毕业的应届生，这种招聘会通常职位数量具有一定规模，参展的学生也很多；（2）大型综合招聘会，一般选址在大型的展览中心、体育场馆。可以吸引几百家甚至上千家各种行业和类型公司前来现场招聘，通常这种招聘会参展人数以万计；（3）行业人才招聘会，特定行业的人才招聘会，如IT类人才招聘会等，前来的求职者也多是以该行业和职业类型为求职目标；（4）中高级人才招聘会，面向群体通常为3～5年以上工作经验的中高级人才。求职者通过招聘会搜集信息时，应做好充足的准备。一般招聘会现场都会非常拥挤，很难有与用人单位单独接触的机会，要记录好用人单位的岗位需求和联系方式，以便于进一步联系。

第四，社会实践和毕业实习。大学生到用人单位参加社会实践和实习活动，不仅有利于开阔视野，学以致用，有利于了解实习单位的企业文化、工作情况和工作要求，更主要的是可以获取单位的用人需求信息，这种信息具有全面性、准确性的特点。很多大的公司企业都会招聘实习生，这是大学生推销自我，赢得用人单位好感与信任的最佳机会，通常表现出色的实习生，用人单位都会优先考虑录用。因此，大学生应充分利用寒暑假、业余时间开展社会实践或实习活动，适当做兼职、到各单位实习锻炼，体现出你的才华、能力、忠诚度与敬业精神。同时还要了解就业形势、行业情况、职业发展机会、用人单位需求信息以及内部管理等，为日后的择业竞争奠定良好的基础。

第五，社会关系资源。毕业生在求职过程中还要充分挖掘亲友、师长、家庭成员等各方面的社会关系，通过社会关系广泛收集信息。本专业的教师比别人更清楚你适合到什么单位就业，而且往往在科研协作、兼职教学中与对口单位有着广泛的接触。校友大多在对口单位工作，对所在单位情况了如指掌。通过他们可以获得许多具体的、准确的信息。家长和亲友对你的就业更为关心，他们与社会的方方面面都有一些联系，也可以帮助提供就业信息。

第六，各种报刊和媒体。要注意关注报纸、广播、电视、杂志等各种大众媒体，利用其便捷、传播范围广、速度快、信息量大、可信度强等特点，广泛搜集信息，必要时还可以通过人才中介代理机构获得就业信息。

采用这六种成功率较高的收集信息寻找工作的方法，要不怕"拉不下面子"，同时还要有锲而不舍的精神。那么，通过哪些途径获取的就业信息，求职成功的机会更多一些呢？从图 10-1 中展示的雇主提出的招聘信息发布顺序可见，学生如果是从"媒体广告"入手寻找岗位空缺与机会，会失去大部分的机会。

可以想象一下，如果自己是老板，招人时会用什么样的方法？看看街上许多小店的招聘信息是怎么发布的？从老板的需求考虑就是招聘的成本低产出高。所以，最好的方法就是从最熟悉的人入手——"内部人"。因此，求职成功率最高的方法就是"打入内部"，通过实习、见习、管理培训生等方式。企业最喜欢的方式就是内部人或者专业人士的推荐。因为这种推荐往往就可以省去许多诚信调查的成本。所以，这一层是否在经常联系人里有一群职业人士，尤其是认识一些很心仪的职业领域的职业人？如果现在马上毕业，已经没有机会去开拓建立自己的人脉资源，其实现在也不晚。现在就可以去主动结识一些工作着的校友，可能这有点功利主义，但如果"结识"不仅是为目前的工作，还为未来长远的友谊，那其实也是非常积极的。

5.媒体广告

—— "我会在报纸和互联网上发布一份招聘广告"

4.简历

—— "我会看一看主动投递的简历"

3.职业介绍所或猎头公司

—— "我想在一大堆有可能被录用的人选中雇用一个"
—— "我出资给中介公司，让他们为公司找到优秀的人选"

2.求职者提供相关的工作经验和成果的人

—— "我想雇用会走进我们公司显示他们的工作经验和成果的人"
—— "我想雇用一位值得信赖的朋友推荐的人"

1.从内部招聘

—— "我想雇用我见过他们工作的人"

通常雇主倾向采用的方法顺序

典型的求职者喜欢的方法顺序

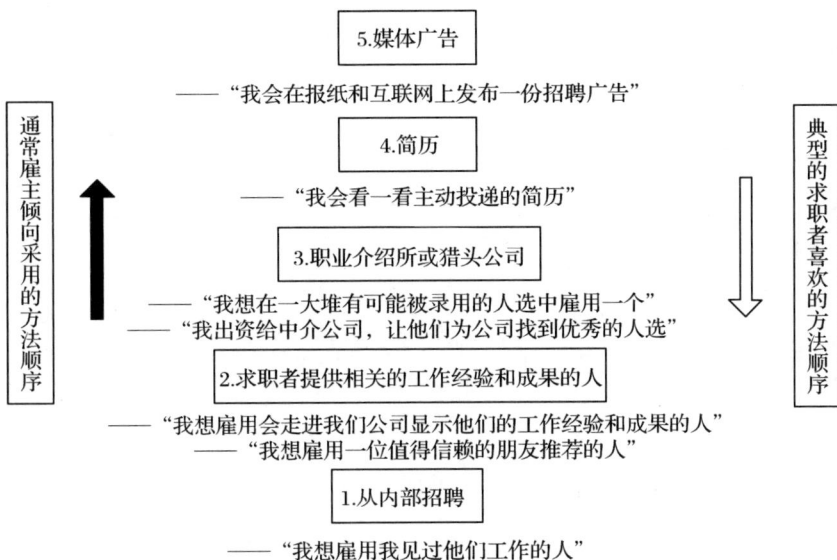

图 10-1 招聘信息可靠度排序

一般情况下，企业通过内部招聘与专业人士推荐会解决大部分的岗位空缺。最后在招聘信息里公开的一般都不是重要岗位。如果你是在这个层次发现工作机会，那么将与当年毕业的几百万大学生同场竞技。

从就业信息的精准度和难度来看，各类就业信息的获取途径有如下规律。各类就业网站难度低、精确度也低。实习进行就业信息的获取，难度高、精确度也高。每个就业信息的获取都有优点和缺点，请大家根据自己的需要进行选择（见图 10-2）。

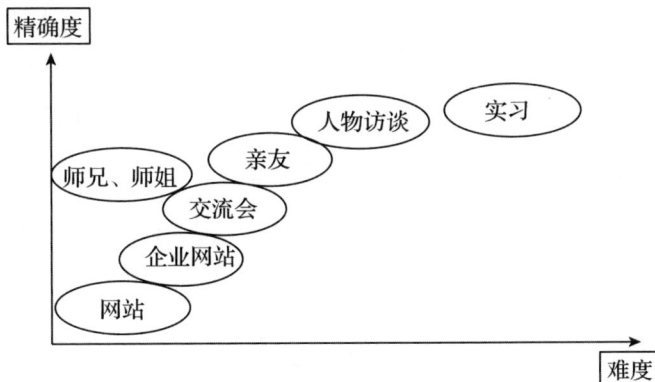

精确度

实习

人物访谈

亲友

师兄、师姐

交流会

企业网站

网站

难度

图 10-2 各类就业信息精确度和难度分析

【拓展训练】

请列出在求职过程中对你最重要的五个收集信息的渠道，并明确这些渠道可能为你提供的信息和帮助。

渠道 1：_____，对应的信息_____。

渠道 2：_____，对应的信息_____。

渠道 3：_____，对应的信息_____。

渠道 4：_____，对应的信息_____。

渠道 5：_____，对应的信息_____。

三、就业信息的整理与使用

由于就业信息的来源、信息的传播渠道比较复杂、形式多样，收集到的就业信息可能存在虚假、滞后、重复等情况，有时还容易被一些虚假信息所迷惑。因此，信息的甄别和筛选就显得十分重要。

（一）分析信息的来源

获得就业信息应把握四个原则，一是便捷，二是权威，三是适合，四是时效。最可靠和有效的信息来源是各级政府的就业相关网站的考试和招聘信息、见习或者实习单位的招聘信息、亲友们提供的招聘信息、学校就业指导中心提供的信息和校园招聘会的招聘信息。对这些信息应及时登记并进行分析处理，排列重点，计划好联系的时间，记录联系结果，以便最终判断最后的目标。详见表 10-1。

表 10-1　信息收集登记表

信息 ＼ 序号	1	2	3	4	5	6	7
时间							
信息来源							
招聘岗位名称							
岗位介绍							
负责人联系方式							

续表

信息 ＼ 序号	1	2	3	4	5	6	7
投递简历截止时间							
可靠性							
自我分析							
重点排序							
联系记录							
结果							

（二）核实相关信息

对感兴趣的招聘信息，不要急于联系发简历或打电话。建议大家先判断信息真伪，避免走弯路，对于难以把握的就业信息进行认真分析，特别是通过网络搜索或张贴海报得到的招聘信息，一定要亲自确认它的真实性和准确性。比如，当你觉得用人单位信息可疑时，利用百度搜索引擎输入用人单位名称或地址，通常会有不少提示。也可以直接打电话，有时如果你与用人单位在同一城市，也可以直接上门拜访，这样可以直接了解招聘情况，尤其是用人单位的其他信息，分析它是否是自己想去的地方，是否符合自己的发展方向。

【案例及分析】

谨防招聘陷阱，变相收费

某高校的李明同学到 7 月就要学成毕业了，他的文化程度是大专，去了几场招聘会都不太理想。"我在网上看到很多招聘网站都有大量的招聘信息，而且我觉得都挺不错的"，李明说。于是他将自己的简历发给很多"对口"的单位企业。几天后，李明收到了来自大连某公司的一个邮件，邮件上说李明的基本条件和学历条件都符合公司的要求，经过公司讨论同意录用他为职员。但是工作前要先在大连进行业务培训，考虑到他家不在大连，公司优先通知他，要求小李先汇教材费 400 元，再等待参加职业培训具体通知。这则录用信息让李明喜出望外，自己一直都想去沿海城市看看，这么容易就找到了一个不错的工作实在是"太棒了"。没多加思考，就把教材费按照对方的要求汇了过去。可是等了一个星期，李明也没见到有第二份通知，就连忙拨打联系人的手机，又发了几封邮件。此时，对方手机关机，邮件也没有人回复，李明这时才意识到，被骗了！

分析：对一些门槛很低，薪酬却很高，莫名而来的就业机会，要求毕业生交一定费用作为工作保证金等虚假或骗人的就业信息，毕业生要严加防范。按照有关规定，招聘单位不得以招聘为由向求职者收取任何费用，因此，不管招聘单位是收取服装费、培训费、教材费，还是押金，求职者都应该坚定地说"不"。此外，值得注意的是，这种"变相收费"的公司一般来说规模都不大、流动性强，看起来不十分正规；而且，公司进行的面试一般都比较草率，通过率基本上是百分之百。如果遇到这样的公司，求职者们应该坚决摒弃。

目前，由于我国互联网监管机制尚不完善，一些规模较小、知名度低的网站对网络招聘广告审批不严，广告发布随意性较大，经常导致求职者上当受骗。要想从网上了解招聘单位的用人信息，最好去访问该公司网站，或登录大型知名度较高的专业性职业网站，它们管理规范、可信度高。

【案例及分析】

学会辨别信息

大四女生小雪是个"宅女"，看着身边的同学一个个通过网络应聘找工作，她也开始忙着在各大招聘网站上投简历。当小雪在某人才招聘网上传了简历后，该网站立刻给她发了封电子邮件让她填写完整的个人信息，并说这样可以为自己争取更多被好单位录用的机会。于是她便在网站上输入了自己的资料，包括姓名、电话、地址等。可谁料在接下来的一周之内，小雪经常接到陌生人打来的电话，称自己是某公司管人事的，想录用她，但这些单位都是查不到地址的小公司。更可气的是，小雪的手机上从此多了许多广告短信。她才恍然大悟，原来自己的个人信息已经泄露出去，而此时想更改已经来不及。

分析：小雪的遭遇可以说是目前很多人都会面临的烦心事。为了防止自己的个人信息被网络骗子，对于求职者来说，首先应选择一家达到一定规模、能够为用户提供全面服务的网站。一般情况下选择规模较大、知名度较高、门户型的招聘网站才是明智之举。除了相对较为隐私的个人信息应该保密之外，求职者对于自己所投的就业单位事先也要有初步的了解，并且查询他人对于该就业单位的评价，再综合考虑是否要投简历。

需要指出的是，有些搜集到的信息对自己不一定有用，可是对他人十分有用。遇到这种情况，请千万不要抓住这些信息不放，你能主动输出对他人有用的信息，不仅对他人是个帮助，同时也增加了与他人交流信息的机会。说不定你也会从别人手中获得对自己十分有益的信息，帮别人就等于帮自己。因此你还可以和其他的求职者组成一个团体，一起搜集信息，在团队信息中找到自己满意的位置。

（三）全面了解信息

经过筛选比较、科学决策，使自己最后瞄准了一个或几个相对确定的目标，还要对用人单位的组织文化、管理理念、经营方式、产品结构、市场行情、用人制度及其以往的历史和今后的发展情况有所了解。这是对了解就业信息深度和广度的要求。

1. 详尽查询用人单位信息

在对就业信息经过查阅、分类分析后，对自己将要重点落实的单位要进行以下方面的调查了解：

（1）用人单位的准确全称、性质、企业类型及上级主管部门。

（2）用人单位的联系方式，如人事部门联系人、电话、通信地址、邮政编码等。

（3）用人单位需要的专业、具体工作岗位。

（4）用人单位对所需人才的具体要求。

（5）用人单位的地点、工作环境及待遇，包括工资、福利、住房、奖金等。

（6）用人单位的现有综合实习、人员规模、注册资金、营业额、盈利、效益，主营业务及远景规划，在行业中的竞争地位。

（7）用人单位的企业文化、社会影响力、社会口碑、发展前景。

（8）利用企业生命周期原理进行分析。企业生命周期是指企业生存大致经历四个阶段：投入期、成长期、成熟期、衰退期。

对这些信息的查询方法，可以从以下几个方面入手：一是通过查阅号码簿黄页，抄录用人单位的全称、地址、邮编、电话号码、负责人姓名等备用；二是通过网站、图书馆、广告宣传材料和信息发布等渠道查找企业的详细资料；三是找到已经在该单位工作的亲友、同学或其他关系，向他们直接了解本单位的详细情况。采取这种方式所获得的用人单位的信息是最直接，也是最可靠的。

2. 认真研究用人单位信息

根据自己的应聘需要，对用人单位的重要信息进行较深层次的分析研究，为应聘做好充分准备。尽量深入地了解、分析公司的经营范围、经济效益、产品构成、生产规模、分支机构的设置及业务范围、企业文化、公司的发展前途等基本情况。

特别是对应聘专业技术岗位和管理岗位的大学生来说，要研究用人单位从原材料到产品工艺流程和工艺设备的有关情况的信息，要了解经营、销售、产值等方面的情况，力求从深层次掌握用人单位实质性的内容。最好能找到其中熟悉的人员进行了解，没有这个条件，可借助有关宣传资料进行研究分析。

（四）做出选择

目前，大学毕业生就业呈现出一种"有业不就"的怪现象。一方面，每年都有数十万学生无法就业；另一方面用人单位又找不到合适的人，这种结构性矛盾的产生有其深层次的根源，但也反映了一种现象，那就是大学生面对岗位信息无法做出合理判断，也就是俗话说的"信息多的挑花了眼"。有时候，选择是一件艰难的事，有人说，如果全国只有三个岗位，你可能就不失业了。因为你会拼命去争取；现在就业的信息多了，你反而挑三拣四了。所以，我们要善于把握机会，通过对用人单位信息的深入研究，结合自身实际需求，尽快做出合理的选择。

表 10-2 为求职信息汇总分析表，大学生可以对照此表来分析汇总各种求职信息，从而做出合理的选择。

表 10-2　求职信息汇总分析表

搜集的信息	全部信息	可用信息	自我分析
招聘会信息			
网站招聘信息			
行业招聘信息			
区域企业招聘信息			
事业单位公开招聘信息			

第二节　如何写一份好简历

一、简历

(一)简历的概念及结构

简历是描写自己过去学习、生活、工作经历和成绩的一份完整的正式的总结报告，是推销自己的具体内容。简历的直接目的并不是获得职位，简历的目标只有一个，那就是"获得面试机会"。在通常情况下，用人单位是通过简历对求职者经历、受教育程度、兴趣、特长等留下一个初步的印象，从而决定求职者能否参加下一轮的面试。招聘人员对你的注意和认识是从你的简历开始的，从某种意义上讲，简历决定你的前程。

一张规范的简历包括个人信息、求职意向、教育背景、工作/研究/实习/经验或经历、个人技能、获得奖励、个人爱好、自我评价等几个方面。通常情况下，每个人的经历不同，求职意愿不同，但不管如何布局安排，都要层次分明、简洁明了，突出重点。从某种意义上讲，写简历其实就是写一份议论文——论证适合从事招聘的这个岗位。简历充其量只是一个载体，但载些什么内容却无论如何也不可能在求职的一两个月里训练得到。真正求职成功的本质在于求职之前的长期积累和准备。从宏观上讲，求职真正开始的时间并不是在毕业前夕，而是从你进入大学的那一天就已经开始了。

(二)简历制作的基本要求

应聘简历是求职过程中的敲门砖，是应聘者的个人广告。内容充实而又富有个性的简历，将会在众多平庸而雷同的简历中脱颖而出，更早地吸引招聘者的眼球。尽管简历对应聘者很重要，但很多毕业生对简历并不重视。要么敷衍了事，要么轻率地抄袭他人的简历内容。难怪只从内容上看，似乎应届毕业生的经历、思想意识都是大同小异的，而在实际接触(面试)时，能力、素质和个性又是非常的不同。即将毕业而走向求职道路的应届毕业生们要珍惜自己的第一份求职简历。谁能未雨绸缪率先掌握简历的书写要领并认真地准备好求职简历，谁就可能在今后的求职道路上走得更顺畅一些，至少被埋没的概率要少一些。

简历制作的基本要求主要包括以下几个方面。总结起来就是"一简,二精,三高,四度"。

1. 基本信息要简练(一简)

个人基本信息表述简洁、清晰、有效。针对岗位需求提供个人基本,做到信息无遗漏。简单写明姓名、年龄、籍贯、联系电话、电子邮箱等即可。其他内容根据实际应聘单位情况填写。要求如下,姓名可以使用较大号文字(对难读的字最好注释汉语拼音);照片必须是标准证件照(正面或者前侧面、免冠不戴帽子、半身照、正装,尽量不要贴艺术照或生活照);年龄应写明出生年月(日),并用括号写明"××岁",不要仅写"××岁"而不写出生年月;户口与籍贯最好写到省、(市)县;联系方式中要留下手机号码,如有电话座机也最好写上并注明区号,还要留下电子邮箱(建议使用本人姓名拼音做邮箱名),如写通信地址,一定要写上邮编。

2. 求职意向要精准(二精)

这是应聘简历的核心内容。书写求职意向应当尽可能明确,如计算机软件开发工程师、网络系统工程师;销售工程师或市场调研员;行政主管或办公室文员等。填写求职意向切忌空泛,如本人希望从事富有挑战性并能够发挥自己潜能和专长的工作,以实现自己的人生价值。对自己意向中的求职目标,应事先向有工作经验的人进行咨询,并反思如何使求职意向和所学的专长结合起来。简历的内容重点与经历素材的取舍,应以求职意向为中心展开书写,与求职意向无关的素材尽量省略。另外,需要注意的是一个单位写一份简历,一个岗位写一份简历,简历要因岗而设、私人订制,不能一份简历海投。

3. 自我评价要精准(二精)

明确的自我评价是简历内容的概括性总结,这部分内容一定要精准。一般来讲,如果简历中的其他内容写得比较充实,"自我评价"可以省略,可以请招聘者去评价。若一定要写,建议写成对简历其他部分陈述的事实做一些抽象性的概括,并且紧密结合求职意向(应聘职位)。需要注意的是,每个概括(结论)最好能够在简历中找到依据(必要时可增加简历内容项目),而不是干巴巴地使用概括词、形容词,这样会使人感觉有点自吹自擂。

4. 教育背景与职位匹配度要高(三高)

教育背景的书写，要与求职目标高度匹配。包括学校、专业、毕业时间、学位、相关课程、成绩、排名等内容。如大家哪些课程成绩很高也可以写上。所学专业及培训科目，主要列举与应聘职位相关的主要科目，其余可省略。

5. 实践经历输出密度要高(三高)

整个简历，篇幅最多的应该是实践经历这部分。一般应占到整个简历的50%以上，甚至更多。实践经历，可以包括学生干部经历、项目经历、实习经历、校外实践经历、比赛经历、社会活动经历、兼职经历、某段成功经历等内容。

描述这部分内容需要做好以下5个方面：(1)与求职目标相匹配。(2)突出写最擅长的能力。(3)重点传达取得的业绩、收获的成果和提高的能力。(4)无工作经验，可以突出综合素质。(5)多个工作经历，用倒叙结构最好。

实践经历的表述要字字珠玑，高度凝练。如西游记中"俺乃五百年前大闹天宫的齐天大圣美猴王"。就短短一句话，包含了时间、地点、人物、曾担任的职务、突出的业绩5方面的内容。大家可以用STAR法进行事件的撰写，即详细的写情况(situation)、任务(task)、成就(achievement)、成果(result)这四大方面的内容。

表述技能、实习经验和社会活动时以可确认、衡量或公认的标准定义技能。要以具体过程行动和结果说明经验；以收获和意义介绍社会活动。对于技能，不要仅用"很好""一般""熟练""精通"表述，最好在这些词语后面解释或定义一下它们的含义。当然，最好用公认的证书、资格等级表述。没有证书和公认资格时，最好以做过的结果、事实描述。

如熟练的计算机能力，202×年暑期，曾为××公司设计并铺设了公司内部网络(公司有80名职工，60台计算机)；自大二以来，一直担任学校校园网的技术支持和维护工作等。有公认资格证书时，直接用取得的等级表述。例如："计算机能力通过全国计算机等级考试一和二级。"

表述实习经历切忌定位不准或夸大其词。如："参与了××小区中水处理系统的设计"，究竟是总体设计还是局部设计？是计算、绘图，还是组织协调？设计的结果如何、用户是如何评估的？这些都给人留下了很多疑问。

介绍社会活动时，很多人在简历中仅说明"担任学生会副主席"，看不出他为学生组织做了哪些有益的活动，取得了哪些成果。重要的不是是否担任学生会干部，而是曾经为学生组织做过哪些有益的活动，承担了什么角色及从中得到了什么收获，学会了什么本领，领悟了什么道理。

项目经历的撰写一般需要写项目介绍、项目个人职责、实验内容、遇到困难与解决方法、项目收获这些内容展开。要学会详细分析，用数据、案例说话。经历叙述时做到顺序合理、衔接严谨。保持时间的一致性和连续性是填写经历的基本要领，必要时可增加适当的备注说明。日期一般应当填写到月份。实习经历应与工作经历区别，也可以对实习单位做简短背景资料介绍。如"该分公司为××集团公司的下属单位，投资规模××万元，职工××人，主要经销××产品"等。

6. 技能荣誉含金量要高（三高）

技能荣誉的撰写，要遵循三个特点。一是对未来工作有用的能力"一个都不能少"。二是无关的能力一概删除。三是荣誉需要括号标注获奖级别、层次和人数以及奖项的含金量。需要注意的是，荣誉要与目标职位相匹配，宁缺毋滥。

7. 简历要有深度、高度、温度、宽度（四度）

有深度，即鼓励大家把简历投到祖国最需要的地方去。将小小简历与崇高的理想结合起来，让"为中华崛起而读书"飘扬在我们的内心深处。就像二十大报告中对青年的寄语期望和要求：广大青年要坚定不移听党话、跟党走，怀抱梦想又脚踏实地，敢想敢为又善作善成，立志做有理想、敢担当、能吃苦、肯奋斗的新时代好青年，让青春在全面建设社会主义现代化国家的火热实践中绽放绚丽之花。

有高度，即荣誉需要积累，需要磨练，需要你有"工匠精神"。要知道"简历是从大一开始填空的"。简历的内容不是你"写"出来的，而是大学四年实打实"干"出来的！

有温度，简历上每一句话，都是你大学一段时间的心血。所以，请大家有感情的、有激情的对待你的简历。反复核对，请老师、家人、同学帮你多读，认真地修改每一个字和每一个标点符号。常见的问题是计算机打字时的词汇变换错误。不要因为自己在检查上的疏忽，给应聘单位留下一个马虎、草率的印象。

有宽度，即大学有围墙，可你的内心不应该有围墙。大家大学四年要勇敢的走出去，将理论与实践相结合，去经历你从没有经历的事情，拓宽眼界。

8.其他注意事项

(1)简历各板块的顺序要合适。一般简历的顺序为，个人信息，求职意向、教育背景，实践经历、荣誉技能、自我评价。

(2)站在招聘者的角度换位思考。大家可以思考如何你是招聘者，希望看到简历上出现什么内容，这个岗位需要什么样的人、什么硬件、什么软件等。

(3)介绍兴趣、爱好、专长时切忌"多""杂""虚"。只需列出主要的兴趣即可，爱好广泛，就等于什么都不专、不精。从兴趣爱好中可以发现应聘者的价值观、志向和个性特征等很多信息，有时也可以从中发现应聘者的职务适应性。如爱好运动者，可能性格外向且单纯；爱好下棋者，可能思维缜密而好强；经常旅游者，一般见多识广且豪爽。泛泛地讲很多兴趣爱好，不如把一两项最擅长的爱好或兴趣表述得准确一些，如"围棋，业余二段"；"爱好篮球，是校篮球队主力后卫之一"。

(4)注意简历的篇幅、字体和字号及"包装"等。简历的正文篇幅尽量控制在1页A4纸。简历没必要单独制作封面。简历所用字体不宜过多，多则显得凌乱，字号不宜过小。关键的内容可以变色、加粗、放大字号。但是慎重使用斜体、下画线、特殊符号。切记不要变化太多，眼花缭乱。简历的"包装"要适度，炫酷的简历模板，未必有用，模板的核心的是视觉冲击力的"设计"，而简历的核心是"写"，重要的是在具体内容上下功夫。如果页数较多，用订书器装订很有必要。因为简历在投递之后，一旦被看中，将经过很多人的手，传来传去容易散落、丢失。

(5)注意薪酬填写范围要合理。薪酬要求最好写一个范畴，而不是一个数目。事先最好调查一下该职位的市场价位，不要太离谱。也可以写上"面谈"或不写。

(6)注意高效表达，展示优势。简历中多用案例和事实说明自己具备的能力。不使用大概、可能，这一类含混不清的词。少使用我、本人一类词语。多使用行为动词，让人感觉目标明确，积极主动，充满活力。例如，表示个人成就的：加快、完成、争取、实现、取得、执行、扩大、锻炼确保……表示教授、指导他人的：建议、阐明、指导、帮助、教导、协作、参与、辅导……表示行政管理能力的：安排、计划、维持、详细制定、核对整理、调整……

（7）简历可以适当的反应"个性"，体现综合素质。我们在制作个人简历时，还可以从自己的"个性"出发，适当的"个性"反映能够充实自己的综合素质。个性简历不是要将自己的经历写成自我吹捧的抒情散文，或者将自己取得的每一项成就写成八股文，个性简历要与你的个性、求职的工作风格相吻合。可以从招聘企业进行创新，从应聘的岗位进行创新，从所学专业进行创新。比如，从招聘企业进行创新。小王想应聘某制药厂的产品开发部，于是把自己的简历制作成制药厂的产品说明书。在简历的封面充分表现了招聘官最希望看到的、最有感情共鸣的几个元素：新产品、企业标志、企业名称、企业识别色等企业Ⅵ系统元素。通过认真思考、深入分析应聘的单位，多认识、多了解，结合企业的基本情况，充分考虑招聘官的情感需求和心理愿望，把自己以合适的形式同企业相结合，以适当的方式表现出来。

从应聘的岗位进行创新。小李是某大学市场营销专业的毕业生，她准备应聘一家房地产开发公司的策划专员。为此，她把自己的求职简历做成了一份楼盘预售公告——一份楼书。对于房地产开发公司来说，最熟悉、最亲切、凝聚了公司员工心血的东西就是成功开发的楼盘，而房地产开发公司策划专员应该具备策划人员独有的创新意识和表现能力，小李同学在求职简历中充分体现了上述要求。

从所学专业进行创新。小陈是会计专业毕业的，应聘的是某公司财务会计，他把自己的求职简历做成了一份会计报表中的资金平衡表。简历体现了让招聘官乐于见到的企业元素，还与他应聘的岗位——财务工作相结合，以会计的语言——会计报表的形式表现了这位同学极高的专业意识和专业素养。

【案例及分析】

结构比较完整的简历示例

基本资料　　　　　　　　　　　　　　求职意向：行政、人事

黄 小 耘 (女)

华东政法大学 | 文化产业管理 | 本科在读
年龄：22
生源地：广西
手机：188-0000-0000
邮箱：1880000000@163.com

教育经历

★ 2010 年 9 月　至今　　　　　　　华东政法大学　文化产业管理专业

□ 平均绩点 3.52，优秀课程有专业写作(98)、管理学原理(88)、应用统计(99)等；

□ 获得学校"**综合二等奖学金**""**剑锋奖学金**"；

□ 参加专业社会实践考察活动(6 次)、"**上海大学生创新活动计划**"项目，通过考察报告和课题论文的撰写，提升了专业知识水平和观察、分析、解决问题的能力。

工作经历

★ 2010 年 10 月—2012 年 4 月　　　　校人文学院团委学生会　职业发展部部长

□ 通过负责文案撰写工作和代表部门参加答辩，提升了**文案写作水平**和**语言表达能力**；

□ 一年内即被聘为人文学院团委学生会职业发展部部长(任期一年)，其间个人获"**团学工作优秀奖**"，部门获学院"**优秀部门**"称号、校职业风主题月系列活动"**二等奖**"；

□ 挑选并带领 **16** 人的团队，培养学习 & 实践结合型组织，提升了**团队意识和管理能力**；

□ 高效组织承办 **8** 项大型活动——1 场模拟创业大赛、1 场经验交流会、2 次实地活动、4 场主题讲座，增强了**高压承受能力**，提升了**组织沟通能力**和对**精细工作的胜任能力**。

★ 2012 年 7 月—2012 年 8 月　　　　广西柳州文化和体育局　实习生

□ 协助单位工作人员完成行政类工作，发现事无巨细，培养了**认真严谨的工作态度**；

□ 通过制作表格、PPT 和撰写报告等，提升了运用办公软件的**熟练程度和工作效率**；

□ 临时调派负责图书管借阅、办证、管理等各项工作，提升了**快速学习和沟通能力**。

技能评价

□ 语言能力：英语 **CET-6**，普通话**二级甲等**；

□ 办公技能：**熟练**运用 PPT、Excel、Word 等办公软件；通过国家计算机**一级**、**二级**。

自我评价

学习沟通力	严谨认真力	团队协作力	文案写作力	洞察分析力	英语表达力
★★★★★	★★★★★	★★★★★	★★★★☆	★★★★☆	★★★☆☆

　　此外，我们在制作个人简历时，还可以从自己的"个性"出发，适当的"个性"反映能够充实自己的综合素质。个性简历不是要将自己的经历写成自我吹捧的抒情散文，或者将自己取得的每一项成就写成八股文，个性简历要与你的

个性、求职的工作风格相吻合。可以从招聘企业进行创新,从应聘的岗位进行创新,从所学专业进行创新。

比如,从招聘企业进行创新。小王想应聘某制药厂的产品开发部,于是把自己的简历制作成制药厂的产品说明书。在简历的封面充分表现了招聘官最希望看到的、最有感情共鸣的几个元素:新产品、企业标志、企业名称、企业识别色等企业 Ⅵ 系统元素。通过认真思考、深入分析应聘的单位,多认识、多了解,结合企业的基本情况,充分考虑招聘官的情感需求和心理愿望,把自己以合适的形式同企业相结合,以适当的方式表现出来。

从应聘的岗位进行创新。向章是某大学市场营销专业的毕业生,她准备应聘一家房地产开发公司的策划专员。为此,她把自己的求职简历做成了一份楼盘预售公告——一份楼书。对于房地产开发公司来说,最熟悉、最亲切、凝聚了公司员工心血的东西就是成功开发的楼盘,而房地产开发公司策划专员应该具备策划人员独有的创新意识和表现能力,向章同学在求职简历中充分体现了上述要求。

从所学专业进行创新。小陈是会计专业毕业的,应聘的是某公司财务会计,他把自己的求职简历做成了一份会计报表中的资金平衡表。简历体现了让招聘官乐于见到的企业元素,还与他应聘的岗位——财务工作相结合,以会计的语言——以会计报表的形式表现了这位同学极高的专业意识和专业素养。

【拓展训练】

简历评议。针对同一单位的同一个职位,请同学们结合自身特点撰写一份个人简历。然后,以 3~5 名同学为小组,每组发放 3~5 份其他小组成员的简历,请各小组在 15 分钟内将本小组分到的简历按照优秀程度进行排序,并选派一名代表阐述本组排序的理由。

二、其他求职材料

(一)毕业生就业推荐表

毕业生推荐表是学校发给毕业生填写并附有学校书面意见的表格。推荐表一般由学校统一印制,栏目一般包括个人基本资料、学历、获奖情况、社会工作经历、个人兴趣、组织评价和学习成绩等。

推荐表是用人单位对毕业生产生初步印象的重要资料，对用人单位来说具有较大的权威性和可靠性，毕业生要高度重视并结合自身实际情况和用人单位的岗位需求认真填写。一方面内容必须真实可靠，特别是学习成绩、在校担任职务等；另一方面，"在校表现"是反映学校对毕业生整体评价的窗口，用人单位比较看重这一栏，希望能从中看到学校对毕业生的品德、能力以及胜任工作等方面的评价。

(二)在校学习成绩表

在校学习成绩表是学生在校期间的学习情况汇总，以表格的形式按学期列出，由学生所在学院的教学部门提供，并加盖学院或学校教务部门公章。成绩表必须要完整、真实。毕业生可根据用人单位需要或求职的职位对某些相关课程的要求，提供有效的成绩单。

(三)各种证书、奖状、作品、实践经历等荣誉复印件和照片佐证

一般包括四、六级英语等级证书、计算机水平等级证书或能反映外语和计算机水平的译文、译著、程序设计等；大学期间被评为三好学生、优秀学生干部、优秀团员的证书，以及参加各种竞赛和文艺活动所获得奖励和证书；在报纸杂志上发表的文章、论文，有一定价值的调查报告，以及参与并完成教师科研工作的证明材料；能够证明自己具备某方面素质或能力的其他材料，如职业资格证书等。这些材料一般准备复印件，纸张大小一样，按倒序的时间顺序或按重要程度依次排好。如果用人单位明确需要查验，再带上原件。所有的实践经历还需要保留好佐证照片。

另外，记得把所有的荣誉、证书、实践照片等重要内容再单独拷贝一份备用。

三、求职材料的投递

大学生在搜集就业信息，选定了意向单位后，可以通过参加招聘会或亲自送达招聘单位、网投和邮寄等多种途径投递求职材料。

目前，网投已经成为求职者发送求职信息的常用方式。网投就是从网上直接向用人单位投电子简历。绝大多数用人单位都会在招聘信息上留下电子邮箱，以便于求职者将自己的简历发给公司，供其筛选。

网投的内容主要包括求职信和简历。一般来说，建议大家将求职信作为邮件正文，而简历作为附件，除非用人单位明确提出邮件不要带附件，那么也要

把简历粘贴为邮件正文。很多同学容易忽视求职信，认为用人单位不会去看。其实，如果邮件里没有求职信，而只有孤零零的附件，那么这份简历通过筛选的可能性就会降低。因为撰写求职信是应聘者对用人单位重视和尊重的一个表现。虽然要有求职信，但是千万不要写得太长，因为确实很少有人会仔细看，可以以"尊敬的某某公司招聘负责人"开头，介绍一下自己的基本情况和求职意向，在最后祝愿"贵公司事业蒸蒸日上"，这样一封简约的求职信往往能够给用人单位留下更好的印象。之后，可以在求职信最后，写上你的手机号，方便日后用人单位的 HR 联系你。

关于网投的最佳时间。建议在两个时间投递，一个是上午 9 点之前，另一个是下午 2 点之前。因为一般上午 9 点和下午 2 点是用人单位人力资源部开始工作的时间。邮件的处理系统默认为按照接收时间为邮件倒序排序，就是说在 1 点 55 分发的邮件是排在 1 点 30 分发的邮件之前，自然是 1 点 55 分的邮件先被处理。在投完一份简历后，如果一个星期后没有回应，可以重新投一次。这样做，一方面是为了避免由于公司接收邮件过多，邮件被淹没在茫茫邮海而没有被处理；另一方面可以增加用人单位对求职者的好感，认为其对进入这个单位非常的执着。但是，不建议没过几天就重投，那样反而会适得其反，让用人单位感到厌烦。

邮件的标题是用人单位筛选简历的一个重要手段。在筛选简历的过程中如果遇到空白标题，或者只有"应聘"两字的标题，这样的简历很难被处理，因为用人单位往往是很多职位一起招聘，而邮箱却只有一个，许多招聘人员都是通过邮件标题搜索来寻找相应的简历。比如，当看所有人力资源管理职位的邮件时，就会在标题搜索中搜索"人力资源"，也只有那些标题中出现""人力资源"四个字的邮件才能被搜到，标题有"财务"或者"市场营销"的，就会被过滤掉，如果邮件标题为空，那就搜索不到。此外，邮件处理系统还会定期删除未处理过的邮件，这样有些简历就会直接进入"垃圾箱"。邮件标题可以用（如公司有特别要求的，一定要按照公司要求来写）："应聘××职位—姓名—院校—专业"的模式来填写，如果招聘信息对性别或工作经验有明确要求，也可以写出性别及工作经验。

一般来说，简历可以作为附件发送给用人单位。发送前首先要确认邮件已有附件，有时候可能只顾发送求职信，没有附上简历，那样后果是可想而知的。其次，还要给简历文档命名，不妨用邮件标题的模式。最后，不建议将简历转成 PDF 文件。虽然有些人认为 PDF 文件美观大方，但是 PDF 文件的缺点在于它不能修改，有时候，招聘人员需要在简历上打字和标注。

　　客观地讲，邮寄简历是一种比较古老的简历发送方式，因为现在基本上都是网络化办公，用传统方法的比较少。但是，依然有很多人通过用精美的简历和信封，避开寻常的网投途径，最终出奇制胜谋得了工作。但是，这样的情况还是小概率的，最好还是按照用人单位的要求发送简历，如果希望通过邮寄提交简历，需要注意的是保证邮寄项目齐全，简历、求职信、获奖证书、成绩单等用人单位要求的资料不能漏项。另外，信封书写要美观，正所谓字如其人，如果能将单位名称和地址写得大方漂亮，就很有可能引起用人单位的重视。

第十一章　展开面试演练，把握面试要义

【学习目标】

1. 了解面试的类型和基本流程，理解面试礼仪在面试中的运用；
2. 掌握面试过程中的方法与技巧；
3. 了解教师岗位招聘流程，掌握教师岗位面试的方法与内容。

第一节　面试的含义及其分类

一、面试的含义

面试是毕业生求职过程中最重要的一环，也是公司挑选职工的一种重要方法。它是一种经过精心设计、在特定的场景下进行的招聘者与应聘者之间有目的、直接的面对面交流，同时也是一个双方彼此考量和认知的过程。招聘者希望通过面试过程的核查、考察、测试等环节了解应聘者的专业知识、岗位技能、综合素质等，从而确定应聘者是否有能力、有诚意担当此职。应聘者希望通过面试过程充分展示自己的才华，从而获得用人单位录用的通行证。

二、面试的类型

（一）按标准程度划分

1. 结构化面试

结构化面试又称为规范化面试，是依照预先确定的题目、程序和评分标准进行的面试。过程结构严密、次序分明、评价确定。结构化面试一般都有标准化的评分表和评分细则，面试官对照相应情况给予评分。

2. 非结构化面试

非结构化面试又称随机面试，是指在面试中没有事先规定的框架结构，也

不用有确定答案的固定问题的面试。面试官自行决定面试中的谈话方式以及要提出的问题，并根据求职者的表现情况给予评分。非结构化面试的形式相对自由，面试官可以根据求职者的个人特点提出问题。

3. 半结构化面试

半结构化面试实际上是介于结构化面试和非结构化面试之间的一种面试形式。在面试过程中既有部分规定的面试题目，同时也包括面试官个人自由选择提出的问题。它比结构化面试更灵活，比非结构化面试更规范，具有双向沟通性。

（二）按人员组成分

1. 个人面试

这是一种比较常见的面试形式，即用人单位个别接见求职者。一般分为用人单位与求职者一对一面试和用人单位组团面试一个求职者两种形式。个人面试的优点是提供一个面对面交流机会，面试双方可以就自身关心的话题进行交流，方便双方较为深入地了解对方。

用人单位组团面试一般由2～5人组成，根据应聘岗位的不同，组成人员也有所不同。一般以单位人事部门、业务部门作为招聘主体，人事部门考查求职者的综合素质、人际交往能力等，而业务部门则侧重考查求职者的专业技术水平。

2. 小组面试

由于个人面试一般适用于小规模的面试，对于面试人员较多时，为了提高效率，也为了设置相同的环境，体现公平竞争，用人单位将多个求职者组成一个小组，由数名面试官轮流提问。这种面试形式的优点体现在可以横向比较求职者的个人特质，同时还可以考察求职者的团队协作精神。

除了普通的由面试官轮流提问的小组面试外，还有一种较为常见的面试形式——"无领导小组讨论"。指由一组求职者组成一个临时工作小组，讨论给定的问题，并作出决策。在整个过程中，面试官一般不发表意见，也不指定谁是负责人，目的就在于考查求职者的表现，看你在一个集体中的工作模式：你如何与伙伴交流互动？你是积极的还是消极的？你是否善于接受他人的建议？你是一个领导者还是一个被领导者？通过"无领导小组讨论"，面试官可以考查求职者的组织协调能力、口头表达能力、辩论说服能力等各方面的能力和素质是否达到拟胜任岗位的要求，以及自信程度、进取心、情绪稳定性、反应灵活性等个性特点是否符合拟胜任岗位的团体氛围。

(三)按面试进程

1. 一次性面试

所谓一次性面试指用人单位对求职者进行一次面试后，就能决定求职者是否能面试过关，甚至是否被最终录用。

2. 分阶段面试

分阶段面试主要分为依序面试和逐步面试两种方式。依序面试一般分为初试、复试与综合评定三步。逐步面试一般是由面试小组，按照小组成员的层次，由低到高的顺序，依次对应聘者进行面试。

在实际面试过程中，用人单位可能只采取一种面试形式，也可能同时采用几种面试形式。

【拓展训练】

表 11-1　模拟面试同学互评表

互评项目	具体内容	评价
性格特征	个人性格的特点	
个人优点	个人各方面突出的优点	
个人缺点	个人各方面影响大的缺点	
求职优势	求职方面有利之处	
求职弱势	求职方面不利之处	
沟通能力	语言和书面的沟通能力如何？	
协作能力	团队协作的能力如何？	
价值观	价值取向如何？学习、工作态度如何？	
自信心	个人自信心如何？	
职业形象	职业形象设计是否合理？	
以上特点，在我面试时可以用到的有：		

第二节　面试过程与技巧

一、面试前的准备

(一)做好各种信息准备

1. 招聘单位及应聘职位的信息

为了使你在面试中游刃有余，你可以按照下列内容准备、整理招聘单位和应聘职位的信息，在面试时体现出对应聘单位的高度认知和对应聘岗位的全面了解，给面试官留下良好印象。

招聘单位信息主要包括单位名称、所属行业、规模、性质(国有、民营、合资等)、发展速度、行业排名及影响力、公司文化、主导产品/服务、竞争对手、与竞争对手相比该公司有何独特之处、该公司吸引你的地方等。

应聘职位信息主要包括职位名称、职位所需完成的工作任务、职位所需要的学历、职位所需要的素质和知识、职位在你所在地区的工资待遇标准、职位吸引你的地方、如果你从事该职位三年后你的收获是什么等。

2. 自荐材料

面试时要带好招聘单位所需要的有关资料，以备随时查阅。比如，就业推荐表、曾发表的论文、获得的各种奖励证书以及资格证书等，并携带相关证件，以备用人单位查验。另外，还要带好自己给用人单位投递的简历。注意所有材料要排列整齐，做到心中有数，以免面试中需要时手忙脚乱，给面试官留下不好的印象。

3. 过好面试前一天

面试前一天应提前了解面试单位的准确地理位置、乘车路线、所需时间等，必要时可以事先进行实地考察；准备好应聘单位的相关资料以及个人简历；还要保证良好的睡眠。

二、面试的过程

在一对一面试或者一对多面试中，按照面试官与应聘者在面试过程中的互动顺序，一般其面试过程分为三个阶段，一是关系建立、导入阶段，互相认识，拉近距离；二是核心、确认阶段，应聘者引起面试官兴趣，面试官对应聘者进行资格审查；三是收尾、结束阶段，应聘者优势回顾，面试收尾结束。

(一)关系建立、导入阶段

俗话说：良好的开端是成功的一半。一般的面试时间很短，通常为20多分钟，但一个好的开场非常重要。好的开场，可以营造一种和谐的气氛，使应聘者能迅速与面试官沟通思想，尽快进入正题。大多数有经验的面试官表示，他们在见到应聘者的三分钟内，就基本上能知道对方是否适合应聘的工作。

1.寒暄问候(开场白)

一般在面试开始前，面试官可能会主动与应聘者随便聊聊天，有些同学不知道面试官是什么意思，他们会暗自纳闷："这种寒暄考查我的什么素质？""面试官是不是话中有话呢？"其实面试官这样是为了缓和一下面试气氛，尤其是对于有些过于紧张或拘束的同学，这种寒暄就能起到放松的作用。这是面试官科学测评人才的一种技巧，也是面试官友善态度的一种表示，你大可不必顾虑重重，只要热情地随声附和就可以了，但寒暄作为面试的"序曲"，不应该喧宾夺主。有的同学见考官随便地寒暄，就忘了这个原则，自己主动地寻找话题，切记：面试中的寒暄绝对不是日常生活中和朋友之间的寒暄。

2.公司简介、职位简介

面试官通常会简明扼要地介绍一下公司的情况或者招聘职位的情况。

3.面试流程介绍

经过前两步之后，这时面试就已经开始进入正题。面试官或许会把面试的整体程序安排先告诉你，从而消除你的紧张情绪。

这一阶段，从落座到面试前与面试官的寒暄、问候，以及作自我介绍，作为应聘者的你，就已经开始努力营造和谐的面试气氛，拉近与面试官的距离了。拉近距离实际上是贯穿整个面试的一个过程。在整个面试环节中，与面试官拉近距离，建立一种密切的联系，是成功面试的关键点之一。有经验的面试官会营造轻松的面试氛围，以消除应聘者的紧张感。但作为应聘者来说，我们更应该在面试过程中主动向面试官展示自己的亲切感，通过语言和非语言的沟通方式来拉近与面试官的距离。

(二)核心、确认阶段

在自我介绍之后，面试将进入核心、确认阶段。在这个阶段，面试官一般会围绕应聘者的个人简历以及与招聘职位要求相关的素质技能等方面，对应聘者进行提问。应聘者在回答面试官的问题时，应想方设法引起面试官的兴趣，在这之后，面试官会通过更深入的问题来对应聘者的资格进行审查。

1. 围绕简历提问

在一般的面试中，面试官会以你的简历内容为主线进行提问，而提问方式分为两种。一种是粗略地就简历的所有明细及内容逐个提问，另一种是选择重点部分提问(例如实习经历、社会实践经历等)。不过两种方式的目的是一致的，对于应聘者来说，在这个阶段应该注意：第一，确认简历中的大环节。不能在简历里做假或夸大其词，否则很容易被有经验的面试官当场戳穿。第二，面试官会把对简历中可疑部分的提问隐藏在不经意的小问题之中。第三，小心面试官从你放松的话题中套情报。面试官可能会从你的学校生活谈起，寻找一些轻松的话题，勾起你对大学的美好回忆。而当你滔滔不绝聊起过去时，你的工作能力、为人处世等信息也在不知不觉中传入了他的耳朵。

2. 试探性提问

在对你的简历提问之后，面试官一般会围绕一些敏感、重要或棘手的问题提问，其主要目的是了解你对业务难题或一些重大问题的看法。这类问题一般来说业务性较强，回答得好与坏、回答过程中的逻辑思路是否清晰，可以充分反映出你的专业水平、敏感度、逻辑思维性、分析问题的能力以及语言的组织能力。

3. 收尾、结束阶段

在这个阶段，面试官通过前面的提问已经对你有了基本的认识，对你的印象也基本形成。这个时候，面试官可能会补充问一些问题，以确认某些方面他对你的判断没有偏差。在此之后，话题的选择可能会非常随意，有一点聊天的味道，谈话比较轻松，这就标志着面试已经进入了收尾阶段。而作为应聘者，无论之前的面试环节你表现得好与否，这都是你能够向面试官展示自己的最后机会，所以一定要把握好。

(三)轻松话题

面试官最后可能会从你在简历中所列举的细节提取话题，例如聊一聊你的外语水平、兴趣爱好、将来的打算或校园生活等。通过这类轻松问题，了解你对人际关系的处理能力。

(四)向面试官提问

在面试最后的阶段，面试官一般会给应聘者提问的时间和机会。对于应聘者来说，出于礼貌，你起码应该问一个问题。此时你若一言不发，会给面试官造成两种印象。第一，你对该单位没多大兴趣，实在没有什么可问的，这样面试官对你的印象会大打折扣。第二，你没有能力提出问题，面试官会认为你反应较慢，不会应变。

作为求职者应该积极、主动地利用面试最后一关的机会，适时地提出问题，这不但有助于主考官加深对你的印象，而且你也能趁此机会进一步了解这家公司的背景、企业文化是否适合你。比如你可以问贵公司对这项职务的工作内容和期望目标是什么？贵公司是否有正式或非正式的教育训练？在项目的执行分工上，是否有资深的人员能够带领新进者，并让新进者有发挥的机会？贵公司是否鼓励在职进修？对于在职进修有什么要求？能不能介绍一下工作环境，或者是否有机会能参观一下贵公司？至于薪水待遇、年假天数、年终奖金、福利措施等问题，有些公司的主考官在面试时，会直接向求职者提出。如果对方没有提及，对应届毕业生而言，在找第一份工作时，不适合提出。

要想成功面试，我们应该事先针对面试官可能会问到的问题，准备好答案。但是对于面试官常问的问题，就算事先做了精心的准备，多数同学的回答可能还是并不能令面试官满意，其原因很大程度上是因为不明白面试官提问的目的，当然还有一部分原因是因为自己对所申请的职位、公司需要什么样的人才不了解。

下面，我们针对应届毕业生面试中常见的问题进行分类，希望大家能结合自身实际情况，提前做好回答这些问题的准备。按照面试官提问的内容，可以将应届毕业生面试中常见的问题分为以下七类，如表 11-2 所示。

表 11-2　应届毕业生面试常见问题分类

序号	面试问题分类	典型问题
1	个人基本信息	1. 请简要介绍你自己（自我介绍） 2. 你的家庭情况是怎样的？ 3. 你最大的优点是什么？ 4. 你最大的缺点是什么？ 5. 你最欣赏你朋友的哪些优点？ 6. 你有男/女朋友吗？（女生可能遇到的问题：如果有男朋友，准备什么时候结婚生孩子呢？） 7. 你有什么兴趣爱好吗？

续表

序号	面试问题分类	典型问题
2	职业规划及职业选择	• 职业规划 8. 你的职业规划是什么？ 9. 你为什么不去读研，以后打算读研吗？ 10. 在找工作时，你会考虑哪些因素？ 11. 你有没有考虑过创业，如果有，打算什么时候创业？ • 行业选择 12. 你为什么选择这个行业？ • 公司规划 13. 你了解我们公司吗？ 14. 你为什么想到本公司来工作？ 15. 你还应聘过别的公司吗？如果其他公司也给了你 offer，你会怎么选择呢？ • 职业及职位相关 16. 为什么想应聘这个职位？ 17. 你的性格似乎不太适合这份工作？ 18. 你觉得你适合这个岗位吗？ 19. 这份工作很枯燥，你怎么看？
3	教育经历	20. 你最喜欢什么课程？为什么？ 21. 你最不喜欢什么课程？为什么？ 22. 你认为你在学校属于好学生吗？ 23. 你在读书期间做了那么多实习兼职，你是怎么安排学业的？
4	实习实践经历	24. 在你的实习经历中，你遇到过什么困难？你是怎么解决的？（假如再给你一次机会，你又如何处理？）
5	工作能力及职业素养	25. 你是应届毕业生，缺乏经验，如何能胜任这项工作？ 26. 如果你的意见与老板或者上司的意见不一致，你怎么办？ 27. 你在以往的经历中有过与他人意见不和的时候吗？你是如何处理的？ 28. 对于加班，你是怎么认为的？ 29. 你对跳槽怎么看？ 30. 你能够在压力下工作吗？ 31. 比你学历低的同事和你拿到的起薪是相同的，你如何看待？

序号	面试问题分类	典型问题
6	期望值问题	32. 你对工资报酬有什么样的要求？ 33. 如果无法给你解决户口问题，但是其他条件都能满足你，你是否还会来本公司工作？ 34. 你有什么问题要问我吗？（向面试官提问）
7	其他问题	35. 你是怎样准备这次面试的？ 36. 令你印象最为深刻的一件由你来负责的事情是什么？ 37. 请描述一件让你感觉最失败的事情或者经历。

【拓展阅读】

面试中的经典问题解析

下面，我们从面试中经常出现的一些典型问题中选取了 10 个问题，给出相应的回答思路和参考答案。同学们无须过分关注分析的细节，关键是要从这些分析中"悟"出面试的规律及回答问题的思维方式，达到"活学活用"。

问题一："请简要介绍你自己"

思路：

1. 这是面试的必考题目。

2. 介绍内容要与个人简历相一致。

3. 表述方式上尽量口语化。

4. 要切中要害，不谈无关、无用的内容。

5. 条理要清晰，层次要分明。

6. 事先最好以文字的形式写好背熟。

问题二："你的家庭情况是怎样的?"

思路：

1. 家庭情况对于了解应聘者的性格、观念、心态等有一定的作用，这是招聘单位问该问题的主要原因。

2. 简单地罗列家庭人口。

3. 宜强调温馨和睦的家庭氛围。

4. 宜强调父母对自己教育的重视。

5. 宜强调各位家庭成员的良好状况。

6. 宜强调家庭成员对自己工作的支持。

7. 宜强调自己对家庭的责任感。

问题三："你有什么兴趣爱好吗?"

思路：

1. 业余爱好能在一定程度上反映应聘者的性格、观念、心态，这是招聘单位问该问题的主要原因。

2. 最好不要说自己没有业余爱好。

3. 不要说自己那些庸俗的、令人感觉不好的爱好。

4. 最好不要说自己仅限于读书、听音乐、上网，否则可能令面试官怀疑应聘者性格孤僻。

5. 最好能有一些户外的业余爱好来"点缀"你的形象。

问题四："你最大的缺点是什么?"

思路：

1. 不宜说自己没缺点。

2. 不宜把那些明显的优点说成缺点。

3. 不宜说出严重影响所应聘工作的缺点。

4. 不宜说出令人不放心、不舒服的缺点。

5. 可以说出一些对于所应聘工作"无关紧要"的缺点，甚至是一些表面上看是缺点，从工作的角度看却是优点的缺点。

问题五："请描述一件让你感觉最失败的事情或者经历"

思路：

1. 不宜说自己没有失败的经历。

2. 不宜把那些明显的成功说成是失败。

3. 不宜说出严重影响所应聘工作的失败经历。

4. 所谈经历的结果应是失败的。

5. 宜说明失败之前自己曾信心百倍、尽心尽力。

6. 说明仅仅是由于外在客观原因导致失败。

7. 失败后自己很快振作起来，以更加饱满的热情面对以后的工作。

问题六："你为什么想到本公司来工作?"

思路：

1. 面试官试图从中了解你求职的动机、愿望以及对此项工作的态度。

2. 建议从行业、企业和岗位这三个角度来回答。

3. 参考答案——"我十分看好贵公司所在的行业，我认为贵公司十分重视人才，而且这项工作很适合我，相信自己一定能做好。"

问题七："如果你的意见与老板或者上司的意见不一致，你怎么办？"

思路：

1. 一般可以这样回答"我会给老板或者上司以必要的解释和提醒，在这种情况下，我会服从老板或者上司的意见。"

2. 如果面试你的是老板，而你所应聘的职位另有一位经理，且这位经理当时不在场，可以这样回答："对于非原则性问题，我会服从上司的意见，对于涉及公司利益的重大问题，我希望能向更高层领导反映。"

问题八："你觉得你适合这个岗位吗？"

思路：

1. 应聘者最好站在招聘单位的角度来回答。

2. 招聘单位一般会录用这样的应聘者：基本符合条件、对这份工作感兴趣、有足够的信心。

3. 如"我符合贵公司的招聘条件，凭我目前掌握的技能、高度的责任感和良好的适应能力及学习能力，完全能胜任这份工作。我十分希望能为贵公司服务，如果贵公司给我这个机会，我一定能成为贵公司的栋梁！"

问题九："为什么想应聘这个职位？"

思路：

1. 基本原则上"投其所好"。

2. 回答这个问题前应聘者最好能"先发制人"，了解招聘单位期待这个职位所能发挥的作用。

3. 应聘者可以根据自己的了解，结合自己在专业领域的优势来回答这个问题。

问题十："你是应届毕业生，缺乏经验，如何能胜任这项工作？"

思路：

1. 如果招聘单位对应届毕业生的应聘者提出这个问题，说明招聘单位并不真正在乎"经验"，关键看应聘者怎样回答。

2. 对这个问题的回答最好要体现出应聘者的诚恳、机智、果敢及敬业。

3. 如"作为应届毕业生，在工作经验方面的确会有所欠缺，因此在读书期间我一直利用各种机会在这个行业里做兼职。我也发现，实际工作远比书本知识丰富、复杂。但我有较强的责任心、适应能力和学习能力，而且比较勤奋，所以在兼职中均能圆满完成各项工作，从中获取的经验也令我受益匪浅。请贵公司放心，学校所学及兼职的工作经验使我一定能胜任这个职位"。

【案例及评析】

自我介绍：规避专业劣势，突出实践经历，用数字说话，一对一自我介绍

面试地点：某知名快速消费品公司

目标职位：销售管理培训生

应聘人概况：应届本科女生，专业为基础医学

面试类型：一对一面试

自我介绍原文：

您好，我叫高露，来自××大学。虽然我是个女生，学的是基础医学专业，但是我更热衷于从事极具挑战性的销售职业，因为我觉得推销成功以后很有成就感，我认为我在三个方面的优势可以胜任贵公司的销售管理培训生职位。

第一，积累的销售经验。在读期间我做过很多销售类的实习与兼职工作。参加了 20 多次商场促销、校园促销活动，其中包括雅芳化妆品促销、卡西欧电子词典促销等，做过××公司××手机高校销售代表，曾经在 2 个月内成功销售 26 部手机，销售额达 3 万多元。销售工作锻炼了我的勇气和耐力，我相信这两种素质将会对我未来的工作很有帮助！

第二，不怕吃苦。正如之前介绍的我的销售实践经历，我参加的这些销售兼职活动几乎占据了我全部的课余时间，同时，我还要兼顾学业，这个过程很辛苦，但是我坚持了下来，学业成绩和社会实践两不误。还有，我不担心频繁出差，因为我身体素质很好，我已经坚持晨跑两年多了。

第三，性别优势。作为女生，我认为女性和客户沟通具有的天然优势是男性所不能比拟的，女性给人的亲和力更强。

当然，在大学做推销比真正的销售工作要容易得多，我知道自己的推销技巧还很不够，有很多东西要现学现卖，不过，我已经做好了"好好学习，天天向上"的准备，呵呵。

点评：这个女生对自己与销售相关的学习兼职经历进行了重点描述，用数

字来证明自己的销售业绩和能力，是非常明智的。另外，由于销售岗位的特点，其性别和能否吃苦也是容易引起面试官质疑的地方，该女生在自我介绍时主动提到了这两点，并给出了令人信服的理由，可以部分打消面试官的这部分担心。该女生所学的专业显然与应聘的职位毫无关系，所以在自我介绍中没有过多地提及教育背景及专业成绩，这是非常聪明的做法。最后收尾时实话实说，表示自己还有不足的地方需要提高，给人以谦虚的印象。

【案例及评析】

自我介绍：诚实主动，自曝缺陷，优点与缺陷再结合，巧妙应对硬伤，一对一自我介绍

面试地点：某银行软件开发中心

目标职位：软件开发岗位

应聘人概况：男生，本科，成绩中有2门非专业课程曾重修过

面试类型：一对一面试

自我介绍原文：

您好，我叫张宇，宇宙的宇。我来自××大学，学习的专业是计算机科学与技术。

作为一名应届生，我认为自己在三个方面比较有优势。

第一个优势是我的计算机硬件知识和网络实践经验。我在大二的时候组织了一个校园计算机服务工作小组，课余时间给同学们提供装机和网络维护服务。去年，我担任了一家小公司的兼职网络管理员，月薪1 500元。我对待工作非常负责，有两次网络出现中断故障，我连续24小时不睡觉，直到把问题解决。

第二个优势是编程能力比较强。在学校的模拟计算机集成系统项目中，我被教授任命为组长。我在用友软件公司工作过两个月，参与了一个80万元项目的本地化二次开发，负责编写数据库。

第三个优势是我对IT技术十分狂热！我初高中时期三次在市中学生编程大赛中获奖，在大学我的计算机专业课成绩向来名列前茅。

非常遗憾的一点是，虽然我的计算机专业课成绩非常好，但是我曾经有两门非专业课考试不及格重修过。究其原因，是我在大一、大二的时候完全按照自己的兴趣分配学习时间，我把几乎所有时间都给了计算机，回头看来，这是我大学生活最失败的地方，给我日后的求职带来了非常严重的影响，有些企业

一看到我有重修科目就立刻把我淘汰了。

×××× 能够给我这次面试的机会让我非常感动，也体会到了 ×××× 人性化的招聘标准。所以，无论今天我是否能够面试成功，我都要感谢您给我这次面试的机会。

点评：企业对应届生的成绩还是相当看重的，尤其是像银行这样的单位。张宇在自我介绍中把"不及格"的非专业课程这块硬伤解释成"在计算机课程上花了太多时间"，这样既突出了职位的专业及技能要求，又巧妙地解释了有两门非专业课重修的事实，将硬伤转化成优势。

【拓展阅读】

在小组讨论中脱颖而出的技巧

在小组面试中，为增加面试成功机会，要把握好以下几点：

(1)放下包袱，大胆开口，抢先发言。对于每个小组成员来说，机会只有一次，如果胆小怯场，沉默不语，不敢放声交谈，那就等于失去了被考察的机会，结局自然不会理想。当然，如果能在组织好材料的基础上，做到第一个发言，效果会更好，给人的印象也最深。

(2)逻辑严密，论证充分，辩驳有力。小组讨论中，主考官是借此考察应聘者的语言能力、思维能力及业务能力，切忌不着边际地夸夸其谈。语不在多而在于精，观点要鲜明，论证要严密，一语中的，可起到一鸣惊人的效果。

(3)尊重队友观点，友善待人，不恶语相向。为了"凸显"自己，每一个小组成员都想抓住机会多发言，但为了抬高自己，无端攻击对方观点，往往只会导致自己最早出局。

(4)取出纸笔，记录要点，做到与众不同。别人滔滔不绝，你却掏出纸笔，将有关观点记下或加以分析，这样很容易使自己"鹤立鸡群"，让主考官眼前一亮，记住你的名字。

(5)逐一点评，最后总结，充当领导者。在讨论结束之前，如能将各个成员交谈的要点一一点评，分析优劣、指出不足，并适时拿出令人信服的观点，使自己处于讨论的中心，无形中便使自己成了领导者的角色。

(6)上交讨论提纲，条理清晰，再露一手。最后将讨论纪要迅速整理成文，一目了然，上交主考官，既展示了自己流畅的文字功底，又给人办事得力、精明能干的好印象。

第三节　面试礼仪

一、面试中的聆听礼仪

在面试过程中，主动地交谈传递出主考官需要的信息，展示出你的能力和风采。而"聆听"也是一种很重要的礼节。不会听，也就无法回答好主考官的问题，好的交谈是建立在"聆听"基础上的。

在面试过程中，主考官的每一句话都可以说是非常重要的，你要集中精力认真地去听。要记住说话人讲话的内容重点，并了解说话人的希望所在，而不要仅仅注重说话人的长相和语调。即使说话者谈话确实无聊、乏味，你也要转变自己的想法，认真听对方的谈话或多或少可以使自己受益。在聆听对方谈话时，要自然流露出敬意，这是有教养、懂礼仪的表现。

一个好的聆听者会做到以下几点：

1. 记住说话者的名字。

2. 用目光注视说话者，保持微笑，恰当地点头。

3. 身体微微倾向说话者，表示对说话者的重视。

4. 了解说话者谈话的主要内容。

5. 适当地做出一些反应，如点头、会意地微笑、提出相关的问题。

6. 不离开对方所讲的话题，巧妙地通过应答，把对方讲话的内容引向所需的方向和层次。

二、面试过程中的其他礼仪

我们可以把整个面试过程想象成为一个舞台剧。戏里的主角是面试官和求职者，角色只有两个，但剧情是千变万化的。作为扮演求职者的一方，一定要把握求职礼仪上的分寸，不要因为过火或不到位，而把"好戏"演砸了。

1. 走进房间时候的礼仪

走进房间的时候，可能自己的名字被喊到，就有力地答一声"是"，然后再进门。如果门关着的话，就要以里面听得见的力度敲门，听到回复后再进去，开门关门尽量要轻，向招聘方各位面试官行过礼之后，清楚地说出自己的名字。

2．入座礼仪

在没有听到"请坐"之前，绝对不可以坐下，面试官还没有开口，就顺势坐在椅子上的人，已经被扣掉了一半分数。从门口走进来的时候，要昂首挺胸地走，坐下时也不要在椅边上轻坐，要舒服地坐进去。

3．使用敬语

使用过分夸张的敬语是一件令双方都很尴尬的事。所以，这一点在平时待人接物上要下功夫，如习惯于对长辈说敬语等。

4．应答礼仪

知之为知之，不知为不知。在面试中，常会遇到一些不熟悉、曾经熟悉现在竟忘记或根本不懂的问题。面临这种情况，默不作声、回避问题是失策；牵强附会、"强不知为知之"更是拙劣，坦率承认是上策。

5．自然自信

保持诚恳态度，进入面试场地，求职者应始终面带微笑，不要过分紧张，对碰到的每个公司员工都应彬彬有礼。

6．注意身体语言

身体语言在人际交流中起很重要的作用。大家一般会遇到过或听说过面试失败的例子，分析起来，专业也对口，也没说过什么不得体的话，就是不知道输在哪里。其实，除了职场竞争激烈是主要原因外，面试时身体语言表现不当而暴露弱点也是一个重要因素。身体语言包括：说话时的目光接触；身体的姿势控制；习惯动作；讲话时的噪声等。

（1）目光接触。面试时，应试者应当与主考官保持目光接触，以表示对主考官的尊重。目光接触的技巧是，盯住主考官的鼻梁处，每次 15 秒左右，然后自然地转向其他地方，例如，望向主考官的手，办公桌等其他地方，然后隔 30 秒左右，再望向主考官的双眼鼻梁处。切忌目光犹疑，躲避闪烁，这是缺乏自信的表现。

（2）身体姿势和习惯动作。在进出面试办公室时，注意进退礼仪，一定要保持抬头挺胸的姿态和饱满的精神，与人交谈时，不要频繁地耸肩，手舞足蹈，左顾右盼，坐姿歪斜，晃动双腿，这都是不好的身体语言，总之，手势不宜过多，需要时适度配合表达。

（3）讲话时的噪音。噪音可以看出一个人是否紧张，是否自信等，平时应多练习演讲、交谈的艺术，控制说话的语速，不要尖声尖气，声细无力，应保持音调平静音量适中，回答简练，不带"嗯""这个"等无关紧要的习惯语，这些都显示出在自我表达方面不专业。

7. 面试结束时的礼仪

面试结束时，不论是否如你所愿被顺利录取，或者只是得到一个模棱两可的答复（例如，"这样吧，我们还要进一步考虑你和其他候选人的情况，如果有进一步的消息，我们会及时通知你的"），你都应该对面试官抽出宝贵时间来与自己见面表示感谢，并且表示期待着有进一步面谈的机会。这样既保持了与面试官的良好关系，又表现出自己良好的人际关系能力。当用人单位最后考虑人选时，能增加自己的分数。

最后，与主考官以握手方式道别时，应该把刚才坐的椅子扶正到刚进门时的位置，再次致谢后出门。经过公司前台时，要主动与前台工作人员点头致意或说："谢谢你，再见"之类的话。

三、面试后的礼仪

面试结束并不意味着求职过程就完了，也不意味着求职者就可以袖手以待聘用通知的到来，有些事你还得做。

1. 感谢：为了加深招聘人员对你的印象，增加求职成功的可能性，面试后当天晚上，一般在两天内，你须给招聘人员打个电话或写封信表示谢意。感谢电话要简短，最好不要超过 5 分钟。感谢信要简洁，最好不超过一页。感谢信的开头应提及你的姓名及简单情况，然后提及面试时间，并对招聘人员表示感谢。信的中间部分要重申你对该公司、该职位的兴趣，增加一些对求职成功有用的事实内容，尽量修正你可能留给招聘人员的不良印象。信的结尾可以表示你对自己的素质能符合公司要求的信心，主动提供更多的材料，或表示感谢是十分重要的，因为这不仅是礼貌之举，也会使面试官在作决定时对你有印象。

2. 不要过早打听面试结果。在一般情况下，面试官每天面试结束后，都要进行讨论和投票，然后送人事部门汇总，最终确定录用人选，可能要等 3—5 天，求职者在这段时间内一定要耐心等待，不宜过早打听面试结果。

3. 查询结果。一般来说，你在面试两周后或在面试官许诺的通知时间到了以后，还没有收到对方的答复时，就应该写信或打电话给招聘单位或面试官询问是否已作出了决定。

四、求职礼仪自我检视清单

表 11-3　求职礼仪自我检视清单

求职面试前的礼仪	(1)头发干净自然，如果要染发则注意颜色和发型不可太标新立异。 (2)服饰大方，整齐合身。 (3)面试前一天修剪指甲，女生忌涂指甲油。 (4)不要佩戴标新立异的装饰物。 (5)选择平时习惯穿的皮鞋，出门前一定要擦拭清洁。
求职面试过程中的礼仪	(1)任何情况下都要注意进房先敲门。 (2)待人态度从容，有礼貌。 (3)眼睛平视，面带微笑。 (4)说话清晰，音量适中。 (5)神情专注，切忌边说边整理头发。 (6)手势不宜过多，需要时适度配合。 (7)进入面谈办公室前，可以嚼一片口香糖，消除口气，缓和紧张的情绪。
求职面试结束时的礼仪	(1)礼貌地与主考官握手并致谢。 (2)轻声起立并将座椅轻轻推至原位置。 (3)出公司大门时对接待人员表示感谢。

【拓展训练】

我的职业形象设计

根据你的初步想法，描绘你的职业形象，装备你的面试衣柜。

表 11-4 我的职业形象自画像

我的衣橱清单				我的职业形象自画像
项目	已有的	需要的	估计价格	
套装				
衬衫				
长裤				
短衬衫				
套裙				
厚外套				
鞋				
手提袋				
腰带				
围巾				
领带				
饰品				
其他				

【拓展阅读】

师范生面试的基本问题

1. 你有什么特长？

2. 你不喜欢什么样的学生？

3. 你认为教师这个职业有发展前途吗？

4. 如果学生当面指责你，你会如何处理？

5. 你对学校有什么要求？

6. 你觉得怎么样做才算是优秀的教师？

7. 什么情况你会辞职？

8. 你觉得老师的收入多少比较合适？

9. 你用什么办法让不喜欢你的学生变得喜欢你？

教师招聘面试题目列举

（一）教学

（1）新课程标准的价值取向是什么？

（2）你最尊敬的教育家是谁，为什么？

（3）你最赞赏的教学方法是什么？

（4）为什么学生会偏科？

（5）做好一个教师固然离不开敬业、爱生、专业知识扎实，除了这些，你认为教师的最重要特质是什么？

（6）你赞同"教学有法，但无定法，贵在得法"这种提法吗？为什么？

（7）学生记忆有什么特点，学科教学如何提高学生的识记能力？

（8）你认为一种科学的备课方法是什么？平时你是怎样备课的？

（9）你同意"没有不合格的学生，只有不合格的教师"这句话吗？

（10）你怎样认识集体备课制，它有优势吗？

（11）教学是一门技术还是一门艺术，你倾向哪一种看法，若两者都不同意，请谈谈你的看法？

（12）一堂好课的标准是什么？

（13）现在常常提的"以学生为本"或"以学生为主体"，你怎样理解？

（14）你平常看的教育教学类的书籍和杂志有哪些？

（二）班主任

（1）什么是"班级文化"，你是班主任的话，你怎样进行班级文化建设？

（2）激励与批评都是一种教育手段，你倾向用哪一种？

（3）主题班会有哪些类型，你怎样组织班会？

（4）请你描述一下青春期男女学生的心理特点？

（5）如何与不同类型的家长沟通，怎样一种家校合作方式比较好？

（6）请讲述一件最能让你感动的师生情景？

（7）如何发现"差生"身上的闪光点？

（8）学生心目中的好班主任形象有哪些？

（9）许多学校为什么强调学生穿校服，除了整齐外，还有别的意义吗？

（10）班主任有多种类型：警察式、妈妈式、民主式，你认为哪一种类型教师更有利于学生教育？

（11）"在集体中进行教育"是谁的教育思想，怎样贯彻？

(12)"学生自己管理自己"的观点你赞同吗?

(三)情景题

(1)苏亮的考试成绩不理想,他伤心地哭了,作为教师的你会怎么办?

(2)教师节就要到了,一位教师设计了这样一次语文实践活动,让学生自己动手为学校的教师制作贺卡,并让学生自己设计贺词。谁知在活动开始时,一位同学提出做贺卡是不环保的行为。如果你是那位教师,你会怎样处理这一"突发事件"?

(3)您认为教师的奖金差别越大越好,还是越小越好?为什么?

(4)同样是小学三年级的学生,在作文中都表达了一种同样的愿望:希望自己将来能做马戏团的小丑。一位老师的评语是:"胸无大志,真没出息!"一位老师的评语是:"愿你把欢笑带给全世界!"请你对两位老师的评语分别做出评价。

(5)在一次教学研讨活动中,一位授课教师的最后结束语是:"同学们,我们这节课讲完了。"在随后的交流环节中,一位与会者向授课教师提出了这样一个问题:你认为"我们这节课讲完了"和"我们这节课学完了"这两种说法有什么不同?如果你是那位执教老师,你会如何分析这两种不同的说法,如何来回答这个问题?

(6)"要给学生一杯水,教师应有一桶水。"这是人们经常提到的一句话。请你谈谈你对这句"至理名言"的认识。如果有必要,请你按照自己的想法对这句话进行改造,重新写一句。

(7)曾子曾说:"吾日三省吾身。"有一位老师每天睡觉前都要问自己这样三个问题:今天我想了吗?今天我读了吗?今天我写了吗?请你对这位老师的这种做法加以评价。

(8)一位老师布置了这样一道作文题,让学生谈谈自己的心里话。一个孩子的父母离异,这给他童年的心底留下了一道阴影和许多的痛苦。这个学生写的文章很打动人,文笔也不错。老师没征求学生的意见,就在班上读了这篇"范文"。几天后,这位同学却在日记中表达了对老师这种做法的不满。如果你是那位老师,应该如何去分析和处理这件事?

(9)你在上课时,发现一位学生趴在桌子上睡着了,你会怎么处理?为什么?

(10)将要走上讲台的你,自我感觉对于教师这一职业,你最大的优势与最大的不足分别是什么?

【思考与讨论】

1. 运用就业信息收集的不同渠道，在收集和整理多方面信息的基础上，准确描述出自己选择的目标单位的特征，并确定出 3～5 个可重点关注的目标单位。

2. 请结合自身实际和重点关注的目标单位，拟定一个求职岗位，设计制作一份求职自荐材料(求职信和简历)。

3. 假设你重点关注的目标单位通知你面试，你决定参加这个面试，请准备一份面试自我介绍及预设问题的答复要点。

参考文献

1. 蒋建荣，刘月波. 大学生职业发展与就业训练教程. 北京：中国出版集团，现代教育出版社，2009.

2. 钟谷兰，杨开. 大学生职业生涯发展与规划. 上海：华东师范大学出版社，2008.

3. 赵敏，张凤. 大学生生涯规划与辅导实务. 北京：电子工业出版社，2010.

4. 祁金利，李家华. 大学生职业生涯与发展规划教程. 北京：北京出版社，2008.

5. 孙宗虎，赵淑芳. 职业生涯规划管理实务手册. 北京：人民邮电出版社，2012.

6. 古典. 你的生命有什么可能. 长沙：湖南文艺出版社，2014.

7. 谢珊，曾雅丽. 大学生全程化职业指导自助训练手册. 北京：世界图书出版公司，2012.

8. 马恩，谢伟. 大学生就业指导与发展教程. 北京：清华大学出版社，北京交通大学出版社，2011.

9. 应届生求职网. 应届生求职面试全攻略. 上海：上海交通大学出版社，2009.

10. 文厚润，张斌. 大学生就业实用教程－大学生职业发展与就业指导. 北京：高等教育出版社，2011.

11. 方伟，王少浪. 大学生就业与创业指导. 北京：世界图书出版公司，2011.

12. 武月刚. 大学生职业生涯规划与就业指导. 北京：航空工业出版社，2010.

13. 王占仁，刘志. 职业生涯规划和就业指导十三讲. 北京：高等教育出版社，2010.

附：生涯发展成长档案

生涯发展成长档案是生涯发展课程中配套使用的一个重要工具。它能够帮你整理生涯发展思路、收集工作成果并让你向职场展现最专业的自己，在你一开始规划并寻求你的职业时它就非常有用。请你以认真的态度对待它，找一个心情平静的时间，将你的个人信息，包括技能、兴趣和能力等收集其中。并开始整理并归纳个人的材料，包括各种报告、项目、工作评价、笔记、奖项或其他支持自我评估的信息。

下面的许多练习摘自书中的各章节，这样做是非常有意义的。因为它让你回顾你的答案并思考这些答案对你现在是否还具有意义。如果你今天的答案不同于你原有的答案，就在下面记录你现在的回答。这样的总结帮你整合每一章的信息，最终成为你专有的生涯发展成长档案。请在每章的最后一项记录你所登录的网站以及从中得到的非常有用的或是某种类型的信息。注意：必要时可附加纸张完成练习。

第一章　唤醒生涯理念，聚焦美好未来

1-1为什么读大学？

经历了高考的日子，现在想想，给出你读大学的五个理由：

理由1：＿＿＿＿＿＿＿＿＿＿＿；现在看来，有改变吗？＿＿＿＿＿＿

理由2：＿＿＿＿＿＿＿＿＿＿＿；现在看来，有改变吗？＿＿＿＿＿＿

理由3：＿＿＿＿＿＿＿＿＿＿＿；现在看来，有改变吗？＿＿＿＿＿＿

理由4：＿＿＿＿＿＿＿＿＿＿＿；现在看来，有改变吗？＿＿＿＿＿＿

理由5：＿＿＿＿＿＿＿＿＿＿＿；现在看来，有改变吗？＿＿＿＿＿＿

1-2 我的墓志铭

当我们平静安详地躺在水晶棺里，外边的世界已经离我们很远了，不管什么评价对我们已经不再重要，但在离开这个世界的最后时刻，为了生命那最后的尊严与责任，我们是否从现在开始就该做点什么呢？

第二章　发现大学价值，激活行动状态

2-1 绘制你的专业树

想办法找到你的专业教学计划，看一看你四年所要学习的专业课程都有哪些，根据学院的课程安排，以及你所了解的本学院毕业生的发展去向，尝试梳理出几条可能的专业成长路径，将其绘制成为一棵专业成长树，并结合自己的兴趣选择一两条发展路径作为今后的努力方向。

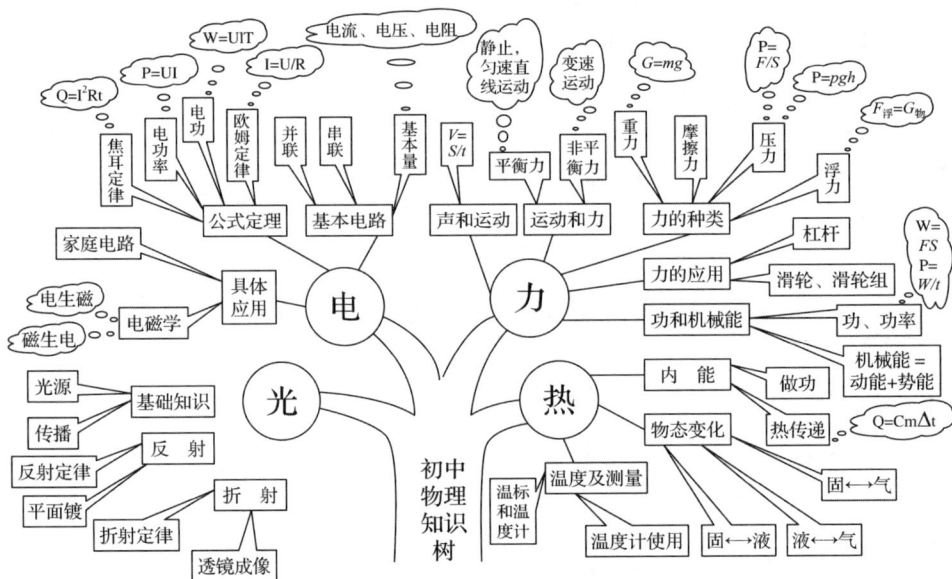

2－2 年度规划平衡轮

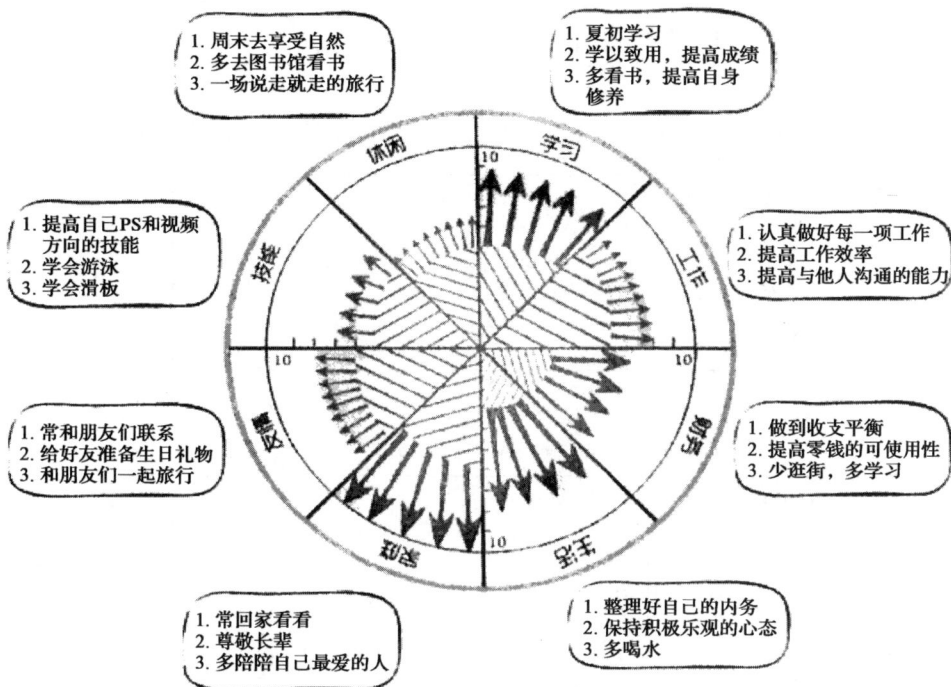

1. 周末去享受自然
2. 多去图书馆看书
3. 一场说走就走的旅行

1. 夏初学习
2. 学以致用，提高成绩
3. 多看书，提高自身
   修养

1. 提高自己 PS 和视频
   方向的技能
2. 学会游泳
3. 学会滑板

1. 认真做好每一项工作
2. 提高工作效率
3. 提高与他人沟通的能力

1. 常和朋友们联系
2. 给好友准备生日礼物
3. 和朋友们一起旅行

1. 做到收支平衡
2. 提高零钱的可使用性
3. 少逛街，多学习

休闲　学习　技能　工作　区送　财务　和送　身天

1. 常回家看看
2. 尊敬长辈
3. 多陪陪自己最爱的人

1. 整理好自己的内务
2. 保持积极乐观的心态
3. 多喝水

2－3 月目标——生命之花

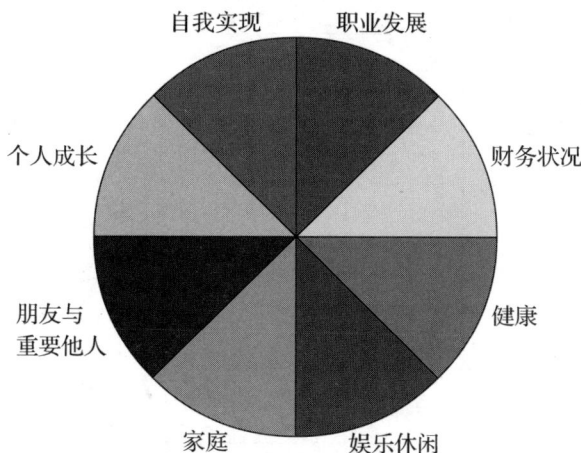

自我实现　职业发展
个人成长　财务状况
朋友与
重要他人　健康
家庭　娱乐休闲

关键领域的三个行动：

1. _____

2. _____

3. _____

本月习惯养成训练：

养成什么习惯：_____

给自己一个承诺：_____

保证条件：_____

2—4 周、日计划表

本周要事	Monday 星期一	Tuesday 星期二
1. 2. 3. 重要合作伙伴 1. 2.	1. 2. 3. 小确幸： 今日感悟： 	1. 2. 3. 小确幸： 今日感悟：
Wednesday 星期三	Thursday 星期四	Friday 星期五
1. 2. 3. 小确幸： 今日感悟： 	1. 2. 3. 小确幸： 今日感悟： 	1. 2. 3. 小确幸： 今日感悟：

续表

Saturday 星期六	Sunday 星期日	本周小结
1. 2. 3. 小确幸： 今日感悟： ―――――――― ―――――――― ―――――――― ――――――――	1. 2. 3. 小确幸： 今日感悟： ―――――――― ―――――――― ―――――――― ――――――――	本周满意度： 习惯养成： 改进与提高： 本周反馈：

第三章　发现大学价值，激活行动状态

3-1 职业信息探索方法汇总

分组讨论：从小到大，你是用什么方法去了解令你好奇的职位的？至少举出一个事例。这些方法对了解工作信息有什么样的帮助？

小组总结：探索职位世界有哪些好方法？

――――――――――――――――――――――――――――

请在了解了职位世界探索方法的基础上，结合所学专业就业方向选择某单位的一个职位，通过实际调查了解后，按照下列提纲撰写一份职位说明书。

单位名称			制定期限	
职位名称		职位类别	职位等级	
职位职责任务				
职位工作标准				
职位聘用条件				

3-2 职业生涯访谈

访谈 3 名目标职位中工作 3 年左右的学长或学姐，请你拟定一个访谈提纲。具体内容可以参考以下问题：

➢ 背景：请告诉我您是怎样进入这个领域的。您的教育背景是什么？怎样的教育背景或工作经验对进入该领域会有帮助？

_____

➢ 工作环境：您的日常职责有哪些？工作条件怎样？该领域要用到哪些能力？

_____

➢ 问题：您工作中遇到最棘手的问题是什么？整个行业面临着什么问题？已经采取了哪些措施来解决这些问题？

_____

➢ 生活方式：工作之余，您还需要尽什么义务？在着装、工作时间、假期方面的灵活性是怎样的？

_____

➢ 收获：除了薪酬，您认为从事该工作最大的收获是什么？

_____

➢ 薪酬：入职新人的薪酬水平是怎样的？有哪些额外补贴？有哪些其他的福利？（例如，分红，保险，佣金）

_____

➢ 发展空间：您今后几年的规划和长远规划是什么？

_____

➢ 晋升：晋升空间大吗？一个人怎样从基层升至高层？跳槽的员工多吗？该公司的升职制度是什么？最后一个从事该职位的人会怎样？过去 5 年

有多少人从事了该职位？怎样考核员工？

_____

➢ 行业：您认为今后 3 年至 5 年该行业的发展趋势是什么？该公司的前景怎样？影响该行业的因素有哪些？（经济形式，财政支持，气候，供货）

_____

➢ 建议：我的个人情况和该领域匹配度怎样？当时机来临时，我该怎样找到一份该领域的工作？您建议我做什么准备，带薪实习还是无薪实习？您对改善我的简历有哪些建议？

_____

➢ 需求：该工作的招聘人员是怎样的？哪里有这样的工作？还有哪些其他领域的工作和您的工作相关？

_____

➢ 招聘决定因素：招聘该职位的员工，最重要的因素是什么？（教育背景，个人经历，个人性格，特殊技能）您所在部门谁有人事决策权？谁监督老板？当我做好了申请准备，我该联系谁？

_____

➢ 求职市场：人们通常怎样进入您的领域？通过报纸广告？网络？熟人介绍？

_____

➢ 介绍其他信息源：您能向我推荐需要经常阅读的行业杂志期刊吗？可以去哪些机构获取我需要的信息？

_____

➢ 推荐其他访谈对象：根据今天的谈话，您认为我还应该跟谁交谈？能向我介绍几位吗？我约见他们的时候，可以提到您的名字么？

_____

> 您还有其他建议吗?

_____

> 其他你能想到的问题。

_____

第四章　认识真实自我,确认核心价值

4—1 自画像

通过现实生活中自己的表现和感受,认真填写表格,从不同侧面深刻地描述生理我、心理我、社会我,对自己进行全面的认识。

	我的长处、优势	我的不足、劣势
生理我 (年龄、身高、体重、 外貌、健康等)		
心理我 (智力、情绪、性格、 气质、兴趣爱好、价值观等)		
社会我 (在班级及社会中的地位、 角色、与他人的关系等)		

4—2 关于"我"的探索活动

> 写出十个能够反映你自己的词语。

_____ _____ _____ _____ _____

_____ _____ _____ _____ _____

> 你的父母认为你是一个怎样的人?

_____

➤ 你的同学如何评价你？

_____

➤ 你的老师如何评价你？

_____

➤ 你的好朋友如何评价你？

_____

➤ 当我与别人闹矛盾时，对方曾如何评价你？

_____

4-3 价值观探索

请你回顾在以往生活中所做出的重大决策，以及决策之前围绕这事件所产生的不同意见（自己、父母、师长、朋友或其他重要他人的）。想一想：在这些意见的背后，是否体现着不同的价值观呢？试着把这些价值观写下来。

_____

_____

_____

4-4 留舍最爱

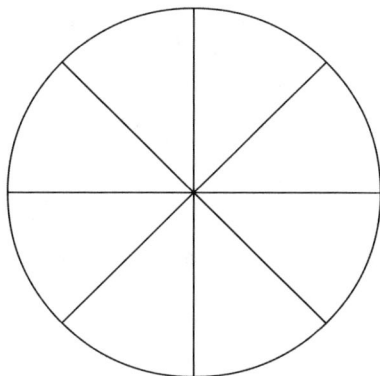

价值观宣言：_____

_____

_____

4-5 价值观行动

成长宣言梳理好了，你觉得它真正触动到你的内心了吗？你觉得它当下对你来说是最重要的吗？你为你的选择骄傲吗？如果是，你愿意为你的成长宣言做点什么吗？你的目前的生活状态，有没有违背你的成长宣言呢？如果要改变，或者说，如果要按照成长宣言重新规划你的生活，你愿意做哪些改变呢？你的行动方案是什么呢？请撰写500字的价值观修炼计划。

_____

_____

_____

_____

第五章　盘点兴趣性格，拓展未知自我

5-1 霍兰德职业兴趣探索

圈出"霍兰德兴趣环境"中最符合你的三个类型：_____　_____

_____

现实型　企业型　探索型　传统型　艺术型　社会型

5-2 自我兴趣探索

请认真、详细地回答下列问题，以此帮助你回忆并挖掘日常生活中有关个人兴趣的一些代表性事件，进一步探索自己的兴趣。

(1)请列举三种你非常感兴趣的职业(摒除所有现实的考虑)，这些工作中哪些特征吸引着你？

_____

(2)根据你迄今为止已有的经历，回忆三个令你感到快乐、满足的事件，并详细描述这三个画面，是什么令你感到如此快乐和满足？

1._____

2._____

3._____

(3)闲暇时间你最爱从事的活动是什么？

_____

(4)你最喜欢看哪种杂志？杂志哪部分吸引着你？

_____

(5)除了单纯的娱乐放松外，你喜欢看哪几类电视节目？节目中什么吸引着你？

_____

(6)你喜欢浏览哪类网站？你喜欢看网站的哪部分内容？它们属于哪个专栏？

_____

(7)你喜欢的课程有哪些？为什么会喜欢它们？

_____

(8)在生活中，都有过某些时刻，因为全神贯注于做某件事情而忘了时间。什么样的事让你如此专注？

_____

(9)以上问题让你从中看到了哪些共同点？这些共同点和霍兰德的哪些类型相对应？如何给这些共同点生命？如何滋养它们？

_____

5-3 兴趣金字塔

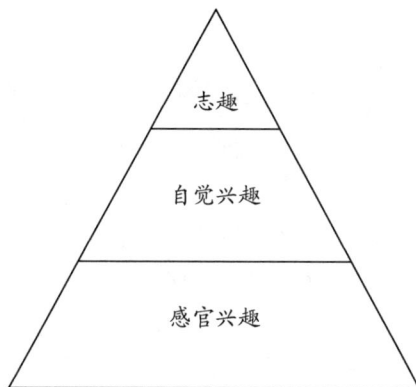

请尽可能多地梳理一下你的兴趣，包括你从没尝试过却很想尝试的，然后，看看哪些感官兴趣是可以加以能力训练提升成自觉兴趣的。为了提升兴趣，做一个"有趣"的人，你打算为此做些什么呢？如果开始行动，你打算从哪一步做起，行动有没有什么阻碍，这些阻碍来自于哪里呢？外界还是你的内心。如果开始修炼自己的兴趣，你可以利用的资源有哪些？你没有挖掘过，但是有可能可以尝试的资源又有哪些？如果可能，请为自己的兴趣修炼计划设定一个期限，设定一个目标，如果实现了这个目标，你打算给自己一个什么奖励呢？如果这些问题都想清楚了，你打算开始行动了吗？当下的你，打算从哪里做起呢？

5－4 我的 MBTI 类型

能量倾向（E/I）_____   接受信息（S/N）_____

处理信息（T/F）_____   行动方式（J/P）_____

认识到每个人都有与众不同的特质，性格与职业的最佳匹配使得我们成为更有效的工作者，可以促进我们对工作的兴趣；认识到自己的性格特征是什么，进而，性格也给了我们另一种反思自己的方法，与人交往或从事某项工作时，我的性格优势是什么？我的性格又应该注意什么？

第六章　评估核心能力，突出个人优势

6－1 你有哪些知识技能？

请试着在小组中尽可能全面地列出你所掌握的知识技能，包括从学校课程、课外培训、专业讲座、志愿服务等获得的各种知识，再从中分别挑出你自己感觉比较精通的和你在工作中应用或希望应用的知识技能，最后排列出对你来说排序在前的五项知识技能：

➤ 我觉得排序在前的五项知识技能：

在盘点了自己现有的知识技能以后，把你的思绪转向未来，想想有哪些知识技能你目前还不具备，但希望自己拥有。可以通过一些什么样的途径来获得这些知识。

➤ 我尚不具备但希望拥有的知识技能：

➢ 这些知识获取的途径是什么：

_____

_____

6-2 撰写自己成就故事

请写下生活中令你有成就感的具体事件然后对其进行分析，看看你在其中使用了哪些技能。

这些"成就事件"不一定是工作上的，也可以是课外活动或家庭生活中发生的，比如同学聚会、一次美好而难忘的旅游，等等。他们不必是惊天动地的大事，只要符合以下两条标准，就可以被视为"成就"：A. 你喜欢做这件事时体验到的感受；B. 你为完成它所带来的结果感到自豪。如果同时你还获得了他人的认可和表扬那就更好了，不过这并不重要。

在撰写成就故事时，每一个故事都应当包含以下要素：

(1) 你想达到的目标，即需要完成的事情。

(2) 你面临的障碍、限制或困难。

(3) 你的具体行动步骤，即你是如何一步步克服障碍、达成目标的。

(4) 对结果的描述，即你取得了什么成就。最好能量化评估。

至少写出七个故事(越多越好)。如果有条件的话，请和两三个同学一起逐一进行分析讨论，在其中你都使用了一些什么样的技能。最后看看在这些故事中是否有重复出现的技能，它们就是你喜爱施展也擅长的技能。将这些技能按优先次序加以排序。

1. _____

2. _____

3. _____

4. _____

5. _____

6. _____

7. _____

6-3 梳理自己的能力

请梳理一下自己现有的三种能力，并按照能力三核的图谱填写完整。

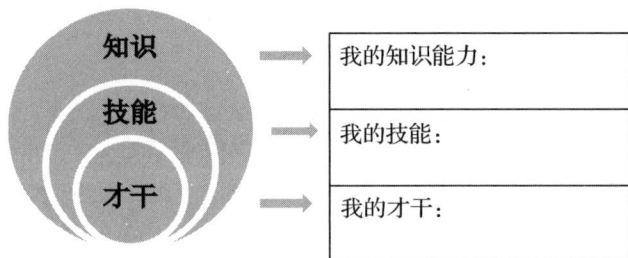

我的知识能力：

我的技能：

我的才干：

6－4 分解能力三核

试着去搜索五个你所学专业近期的招聘启事，分解一下这些招聘启事里的"能力三核"，和自己现有的能力三核做一下比对，哪些是你具有的呢？哪些是你不具备但是你非常想提升的呢？不具备的能力多吗？哪个或者哪两个是你当下急于提升的呢？你想用什么办法提升这个能力呢？你要为提升这种能力付诸哪些行动呢？

行动方案：_____

_____

_____

_____

6－5 盘点你的优势能力

请根据书中提到的 42 种核心能力进行自我盘点，并放入到下方的四象限里：

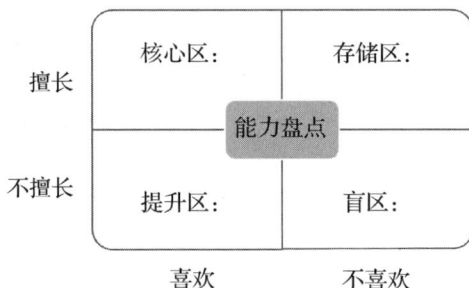

请把各种卡片所代表的能力整理到下面的能力清单里：

核心区：_____

存储区：_____

_____

提升区：_____

_____

盲区：_____

_____

6-6 优势能力提升计划

1. 根据你的情况，如果需要你在接下来的三个月内从核心区的能力中选出两个，有意识地为他们做一点"宣传"和"精进"，你会选择哪两个？你打算怎样做呢？

_____

_____

2. 根据你的情况，如果需要在存储区中挑选出两个能力将它们重新组合与应用，它们会因此转变成你的核心区能力，你会选择哪两个？你打算怎么做呢？

_____

_____

3. 如果需要在提升区中选出两个能力，在接下来的一年中有意投入、学习它们，你会选择哪两个？你打算为此做出哪些努力呢？

_____

_____

4. 在日后的工作中，请在盲区中挑选出两个能力，提醒自己要多注意授权给别人或者请别人帮忙的能力。同时，请把这些能力记录下来，如果盲区的能力过多，请记住，还是要想办法提升和学习，毕竟，大学时期是能力提升的最佳时期。

_____

_____

第七章　精炼战略决策，适应变化挑战

7-1 分析你的决策 CASVE 循环

请使用 CASVE 循环来分析你在思考、实践与联系活动一时所写出的三个重大决策以及你现阶段面临的职业生涯决策问题。可以参考以下问题进行：

你是怎么意识到自己的需求的？

_____

你是如何分析这个问题、收集相关信息（包括关于你自己和关于问题解决的信息）的？

_____

你是如何形成解决方案的？以你今天的眼光，你是否能看到自己当时所没有看到的其他可能性？

_____

你是如何在不同的解决方案之间作选择的？你的选择标准是什么？

_____

你是如何落实行动的？过程是否如你所预期的那样？

_____

你怎样评价自己当时的决策过程？你对结果感到满意吗？如果不满意，是哪个步骤出现了问题？

_____

如此分析了三个重大决策的过程之后，你对于自己的决策风格有了什么新的了解？这对你处理现阶段所面临的职业生涯决策问题有什么指导意义？

_____

7-2 制作决策平衡单

你现在面临决策难题吗？如果有，请尝试用决策平衡单做出选择吧。

考虑因素	权重 1~10	选项一		选项二		选项三	
		得（+）	失（-）	得（+）	失（-）	得（+）	失（-）
个人物质得失							

续表

考虑因素	权重 1~10	选项一		选项二		选项三	
		得(＋)	失(－)	得(＋)	失(－)	得(＋)	失(－)
他人物质得失							
个人精神得失							
他人精神得失							

选项一总分＝

选项二总分＝

选项三总分＝

现在，对着已经做好的平衡单，你对自己的选择更清晰了吗？

a. 这个练习让你最有收获的一点？

b. 回想你之前对这个决策的纠结，你觉得主要卡在了哪里？（是自己的情绪？是对信息的不了解？还是缺少分析方法？）

c. 你现在对于决策有什么新的感悟？

7－3 改变你的非理性观念

回顾你以往的决策过程，找出你在决策时产生的非理性观念，并将这些观念一一列出来。

逐条分析上面的非理性观念，这些观念错在了哪里？如何纠正。

列出纠正后的理性的观念，并将这些观念应用到以后的决策中。

7-4 善用生涯发展中的偶然

1. 回想自己的成长经历，写出三个影响你个人发展的偶然事件。

2. 重新审视你对自己的规划，想一想如何将偶然事件纳入规划之中。

3. 如何创造有利于自己发展的偶然事件？列举三种途径。

第八章　　修炼成长智慧，完善自我管理

8-1 时间都去哪儿了？

在下边的时间饼图上用不同的扇形绘制出你最近一周的时间安排，也就是你进行某项活动所需要的时间，如休息、吃饭、学习、运动、上网、娱乐等。

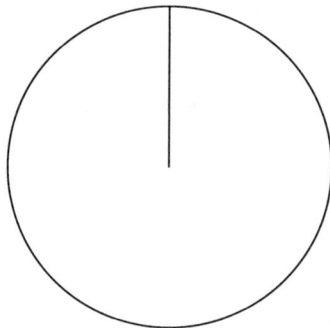

完成时间饼图后，与同学分享，思考下你对你现在的时间安排满意吗？有没有可以改进的地方？

8-2 寻找自己的压力源

找出两到三个主要的压力源，试着找出压力背后触发它的原因，这将帮助你理解它为什么会给你造成压力，也将帮助你制定一项减压的行动计划。

来源	具体压力源	对生理、心理产生的影响	当前应对策略
社会	1. 2. 3.		
家庭	1. 2. 3.		
个人	1. 2. 3.		

第九章 提升职业素质，打造个人品牌

9-1 列举出以下职业应当具备何种职业道德

教　　师：＿＿＿＿＿、＿＿＿＿＿、＿＿＿＿＿、＿＿＿＿＿。

公 务 员：＿＿＿＿＿、＿＿＿＿＿、＿＿＿＿＿、＿＿＿＿＿。

会 计 师：＿＿＿＿＿、＿＿＿＿＿、＿＿＿＿＿、＿＿＿＿＿。

记　　者：＿＿＿＿＿、＿＿＿＿＿、＿＿＿＿＿、＿＿＿＿＿。

医　　生：＿＿＿＿＿、＿＿＿＿＿、＿＿＿＿＿、＿＿＿＿＿。

（你关注的职业）：＿＿＿＿＿、＿＿＿＿＿、＿＿＿＿＿。

9-2 我说你画

请一名同学担任"传达者"，其余人作为倾听者。传达者看样图（一）2分钟，背对全体"倾听者"下达画图指令。"倾听者"根据"传达者"的指令画样图（一）的图形，"倾听者"不许提问。

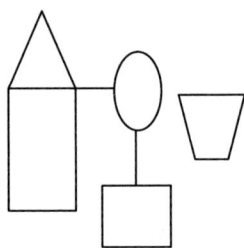

样图(一)

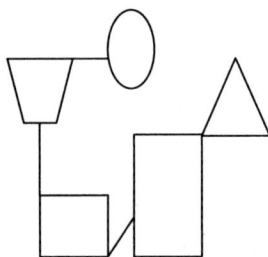

样图(二)

传达者感受	倾听者感受
为什么会出现这种情况？	

请一名同学担任"传达者"，其余人作为倾听者。传达者看样图(二)2分钟，面对全体"倾听者"下达画图指令。其中允许"倾听者"不断提问，看看这一轮的结果如何？请"传达者"和"倾听者"谈自己的感受，并比较两轮过程与结果的差异。

传达者感受	倾听者感受
为什么会出现这种情况？	

9-3 有关手机的一分钟联想

当看到"手机"你会想到什么？在一分钟内写出与手机相关的词语。

从这些词语中，联想一下与"手机"相关的职业有哪些？

第十章　整合资源信息，从简历到学业规划

10－1 资源搜索

请列出在求职过程中对你非常重要的五个收集信息的渠道，并明确这些渠道可能为你提供的信息和帮助。

渠道 1：＿＿＿＿＿＿，对应的信息＿＿＿＿＿＿＿＿＿

渠道 2：＿＿＿＿＿＿，对应的信息＿＿＿＿＿＿＿＿＿

渠道 3：＿＿＿＿＿＿，对应的信息＿＿＿＿＿＿＿＿＿

渠道 4：＿＿＿＿＿＿，对应的信息＿＿＿＿＿＿＿＿＿

渠道 5：＿＿＿＿＿＿，对应的信息＿＿＿＿＿＿＿＿＿

10－2 我的简历

10－3 我的求职信

尊敬的：＿＿＿＿＿＿

您好！

（第一部分：简要介绍自己，写明你要申请的职位和你获知该职位招聘信息的途径。）

我是＿＿＿＿＿大学＿＿＿＿＿专业应届本科毕业生。我于＿＿＿年

____月____日在网站得知贵单位的招聘信息。我希望应聘贵单位一职，寄上简历敬请斟酌。

（第二部分：描述你对招聘单位的认识和理解；综合介绍自身能力，表明你足以胜任所应聘职位；强调自己能为公司作出哪些贡献。）

我在校期间一直关注_____行业的动态，对于_____尤为关注。贵单位主要从事业务(或服务)，建立了一个具有创新意识和进取精神的工作团队，这样的工作机会是我一直所向往的。以下是我个人能力与教育工作背景的综合简介：

良好的教育背景：_____

行业的实践经验：_____

扎实的个人技能：_____

良好的沟通能力：_____

我希望凭借自身的专业知识技能和相关的工作经验，以及自身刻苦、进取的精神，为贵单位在_____方面的发展贡献力量。

（第三部分：表明你非常希望得到面试机会；再次详细告知自己的联系方式）

尊敬的_____，我非常希望能够得到贵单位的面试机会，供你们考察我在各方面的能力是否合适_____一职，我的联系方式如下：

手机：

固话：

电邮：

感谢你们拨冗阅读我的求职材料。

（签名）_____

_____大学_____院系_____专业

地址：_____

随函呈附：（所附的求职材料清单）

第十一章　展开面试演练，详述制胜机宜

11-1模拟面试，同学互评

互评项目	具体内容	评价
性格特征	个人性格的特点	
个人优点	个人各方面突出的优点	
个人缺点	个人各方面影响大的缺点	
求职优势	求职方面有利之处	
求职弱势	求职方面不利之处	
沟通能力	语言和书面的沟通能力如何	
协作能力	团队协作的能力如何	
价值观	价值取向如何？学习、工作态度如何	
自信心	个人自信心如何	
职业形象	职业形象设计是否合理	
以上特点，在我面试时可以用到的有：		

11－2 我的职业形象设计

根据你的初步想法，描绘你的职业形象，装备你的面试衣柜。

我的衣橱清单				我的职业形象自画像
项目	已有的	需要的	估计价格	
套装				
衬衫				
长裤				
短衬衫				
套裙				
厚外套				
鞋				
手提袋				
腰带				
围巾				
领带				
饰品				
其他				